ORIGINE	NUMÉRO	NOMBRE DE MOTS	DATE	HEURE

8 FRANCIA LIDO VENEZIA 44 8 29 9 -
ADIEU ET MERCI . COSTA .

LUCIO COSTA

LE CORBUSIER

CORRESPONDÊNCIA

LUCIO COSTA

LE CORBUSIER

CORRESPONDÊNCIA

ORGANIZAÇÃO
JULIETA SOBRAL e CLAUDIA PINHEIRO

NOTA EDITORIAL

História do Brasil, arquitetura, humanidades, gênese e intercâmbio de ideias é o que o leitor encontrará na correspondência entre Lucio Costa e Le Corbusier — figuras magistrais que contribuíram para a formação de uma visão crítica, artística, estética e ética, para além das fronteiras de seus países de origem.

Do minucioso trabalho das organizadoras da obra — Julieta Sobral, neta de Lucio, designer e fundadora da Casa de Lucio Costa, e Claudia Pinheiro, arquiteta e diretora da Dois Um Produções — nasceu o livro *Lucio Costa Le Corbusier Correspondência*, que temos a honra de editar.

A partir de manuscritos e datiloscritos originalmente redigidos em francês e traduzidos para o português para esta edição por Claudio Bojunga — que infelizmente nos deixou sem vê-la concluída — elaboramos o estabelecimento de texto adicionando traduções de cartas publicadas esparsamente, em especial no livro *Le Corbusier e o Brasil* (1987).

A linguagem característica da escrita epistolar foi preservada, com fraseados rápidos, abreviações e pontuações que podem admitir falhas gramaticais pontuais — registros do estilo de escrita de cada autor. Alguns lapsos de digitação e ortografia foram corrigidos e o texto em português padronizado segundo a vigência do atual Acordo Ortográfico. E, sempre que a legibilidade permitiu, as anotações feitas de próprio punho por Le Corbusier e Lucio Costa, quando adicionadas como comentário ou fichamento às cartas recebidas, foram transcritas e incorporadas em forma de nota de rodapé.

A Casa de Lucio Costa e a Fundação Le Corbusier, instituições de valor inestimável para a história da arquitetura moderna, e parceiras nessa edição, disponibilizaram seus acervos para a construção deste livro, publicado também em uma versão francesa na qual todas as cartas poderão ser lidas em seu idioma original.

A Bem-Te-Vi Produções Literárias acredita que a publicação dessa correspondência contribuirá para a expansão do conhecimento sobre temas tão essenciais, tratados por personalidades que ajudaram a moldar certa visão contemporânea de mundo.

ANA LUISA CHAFIR E MARIA DE ANDRADE

Monsieur Lucio Costa
Architecte
Rue Gustavo Sampaio 58
Leme
Rio de Janeiro
Brasil

C'est à peine si Le Corbusier a laissé une place pour ajouter mes meilleurs pensées pour vous deux à bientôt. Charles Oxours —

Chers amis : je vis les miens pour le moment, je suis de passage à Paris pour me rendre à Chandigarh ce mois-ci. Tout va bien, je pense à vous et vous embrasse.

SUMÁRIO

APRESENTAÇÃO   11
Julieta Sobral / Claudia Pinheiro

TRIBÚ COSTÁ: UM DEPOIMENTO   17
Maria Elisa Costa

AS CARTAS   35

LUCIO LE CORBUSIER CORBUSIER LE COSTA (1929-1965)   171
Lauro Cavalcanti

LUCIO COSTA–LE CORBUSIER:
A FABRICAÇÃO LITERÁRIA E CONCRETA DO MUNDO   247
Margareth da Silva Pereira

APÊNDICE   320

BIBLIOGRAFIA   337

CRÉDITOS DA ICONOGRAFIA   340

ÍNDICE ONOMÁSTICO   342

APRESENTAÇÃO

Acalentada há tempos, esta publicação foi originalmente concebida como um projeto da Casa de Lucio Costa. A sugestão que partiu de um dos nossos conselheiros, Farès el Dahdah, se concretiza hoje graças a Vivi Nabuco e Ana Chafir. A todos, minha mais profunda gratidão.

Cresci ouvindo histórias mais ou menos fantasiosas, que envolviam meu avô Lucio e Corbu. Trazer à tona a correspondência entre ambos, revelará ao leitor essa troca intelectual e afetiva para que tire suas próprias conclusões a respeito de episódios ali inscritos, fundamentais para os rumos da arquitetura moderna brasileira à época.

No intuito de contextualizar a intimidade dos personagens, acentuando o frescor das cartas, Maria Elisa assina a abertura do livro no tom pessoal de um relato, como testemunha ocular da relação entre seu pai e Corbu. Na sequência temos a correspondência propriamente dita, dois ensaios de aprofundada leitura feitos pelos especialistas em Lucio Costa e Le Corbusier, Lauro Cavalcanti e Margareth da Silva Pereira, respectivamente, e um apêndice composto por cartas complementares de interesse para a compreensão da correspondência, que encerram a edição.

Em 2022, quando transferimos o acervo da Casa de Lucio Costa à Casa da Arquitectura, em Matosinhos, Portugal, sentimos que esta publicação encerraria, simbolicamente, um ciclo. E não poderia fazê-lo sem agradecer *in memoriam* a Paulo Jobim, que durante vinte anos abrigou nosso acervo no Espaço Tom Jobim. Todo livro é resultado de múltiplos esforços, e ver esse projeto concretizado nos traz a sensação de missão cumprida, graças ao empenho de todos os envolvidos.

Gostaria ainda de agradecer a inestimável colaboração da Fondation Le Corbusier, sem a qual este livro não teria sido viável. E assim, com grande alegria, trazer a público a correspondência entre estes dois ícones da arquitetura moderna.

JULIETA SOBRAL

Ao lado, croqui de Lucio Costa para o projeto do Ministério da Educação e Saúde.

A mão aberta, 1954.
Composição de Le Corbusier, definida pelo próprio como um "sinal de paz e de reconciliação, destinado a receber as riquezas criadas e distribuí-las para as pessoas do mundo. Esse deve ser o símbolo de nossa época".

Dois personagens fundamentais na construção da história da arquitetura moderna no século XX, Lucio Costa e Le Corbusier nos revelam, em sua correspondência, uma relação de intensa cumplicidade que se estende da esfera pública à particular, sendo valiosas as diferentes circunstâncias que a caracterizam.

Apresentada em ordem cronológica, a correspondência – que se inicia no convite a Le Corbusier para vir ao Brasil em 1936 – destaca encontros e desencontros, amizade e admiração mútuas, e expressa o importante grau de intimidade entre ambos. Enquanto Lucio Costa, sempre afetuoso e diplomata, preferia manter certa privacidade, Le Corbusier dava mais curso a suas emoções, manifestando suas ideias com palavras candentes – e por vezes rudes – sempre a favor das mudanças. Mostrando-se diversas vezes sentimental em relação a Lucio, as cartas testemunham essa história também em forma de anotações feitas em bilhetes de Lucio que ele, Corbu, sempre mandou arquivar.

Como elo central entre a nascente arquitetura moderna no Brasil e as ideias de Le Corbusier, o papel de Lucio Costa se desenvolve em múltiplos pontos de contato com o sonho modernista brasileiro, a começar com o pedido de aval do mestre para o projeto do Ministério da Educação e Saúde (MES) no Rio de Janeiro, fundamental para que as propostas de uma nova arquitetura brasileira pudessem ter chance de reconhecimento nacional e internacional. O que se cumpriu.

A troca de correspondência tornou-se intensa, interrompida em momentos marcantes de turbulência internacional como a Segunda Guerra Mundial. Houve também tensões entre eles a respeito de honorários e de autoria de projetos, como o do MES ou o da Casa do Brasil na Cidade Universitária de Paris. No entanto, sempre prevaleceu a admiração e a afinidade de ideias, demonstradas seja por singelos gestos de afeto corriqueiros, seja na criação do Plano Piloto de Brasília, hoje Patrimônio Mundial da Humanidade. Neste último, aliás, Lucio Costa foi altamente influenciado pela famosa Carta de Atenas, documento redigido por Le Corbusier em 1933 e que contém os princípios para uma cidade contemporânea e funcional.

A Julieta Sobral e Maria Elisa Costa agradeço a incrível oportunidade de acesso ao acervo da Casa de Lucio Costa, que me proporcionou mergulhar na relação viva entre o mestre e seu antigo discípulo, que se tornou igualmente mestre. E como registro de uma correspondência simbólica, acrescento um gesto do apreço de Lucio Costa por Corbu na forma de um manuscrito de Costa, que copiou, de próprio punho, trechos de "O poema do ângulo reto", escrito por Le Corbusier em 1955.

CLAUDIA PINHEIRO

Trecho de "O poema do ângulo reto", de Le Corbusier, copiado a mão por Lucio Costa

OFERTA (a mão aberta)

Ela está aberta pois
tudo é presente disponível
apreensível
Aberta para receber
Aberta também para que cada um
Nela venha pegar
    As águas correm
    O sol ilumina
    As complexidades teceram
     sua trama
    fluidos estão por toda parte.

As ferramentas na mão
As carícias da mão
A vida que saboreamos pelo amassar das mãos
A visão presente no
tato
- - - - - - -
Mãos cheias recebi,
Mãos cheias ofereço.

FERRAMENTA
Com um carvão
traçamos o ângulo reto
    o signo
Ele é resposta e guia
    o fato
      uma resposta
      uma escolha
Ele é simples e nu
mas perceptível
Os sábios discutirão
sobre a relatividade de seu rigor
Mas a consciência
fez dele um signo
ele é a resposta e o guia
    o fato
      minha resposta
      minha escolha.

Tradução de Claudio Bojunga.

TRIBÚ COSTÁ: UM DEPOIMENTO

MARIA ELISA COSTA

Conheci Le Corbusier em pessoa aos 13 anos, na primeira viagem da família à Europa, nos idos de 1948. Convidou-nos a jantar em sua casa, um pequeno e adorável apartamento, projeto dele, na rua Nungesser-et-Coli, em Paris. Sua mulher, Yvonne, então ainda era viva.

Quando meu pai manifestou o desejo de conhecer a Petite Maison, às margens do lago Léman, projetada para sua mãe – na época, com 90 anos –, ele redigiu um simpático bilhete de recomendação, e ali designou nossa família como a "tribú Costá", e fomos até lá; ela nos recebeu muito bem, morava com um filho músico, que tocava violino.

Antes desses encontros pessoais, a tribú Costá foi conhecer a Villa Savoye, casa projetada por Le Corbusier em área isolada próxima a Paris, em Poissy. Estava completamente abandonada, servindo de apoio ao uso rural da área em torno: no hall havia uma "pirâmide" de batatas! Fiz preciosas anotações sobre a casa no meu diário de viagem...

Apesar do nome "Le Corbusier" estar presente em nossa casa desde que me entendo por gente, só vim a realizar o seu significado quando entrei para a Faculdade de Arquitetura, ou seja, conheci a pessoa antes do personagem.

À esquerda e acima, frente e verso (detalhe) da pintura oferecida como presente de casamento por Le Corbusier para Maria Elisa.

O ENCONTRO DE LC COM LC

A primeira vez que Lucio Costa viu Le Corbusier ao vivo foi em 1928-1929 quando, de passagem pelo Rio, ele fez uma conferência. Lucio foi, ficou cinco minutos, não gostou e saiu. Nessa época, consolidava-se a mudança de rumo na sua arquitetura, de início com a abordagem eclética então vigente e, subitamente, com a intenção inversa, ou "contemporânea", no dizer do próprio Lucio. Essa mudança é claramente expressa nos dois projetos da casa que fez para o mesmo dono, no mesmo terreno e no mesmo ano [Casa Fontes, 1930] – um "neocolonial" (que o proprietário construiu) e outro moderno, que não foi considerado, apesar de, nas perspectivas de interior, os belos móveis antigos do dono da casa terem sido dispostos – e valorizados – no ambiente moderno.

Nesse mesmo ano, Lucio – com apenas 28 anos – foi convidado a dirigir a Escola Nacional de Belas Artes, cargo que ocupou durante pouco mais de um ano, revolucionando o ensino e promovendo o "Salão de 1931", primeiro salão oficial de belas-artes no país, aberto aos modernos egressos da Semana de 1922, em São Paulo.

Mas sua presença inovadora não agradava à velha guarda tradicional da escola, e diante da reação negativa às suas propostas, o arquiteto tomou a decisão de se demitir – "Estou aqui porque me chamaram, se não me querem, saio." Saiu, e os alunos fizeram um ano de greve.

Interior da casa de Le Corbusier à rua Nungesser-et-Coli, 24.

Petite Maison, casa projetada por Le Corbusier para sua mãe.

Seguiu-se um período de pouco trabalho – a clientela queria casas "de estilo" que ele não projetava mais. E foi exatamente o fato de dispor de tempo livre que o levou a "descobrir" Le Corbusier, através da leitura de sua obra escrita inicial – *Vers une architecture* e *Précisions*. O próprio Lucio assim se refere a esse momento:

> 1932-1936
>
> A clientela continuava a querer casas de "estilo" – francês, inglês, "colonial" – coisas que eu então já não conseguia mais fazer. Na falta de trabalho, inventava casas para terrenos convencionais de 12 metros por 36 – "Casas sem Dono".
>
> E estudei a fundo as propostas e obras dos criadores, Gropius, Mies van der Rohe, Le Corbusier – sobretudo este, porque abordava a questão no seu tríplice aspecto: o social, o tecnológico e o artístico, ou seja, o plástico, na sua ampla abrangência.[1]

A partir daí, a luta pela implantação da arquitetura moderna no Brasil ganhou contornos de "guerra santa".

---

1 Lucio Costa. *Registro de uma vivência*. São Paulo: Editora 34, p. 83.

Lucio Costa como diretor da Escola Nacional de Belas Artes, reunido com modernos brasileiros em almoço no Morro da Urca, 1931
Em pé, da esq. para dir.: Mario Amaral, Hernani Coelho Duarte, Antonio Dias, Alcides da Rocha Miranda, Guilherme Leão de Moura, Paulo Warchavchik, Carlos Leão, Cícero Dias, João Lourenço, Alvaro Ribeiro da Costa
Sentados: Mario Pedrosa, Pedro Paulo Pires de Carvalho, Gregori Warchavchik, Lucio Costa, Candido Portinari, Cesário Coelho Duarte.

O "MINISTÉRIO"

Em 1936, o governo Vargas tomou a iniciativa de construir sedes para os ministérios na Esplanada do Castelo, sendo Gustavo Capanema o titular da pasta da Educação e Saúde. Foi promovido um concurso para o projeto, mas o resultado não agradou (era em estilo marajoara...). Pagos os prêmios, o ministro convidou Lucio Costa a assumir pessoalmente o projeto.

Convite aceito, o arquiteto montou uma equipe, o projeto foi apresentado e aceito pelo governo, mas... o improvável aconteceu: Lucio se recusou a dar início às obras sem antes obter a aprovação de Le Corbusier (que ainda não conhecia pessoalmente), alegando que esse seria o primeiro edifício de porte, no mundo, concebido e construído de acordo com a doutrina corbusiana.

Diante da inusitada situação, o ministro Capanema resolveu levá-lo ao Catete para que pleiteasse a causa diretamente com o presidente Getúlio Vargas. Passo a palavra, mais uma vez, ao próprio Lucio:

> [...] o dr. Getúlio, entre divertido e perplexo diante de tamanha obstinação, acabou por aquiescer, como se cedesse ao capricho de um neto. Recorremos então ao Monteiro de Carvalho que conhecia pessoalmente Le Corbusier, ficando estabelecido que viria por quatro semanas para examinar o problema da Cidade Universitária, fazer uma série de conferências (realizadas no então Instituto Nacional de Música, sempre lotado) e, finalmente, para dar parecer sobre o projeto do Ministério.[2]

---

[2] Lucio Costa. *Registro de uma vivência*, op. cit., pp. 135-136.

Gabinete do Ministro

MINUTA

Rio, 25 de março de 1936.

Illmº Sr. Architecto
Lucio Costa :

    Confirmando nossos entendimentos anteriores sobre o assumpto, solicito-vos a elaboração de um projecto de edificio para séde desta Secretaria de Estado, tendo em vista o plano de reorganização dos serviços do Ministerio da Educação e Saude Publica, apresentado ao Poder Legislativo, em dezembro do anno passado.

    Desejo, igualmente, que me declareis qual o preço pelo qual o Ministerio poderá adquirir esse vosso trabalho.

    Saudações attenciosas.

        (a) GUSTAVO CAPANEMA

Convite do ministro Gustavo Capanema a Lucio Costa para elaborar o projeto do edifício do Ministério da Educação e Saúde, 1936.

Com a aprovação de Getúlio – "Se é tão importante assim tragam o homem!" –, o "homem" veio no Graf Zeppelin, que pousou junto do hangar que ainda existe em Guaratiba. Imagino a emoção daqueles moços cheios de fé e convicção, vendo "deus" desembarcar...

Lucio e seu grupo conviveram durante um mês com Le Corbusier. O mais jovem, então estagiário no escritório, ficou à disposição do mestre – seu nome? Oscar Niemeyer Soares.

Nessa época, Le Corbusier já era famoso em todo o mundo, mas nunca tinha tido a oportunidade de ver construído um projeto seu de grande porte. Chegando ao Rio, não resistiu à tentação de propor um projeto de sua autoria para o Ministério da Educação e Saúde – MES.

Começou por discordar do terreno escolhido, onde o prédio seria escondido pelo que chamou de *fumier agachique*.[3] Sugeriu, então, um terreno à beira-mar (aproximadamente onde é hoje o Museu de Arte Moderna) para o qual elaborou um belo projeto. Acontece que, por questões burocráticas, o terreno não era viável. Antes de retornar à Europa, fez um rápido estudo para o terreno inicial (segundo o próprio Lucio, "sem convicção e sem data") que não agradou à equipe brasileira.

Assim, optou-se por esquecer o projeto já feito e aprovado, e recomeçar do zero, partindo da proposta de Le Corbusier para o outro terreno – um prédio alongado, de partido horizontal. Lembro-me de ter perguntado uma vez a meu pai como era possível admitir que o edifício construído, tão diferente daquele desenho, se originasse dele. Diante da perspectiva de Le Corbusier, sem dizer palavra, Lucio apenas cobriu com as mãos os dois extremos do edifício, focalizando a área central – e de repente "surgiram" na minha frente o pé-direito duplo e ... a sobreloja! (sugiro a quem me lê que faça a experiência, é surpreendente).

---

[3] Le Corbusier rejeita, por princípio, o terreno cedido para o MES por considerá-lo "confinado" em meio às quadras projetadas por Agache, que ele chama de "bosta agachiana" por seus conceitos superados pelos princípios do urbanismo e arquitetura moderna dos quais ele, Le Corbusier, era precursor. Agache adotou no Castelo, Rio de Janeiro, um conjunto de quadras com edificações acompanhando seu perímetro e formando um "contínuo edificado" com gabarito vertical fixo. O centro das quadras forma um pátio de amplas dimensões para onde se abrem os escritórios e os apartamentos residenciais. Le Corbusier defendia prédios afastados das divisas; pilotis sob os prédios para usos diversos; jardins e áreas públicas de livre circulação no terreno; e gabarito vertical variável. Uma comparação entre a vista aérea das quadras do Castelo e das superquadras de Brasília mostra esses princípios conflitantes com absoluta clareza.

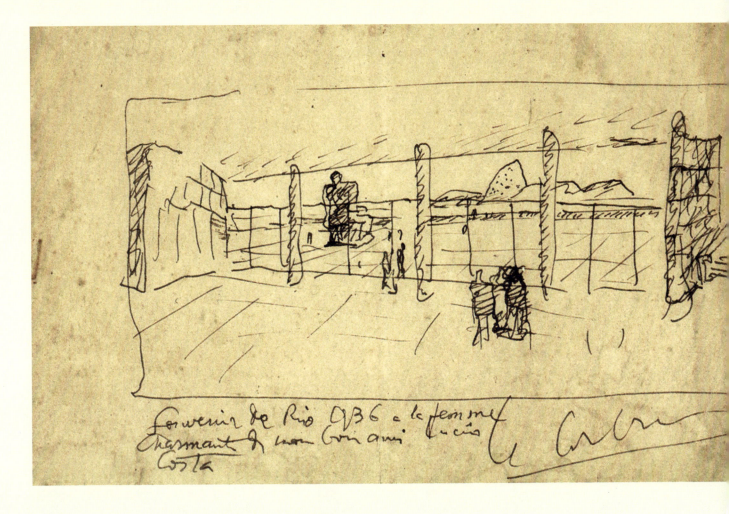

Croqui para o Ministério da Educação e Saúde, oferecido por Le Corbusier a Leleta com a dedicatória: "Lembrança do Rio 1936 à charmosa mulher do meu bom amigo Lucio Costa."

De fato, ali estava o embrião do novo projeto elaborado por Lucio e sua equipe (Carlos Leão, Affonso Eduardo Reidy, Jorge Moreira, Ernani Vasconcelos e Oscar Niemeyer), sem nenhuma interferência direta de Le Corbusier, mas feito rigorosamente de acordo com sua doutrina, embora com inequívoco – e requintado – sotaque brasileiro.

O prédio foi construído lentamente, durante a guerra de 1939-1945. E, quanto mais tempo passa, mais surpreendente o contraste entre o "Ministério" e seus contemporâneos, o da Fazenda e o do Trabalho...

É desse mesmo momento a proposta de Le Corbusier para a implantação da Cidade Universitária, na Quinta da Boa Vista, onde hoje fica o Jardim Zoológico. O estudo apresentado propunha ocupação nas encostas, deixando livre a área plana, e não foi aceito.

O projeto acabou sendo confiado a Lucio Costa e seu grupo, recomendando-se partido de implantação inverso, com a maior parte da ocupação exatamente na área plana. Atendida a recomendação, a equipe apresentou um projeto irrepreensível – mas igualmente recusado:

Tal como a anterior, de Le Corbusier, a proposta foi sumariamente recusada pelos professores Inácio do Amaral e Ernesto de Souza Campos. Lembro que, na volta para casa, estacionei a "Lancia" no Jardim Botânico e, com o sol a pino, fiquei a caminhar pelas alamedas dando assim vazão à minha revolta e ao meu desencanto.[4]

O fato é que, desde então, Lucio Costa nunca mais quis ter um escritório seu. Os projetos posteriores foram sempre feitos em locais disponibilizados pelos proprietários, ou em casa (Parque Guinle e Park Hotel, Sede Social do Jockey Club, projetos residenciais e... o Plano Piloto de Brasília! – ou seja, Brasília é carioca, nasceu no Leblon).

DESENCONTRO – 1949

Algum tempo depois de terminada a guerra, aconteceu um episódio delicado, a que se refere Lucio em carta dirigida a Le Corbusier e publicada no *Registro de uma vivência*.

Rio de Janeiro, 27 de novembro de 1949

Caro Le Corbusier,

Falaram-me ontem à noite de sua atitude insólita para com um jornalista a respeito do edifício do Ministério da Educação e Saúde Pública, e gostaria muito de saber de que se trata, pois, segundo dizem, sua interpretação atual dos fatos não é mais a mesma que a de 1937.

Com efeito, em 13 de setembro de 1937, após ter tomado conhecimento das plantas definitivas do projeto, você me escrevia:

"O seu edifício do Ministério da Educação e Saúde Pública parece-me excelente. Diria mesmo: animado de um espírito clarividente, consciente dos objetivos; servir e emocionar. Ele não tem esses hiatos ou barbarismos que frequentemente, aliás em outras obras modernas, mostram que não se sabe o que é harmonia. Ele está sendo construído? Sim? Então tanto melhor, e estou certo de que será bonito. Será como uma pérola em meio ao lixo 'agáchico'. Meus cumprimentos, meu 'Ok' (como você reclamava)."

Não obstante esta manifestação precisa de sua parte quanto à procedência legítima do projeto, na inauguração do edifício, durante a guerra, quando não tínhamos notícias suas, fizemos questão de vincular esse projeto, finalmente construído, àquele que você tomara a iniciativa de conceber e esboçar para um outro

---

4 Lucio Costa. *Registro de uma vivência*, op. cit., p. 189.

terreno na vizinhança do aeroporto, e que nos servira de bússola e referência. É que queríamos associar definitivamente seu nome a esse edifício doravante histórico, que se deve sobretudo a Oscar Soares,[5] mas onde aplicavam-se pela primeira vez, integralmente, em escala monumental e com nobreza de execução, os princípios construtivos que você soube estabelecer e organizar como fundamentos da nova técnica arquitetônica e urbanística criada por você.

Envio-lhe, em anexo, uma foto da inscrição gravada na parede de pedra do vestíbulo, assinalando apenas que a antiga palavra portuguesa "risco" tem o mesmo significado que a palavra inglesa design, distinta de drawing, desenho.

De resto, nunca deixamos de vincular sua obra ao admirável desenvolvimento da arquitetura brasileira; se a ramagem é bela você deveria se regozijar, pois o tronco e as raízes são seus.

Mas, se é de honorários que se trata, permita-me informá-lo que durante os três meses de sua estadia aqui, você recebeu mais que todos nós durante os seis anos de duração do trabalho, pois éramos seis arquitetos e, conquanto as contribuições individuais fossem desiguais, os honorários foram sempre divididos igualmente entre nós.

Sinceramente,

Lucio Costa

P.S. O esboço feito a posteriori, baseado nas fotos do edifício construído, e que você publica como se se tratasse de uma proposição original, nos causou, a todos, uma triste impressão.

L.

Observações posteriores de Lucio Costa, no *Registro de uma vivência*:

> No ano seguinte, recebi de Le Corbusier um exemplar do *Modulor* com esta dedicatória: *"Pour mon ami Lucio Costa, homme de coeur et homme d'esprit."*
>
> O "risco original" referido nesta inscrição é aquele proposto por Le Corbusier para outro terreno, à beira-mar.[6]

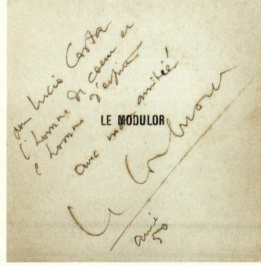

Dedicatória de Le Corbusier para Lucio Costa no livro *Modulor*, 1950.

---

5   Oscar Niemeyer Soares.

6   Lucio Costa. *Registro de uma vivência*, op. cit., pp. 140-141. [O homem de coração e o homem de espírito.]

REENCONTRO – 1952

Bloquinhos de anotação de Lucio Costa em viagem a Portugal.

Depois do encontro entre LC e LC em 1948, quando a tribú Costá viajou de carro por toda a Europa a passeio, um tratamento de saúde a que fui submetida levou a família a permanecer por lá ao longo de todo o ano de 1952, período em que Lucio atuou em várias frentes:

1. datam dessa época os cinco "bloquinhos" de Portugal, registro (croquis e anotações) de duas viagens àquele país, de norte a sul, tendo em vista o estudo da arquitetura popular portuguesa;

2. participou de um congresso importante em Veneza – se não me engano, Le Corbusier também esteve presente – onde conheceu o urbanista inglês William Holford, que veio a fazer parte do júri internacional que selecionou o Plano Piloto de Brasília, em 1957;

3. foi um dos cinco arquitetos (com Le Corbusier, Gropius, Rogers e Markelius) que integraram o chamado Grupo dos Cinco, incumbido pela Unesco de opinar sobre o projeto de sua sede em Paris;

4. e, *last but not least*, o projeto para a Casa do Estudante Brasileiro na Cidade Universitária de Paris, a Maison du Brésil.

Na época, nosso representante na Unesco, em Paris, era o embaixador Paulo Carneiro, inteligente e atuante. Sabendo da presença de Lucio Costa na Europa, sugeriu que lhe fosse confiado o projeto da Casa do Brasil. Feito o anteprojeto, Lucio o entregou, por iniciativa própria, ao arquiteto André Wogenscky, responsável pelo Atelier Le Corbusier, para que o escritório o desenvolvesse. Pouco depois, recebe um telefonema de Corbu:[7] "Que história é essa de 'mon atelier'? Mon atelier, c'est MOI!!!"

E assim foi – do anteprojeto, a implantação foi respeitada, e mesmo a volumetria construída, mas a linguagem arquitetônica, que Lucio imaginou próxima à do Pavilhão Suíço (projeto de Corbu), foi bem outra: a Unidade de Habitação de Marselha tinha acabado de ficar pronta, inaugurando seu período "brutalista", e a Casa do Brasil adquiriu essa conotação.

Ainda sobre a "Maison" – Casa do Brasil, cabe lembrar a insistência de Lucio na contratação de Charlotte Perriand para cuidar da ambientação interna, tarefa cumprida por ela com impecável cuidado e competência.

No final da década de 1950, a Casa do Brasil ficou pronta – minha irmã e eu representamos meu pai na inauguração, ele não foi.

---

7 Como era chamado pelos amigos mais próximos.

Inauguração da Casa do Brasil na Cidade Universitária em Paris, 1959.

Imagem acima:
Charlotte Perriand e Helena Costa.

Ao centro:
Fernand Gardien, Le Corbusier e Helena Costa.

Abaixo, da esquerda para a direita:
Helena Costa, Le Corbusier, Charlotte Perriand, Fernand Gardien e homem não identificado.

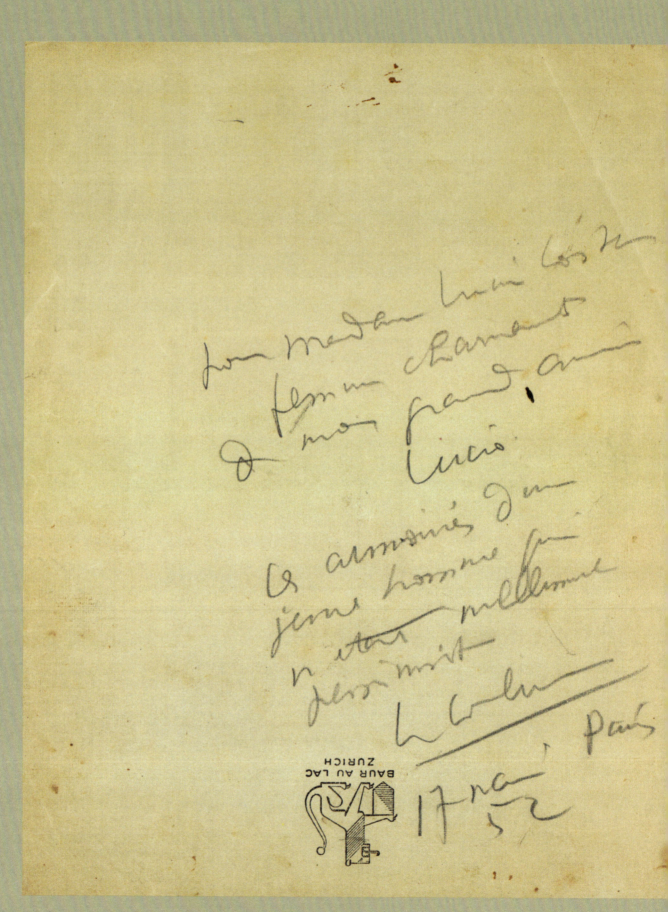

"A vida é sem piedade." Desenho identificado por Le Corbusier como "Meu brasão dos anos 1920" oferecido por ele a Leleta com a dedicatória: "Para madame Lucio Costa, charmosa mulher de meu grande amigo Lucio. A amizade de um jovem que não era nada pessimista. Le Corbusier. Paris, 17 de maio de 1952".

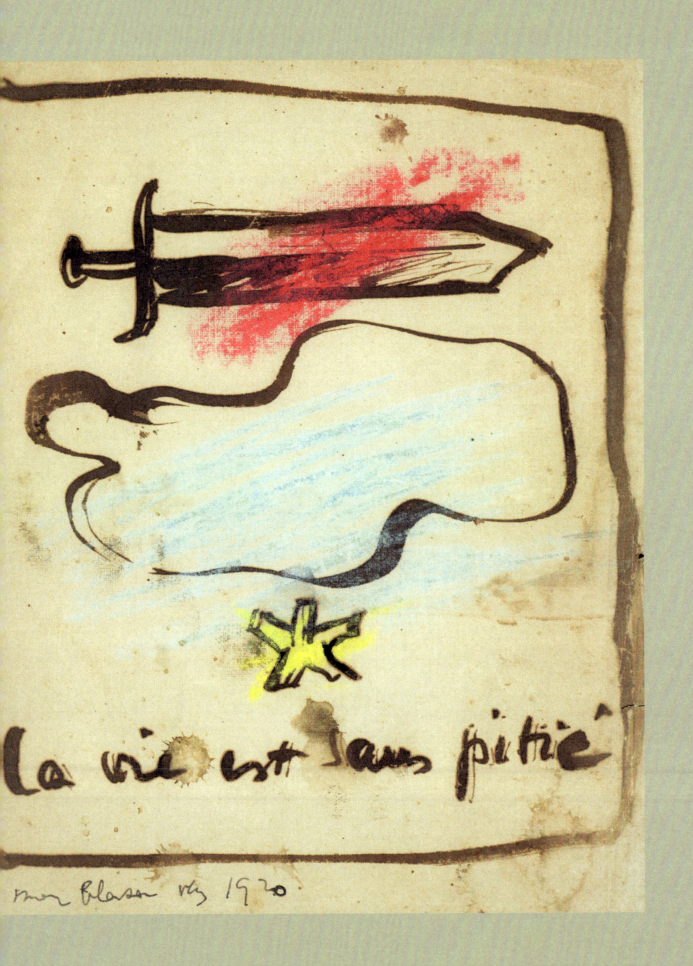

ÚLTIMA VISITA AO BRASIL, 1962

Com a nova Capital recém-inaugurada, Lucio Costa recomenda com o maior empenho que o projeto da Embaixada da França em Brasília seja confiado a Le Corbusier.

Ele retorna ao Brasil, em 1962, para conhecer o terreno – e Brasília. Lucio vai buscá-lo no aeroporto, comigo e nosso amigo Ítalo Campofiorito no carro.

No caminho para o hotel (o Glória), uma "escala". Onde? No "Ministério", claro!!! Saíram os dois do carro e começaram a caminhar pelos pilotis... Ítalo e eu nos mantivemos à distância; aquele momento pertencia exclusivamente aos dois. De repente, Corbu deu uns tapinhas numa das colunas, como se fosse no ombro de uma pessoa! Inesquecível.

Foi Ítalo que o acompanhou na visita a Brasília, que o encantou, e antes de voltar para Paris, deixou este bonito recado aos brasileiros:

Le Corbusier e Ítalo Campofiorito desembarcando em Brasília, 1962.

Para os meus amigos do Brasil

Despeço-me hoje dos meus amigos do Brasil. E, para começar, do próprio Brasil, país que conheço desde 1929. Para o grande viajante que sou, há no planisfério, entre as montanhas, sobre os planaltos e planícies onde os grandes rios correm em direção ao mar, áreas privilegiadas; o Brasil é um desses lugares acolhedores e generosos que gostamos de chamar de amigo.

Brasília está construída; vi a cidade apenas nascida. É magnífica de invenção, de coragem, de otimismo; e fala ao coração. É obra de meus dois grandes amigos e (através dos anos) companheiros de luta – Lucio Costa e Oscar Niemeyer. No mundo moderno Brasília é única. No Rio há o Ministério de 1936-45 (Saúde e Educação), há as obras de Reidy, há o Monumento aos Mortos da Guerra. Há muitos outros testemunhos.

Minha voz é a de um viajante da terra e da vida. Meus amigos do Brasil, deixem-me que lhes diga obrigado!

Le Corbusier[8]

---

8 Ver p. 151 deste livro.

COUR CARRÉE, 1965

Em decorrência do golpe militar de 1964, meu marido, Eduardo Sobral, então consultor econômico da Petrobras, foi preso e teve seus direitos políticos cassados. Decidimos então sair do país, e em meados daquele ano partimos para a França, onde moramos por quatro anos.

Em busca de trabalho, procurei o escritório de Le Corbusier. Nada feito! Ele olha para o Gardien, seu companheiro de escritório, e pergunta: "Est-ce qu'on veut des femmes ici? Non, pas de femmes!" [Será que queremos mulher aqui? Não! Nada de mulher!].

Tentei então o escritório do Candilis, que me recebeu muito bem, mas pagava muito mal. Comentando com Claudio Cavalcanti, arquiteto brasileiro que já morava em Paris há algum tempo e trabalhava no escritório de Bernard Zehrfuss, ele me sugeriu que o procurasse, já que conhecia meu pai e pagava o dobro do que Candilis pagaria... E assim frequentei o simpático escritório, que ficava perto da Étoile, até meados de 1966, quando minha filha nasceu.

Antes disso, em 1965, veio a notícia: Le Corbusier tinha morrido afogado no sul da França, na praia contígua ao seu "Cabanon" de 2,26 x 2,26 m, junto de um pequeno hotel onde Eduardo e eu tínhamos estado e pudemos constatar as inesperadas correntes de água gelada naquele mar.

Ao saber da notícia, fui para casa, e pouco depois Zehrfuss me convoca de volta ao escritório. Ele tinha sido incumbido de *aménager*[9] a Cour Carrée do Louvre para a homenagem póstuma do governo francês a Le Corbusier. E... confiou a mim a tarefa: "Seu pai era amigo dele, quero que você cuide disso!"

O funeral de Le Corbusier em Paris, 1965.

---

9 N.d.E.: *Aménager* - preparar.

As instruções foram claras: nada podia ser preto e tratava-se de fazer uma espécie de estrado de madeira forrado de grama, onde ficaria o caixão. Passado o susto, junto com René Lyon, arquiteto suíço companheiro de escritório, demos conta do recado.

Com tudo pronto, Zehrfuss resolve convocar o costureiro da moda na época, André Courrèges, para colocar uma grande bandeira francesa sobre a larga rampa gramada – ele simplesmente a pousou, aberta, sobre a grama e se foi. Mas Zehrfuss não ficou satisfeito com a sobriedade do resultado, e resolveu "drapear" a bandeira.

A cerimônia contou com a presença de meu pai e de Charlotte Perriand, que vieram juntos do Rio, onde ela então morava. Lucio acompanhou o corpo do amigo, desde Menton até Paris, pernoitando no convento de La Tourette, projetado por Le Corbusier para os dominicanos.

Em seu discurso na Cour Carrée, André Malraux mencionou a presença de Lucio Costa, cuja filha avait drapé le drapeau! [tinha drapeado a bandeira!] – a única coisa que não fiz!

RONCHAMP, 1966

Julieta no colo de seu pai, Paris, 1967.

Quando nasceu Julieta, em Paris, cogitamos não batizá-la em criança. Como a família de Eduardo é muito católica, uma de suas irmãs pediu que, mesmo assim, quando houvesse um portador para Paris, enviassem-nos a "camisola" do batizado de seus filhos e uma vela.

Recebemos a encomenda e uma sugestão de meu pai: batizem Julieta em Ronchamp! E assim foi feito. Meus sogros e uma das cunhadas, Maria Sobral, a madrinha, vieram de Aracaju para a França, e o batizado foi emocionante, oficiado pelo abade Bolle Reddat, amigo de Corbu, com a igreja repleta de freirinhas vestidas a caráter, que cantaram...

Quando Julieta era adolescente, fomos as duas lá, e o abade nos recebeu com o maior carinho, enchendo a capela de música.

Notre Dame du Haut (nome original da capela) é o mais belo legado de Le Corbusier. Consta que perguntaram a ele como, não sendo religioso, tinha conseguido fazer aquela igreja. Resposta: J'ai le sens du sacré! [Tenho o senso do sagrado!].

Desenho da capela Notre Dame du Haut,
de Le Corbusier.

AS CARTAS

Rio — 26.6.36

Le Corbusier

Maintenant que votre voyage est assuré je vais vous rapporter les évènements qui l'ont mené à bon terme et où le hasard joue son rôle. Car votre venue n'est pas normale — c'est à dire, n'est pas la conséquence logique d'un état d'esprit collectif ou, plus modestement, de l'état d'esprit d'une élite qui serait inclinée vers la compréhension de votre message — bien au contraire : un nombre très restreint comprend — sinon dans sa pureté totale, du moins partiellement votre œuvre ; la grande majorité — sans rien percevoir au sens profondément réaliste dont elle est imbue, à son actualité et à sa portée future (mise-au-point d'un nouvel équilibre social qui s'impose) — la méconnait.

On sait votre nom, on a lu quelques phrases par ci par là ; "machine à habiter" a fait comme vous le savez le tour du globe sans qu'on ait compris son vrai sens (l'idée "machine" est bien candidement liée à celle d'empenage, roues, etc.). Je leur dis ici, aux faux témoins qui pullulent partout comme des vers : "il vaut mieux ne rien savoir de Le Corbusier — que de prétendre le connaître par "petits morceaux" ; il s'agit d'une chose totale, un bloc limpide, il en faut faire le tour pour mesurer toute son imposante grandeur !"

Les semences dont vous parliez à Mr. Monteiro n'ont donc pas encore germé — sauf quelques unes, peut-être. Lors de votre visite à Rio en 29, je suis allé vous entendre ; la conférence était en son milieu, la salle comble — cinq minutes après je filais scandalisé, très sincèrement convaincu d'avoir connu un "cabotin". Je comprend pourtant très bien le mal-entendu qui persiste, puisque la pluspart en est encore là.

Rio de Janeiro, 26 de junho de 1936

Le Corbusier,

Agora que sua viagem está certa, gostaria de relatar-lhe os antecedentes que permitiram sua realização, e onde o acaso teve o seu papel. Pois sua vinda não é normal, quero dizer, não é a consequência lógica de um estado de espírito coletivo ou, mais modestamente, do estado de espírito de uma elite que estaria inclinada a compreender sua mensagem – pelo contrário. Um número muito restrito compreende – se não em sua pureza total – ao menos parcialmente sua obra; a grande maioria – sem compreender nada do sentido profundamente realista de que ela se imbui, da sua atualidade e do seu papel futuro (realização de um equilíbrio social novo que se impõe) – a desconhece.

Conhece seu nome, leu algumas frases aqui e acolá: "máquina de morar", como você bem sabe, deu a volta ao mundo, sem que se tenha compreendido seu verdadeiro sentido (a ideia "máquina" é candidamente ligada àquela de engrenagens, ruelas etc.). Costumo dizer o seguinte aos falsos testemunhos que pululam por todo lado como vermes: "É melhor não saber nada de Le Corbusier do que pretender conhecê-lo em 'fragmentos'; trata-se de uma coisa total, um bloco límpido; é necessário que se faça uma volta completa em torno dele para que se possa medir sua imponente grandeza."

Salvo uma ou outra, talvez, as sementes de que fala a Monteiro[1] ainda não germinaram. Por ocasião de sua visita ao Rio de 1929, fui escutá-lo: a conferência estava no meio, a sala repleta – cinco minutos mais tarde saía escandalizado, acreditando sinceramente ter me deparado com um "cabotino". Compreendo muito bem, portanto, o mal-entendido que persiste, pois a maioria ainda está nesse estágio.

---

[1] Alberto Monteiro de Carvalho (1887-1969). Engenheiro e arquiteto. Amigo de Le Corbusier, responsável por viabilizar a sua vinda ao Brasil. Nesta correspondência será referido diversas vezes como Monteiro ou sr. Monteiro.

No fim dos anos 1930, explode uma revolução à "brasileira" (com r minúsculo, não é preciso dizer). Alguns meses mais tarde – graças à intervenção de Manuel Bandeira[2] e Rodrigo Melo Franco de Andrade,[3] espíritos de elite cujos nomes você pode guardar – fui levado à direção da Escola de Belas Artes do Rio.

Nesse meio tempo, entretanto, uma grande modificação tivera curso: de "tradicionalista" que era – no sentido equívoco da palavra – conseguira, pouco a pouco, vencer a repulsão que seus livros me inspiravam e, de repente, como uma revelação, toda a emocionante beleza de seu apelo me atingia. Em "estado de graça" e com a fé intransigente própria aos novos convertidos, dediquei-me a salvar os jovens da escola: nove meses depois – o que é bastante razoável, pois tratava-se de uma libertação – colocaram-me no olho da rua, xingando-me dos piores nomes.

Passaram-se quatro anos no ostracismo. Em setembro de 1935 fui chamado ao Ministério da Educação. O fato é que o ministro Capanema[4] tem como chefe de gabinete Carlos Drummond de Andrade:[5] um poeta – isto é, uma pessoa que, como Bandeira, possui o sentido profundo das realidades "verdadeiras" e sabe transmiti-las (daí não concluir que os poetas cresçam aqui como cogumelos; muito pelo contrário, temos apenas três ou quatro por 8.552.000 km^2). Tendo, ao que parece, tomado conhecimento de minha aventura na Escola, ele interveio em meu favor junto ao ministro – resumindo: fui colocado em contato com este, que, estando aborrecido com o resultado de um concurso que organizara para a construção do novo edifício do seu Ministério – o projeto classificado em primeiro lugar era simplesmente banal – encomendou-me, a mim e a outros cinco arquitetos, cujos nomes você já sabe (primeira carta de Monteiro),[6] um novo projeto.

O ministro estava, então, prestes a ordenar também as primeiras providências em vista da construção da "Cidade Universitária" (a nova constituição

---

2 Manuel Bandeira (1886-1968). Poeta modernista, crítico de arte e tradutor brasileiro.

3 Rodrigo Melo Franco de Andrade (1898-1969). Advogado, jornalista e escritor brasileiro, diretor do Serviço do Patrimônio Histórico e Artístico Nacional (1936-1967).

4 Gustavo Capanema (1900-1985). Político brasileiro, ministro da Educação e Saúde Pública no governo de Getúlio Vargas (1934-1945).

5 Carlos Drummond de Andrade (1902-1987). Poeta e escritor brasileiro. Foi o chefe de gabinete do ministro Gustavo Capanema.

6 Ver a troca de cartas entre Le Corbusier e Alberto Monteiro de Carvalho no Apêndice deste livro, p. 320.

reserva 10% do orçamento para a Saúde e Educação) e, após participar-me o convite que fizera a Piacentini,[7] perguntou o que achava disso. "É lamentável", respondi. Expliquei-lhe, então, a situação atual da arquitetura face às novas técnicas, as possibilidades de ordem plástica decorrentes, o impasse motivado pelo "status social" e seu apelo à autoridade, concluindo minha exposição de motivos com estas palavras: "Há centenas de Piacentinis, por toda parte e em todo momento – são necessários séculos de intervalo para que surja um Le Corbusier."

Era muito tarde, entretanto – o acadêmico acabara de embarcar em Gênova. Durante dez dias, passeou pela cidade a fim de opinar sobre a escolha do terreno, esboçou estrelas no papel; e depois, voltou à Itália, com a intenção de aqui retornar logo que se tenha definido o programa e escolhido o terreno.

Uma comissão de professores está organizando os programas, que ainda não conseguiram finalizar completamente (a título de informação: 100.000 m^2 x quatro andares). Outra comissão, baseando-se nos dados de Piacentini, escolheu definitivamente o terreno, que é cortado em dois por oito linhas férreas (trens de subúrbio, de três em três minutos) e de onde não se vê nem mesmo o mar – de resto, uma boa escolha para qualquer outro lugar que não fosse o Rio. Na verdade, não há outro desse tamanho disponível. Lembra-se do Rio: as montanhas, o mar – as construções tomaram o resto.

Insisto mais uma vez junto ao ministro Capanema para que o convide assim mesmo – inútil: há a Embaixada italiana, há Piacentini que fez o melhor que pode; o Brasil vende carne e café às marionetes do "Duce" na África etc. O tempo passava... reacionários por todos os lados.

Enfim, há mais ou menos um mês, o ministro cria uma comissão de cinco arquitetos para elaborar as plantas da futura Cidade Universitária, baseadas no programa quase concluído e para o terreno escolhido; sempre com a ideia de convidar Piacentini como consultor. Fazendo parte da comissão, aproveitei para voltar à carga e, desta vez, com um resultado: o ministro autorizava-nos a entrar em contato extraoficial com você para saber em que condições você poderia vir ao Rio para um ciclo de conferências, para dar seu ponto de vista sobre o projeto do Ministério – cujas cópias lhe estou enviando – e indicações de ordem geral, particularmente sobre a maneira pela qual, segundo seus princípios, deve ser conduzido o projeto da Cidade Universitária. Foi então que o sr. Monteiro de Carvalho, com muita simpatia e a máxima boa vontade,

---

7 Marcello Piacentini (1881-1960). Arquiteto e urbanista italiano. A convite de Capanema veio ao Brasil apresentar projeto para a nova Cidade Universitária da Universidade do Brasil, que acabou não realizado.

colocou-se do nosso lado. Devemos a ele o sucesso das negociações. O resto você já conhece em detalhes – mesmo a ameaça de um fracasso e, finalmente, a autorização de sua "majestade o Presidente".

Participo-lhe um detalhe que não posso ainda transmitir ao sr. Monteiro. Ontem, propus o seguinte ao ministro Capanema: ao invés de construir a universidade no terreno escolhido, edificá-la, pura e simplesmente, sobre a água como uma verdadeira cidade lacustre, na Lagoa Rodrigo de Freitas, de que talvez você ainda se lembre. Ele olhou-me apreensivo: "Na água!?" É que as ideias muito puras, isto é, sem ligação com o terra a terra das soluções usuais e muito precisas, têm o dom de escandalizar todo mundo. Você o sabe melhor que nós.

Expliquei-lhe, mais uma vez, seus projetos de urbanização contemporânea, mostrando que seria a coisa mais fácil do mundo colocar tudo isso sobre a água, onde os pilotis e viadutos estariam completamente à vontade, e também que os imensos jardins, nas coberturas dos prédios protegidos do sol por grandes marquises, serviriam maravilhosamente para passeios nos intervalos das aulas, que faríamos, para o lazer dos estudantes e em contraste com a pureza da arquitetura, ilhas, onde a exuberância da vegetação tropical poderia espalhar-se livremente – tudo ligado por viadutos e pontes e naturalmente delimitado pelas bordas da lagoa, além do quadro magnífico das montanhas, do céu, do sol, das águas, enfim, algo de único no mundo e com uma potencialidade lírica digna de você.

O ministro citou-me Veneza – mostrei a ele que seria precisamente o oposto de Veneza e seus corredores aquáticos, pois aqui a superfície não seria interrompida, prolongando-se, antes, sob as edificações (de resto, a lagoa tem quase três milhões de metros quadrados para os 100.000 m^2 previstos para a construção). Foi ver o lugar comigo esta tarde.

A inteligência muito lúcida do ministro Capanema parece-me inclinada a aceitar, em princípio, a ideia. Teme apenas o escândalo pela imprensa, a reação da opinião pública, pouco preparada para aceitar sem gritar propostas tão pouco "convenientes". Nessas condições, sua viagem ao Rio parece-nos providencial.

Uma última coisa. Uma de suas incumbências junto ao ministro será de lhe transmitir sua opinião sobre o projeto cujas fotografias estou lhe enviando por meio desta. Se não gostar dele, diga-nos sem rodeios, mas peço-lhe: não diga bruscamente ao sr. Capanema: "É feio... eles não me entenderam" – porque nesse caso estaríamos perdidos, uma vez que os "outros" já o proclamaram e nós o estamos tomando como testemunha.

O partido geral obedece às conveniências de orientação local. Assim: sul – salas de trabalho (quase sem sol), fachada de vidro; leste – salas de trabalho (trabalha-se aí das 11 às 16 horas), janelas no sentido do comprimento; norte – hall, escadas e serviços secundários (sol quase todo o dia), brise-soleil; oeste – circulação, sala de conferência fechada – tijolos de vidro (ar-condicionado).

Finalmente, caso você o julgue por demais influenciado pelos seus próprios trabalhos – conquanto desajeitadamente traduzidos – isto poderá servir como explicação:

"Em virtude de sua função eminentemente utilitária – e ainda que as exigências sociais e técnicas às quais ela forçosamente deve submeter-se estejam subordinadas a uma concepção diretora de ordem puramente plástica – a arquitetura é, de todas as artes, aquela que menos se presta aos impulsos de 'individualismo'.

Se, excepcionalmente, arquitetos de gênio podem parecer de uma originalidade desconcertante aos olhos de seus contemporâneos (Brunelleschi[8] no começo do século XV, atualmente Le Corbusier) – isto significa que em suas obras estão claramente definidos e em perfeito equilíbrio os elementos até então desarticulados de uma nova arquitetura.

Disso não se deve concluir que os simplesmente talentosos possam vir a repetir a 'proeza'; a estes como a nós – que não temos nem gênio, nem talento – a tarefa é bem mais modesta: respeitar, adaptando-os a circunstâncias particulares e precisas, os novos princípios e as novas relações de ordem plástica genialmente estabelecidos pelos verdadeiros precursores."

É isso – e até breve,

Lucio Costa

---

8 Brunelleschi [Filippo Brunelleschi] (1377-1446). Arquiteto e escultor renascentista.

LE CORBUSIER
35, rue de Sèvres
PARIS VI°

PARIS, le 2 Octobre 1936

Brésil

Monsieur Lucio COSTA
Building "CASTELO"
RIO - DE - JANEIRO

Mon cher Costa,

Comment allez-vous ? Et les amis ? J'espère bien pour tout le monde.

Aucune nouvelle de CAPANEMA.

1°) Mes honoraires ne me sont pas encore payés. Le silence est complet et cela m'ennuie beaucoup. Seriez-vous assez gentil pour dire à DRUMMOND qu'il donne les ordres à l'Ambassade ou n'importe où, de toute urgence.

2°) CAPANEMA devait me fixer sur le terrain admis définitivement pour le Palais, de façon à ce que je puisse tenir ma parole, c'est-à-dire faire ce que nous avons convenu, cette fameuse implantation décisive du bâtiment.

Je lui ai télégraphié, il y a huit jours, ceci : "Sans nouvelles Argent ni terminaison de plans".

Vous seriez gentil de demander à DRUMMOND qu'il m'envoie un télégramme pour me rassurer sur tout cela et me fixer.

J'ai eu la chance de mettre la main sur BAEHLER, comme étant l'homme capable de diriger les travaux d'exécution sur le chantier de la Cité Universitaire et BAEHLER est d'accord en principe d'accepter cette mission. Ce serait pour toute notre entreprise un atout considérable. Le ministre était d'accord.

Je n'en dis pas plus long aujourd'hui, car je vous écris du bureau et l'atmosphère générale est, ici en France, assez pénible et ne porte pas aux épanchements. Vous êtes assuré de ma grande amitié, vous le savez bien.

A vous et aux amis, cordialement.

Paris, 2 de outubro 1936

Meu caro Costa,

Como vai você? E os amigos? Espero que todos estejam bem.

Nenhuma notícia de Capanema.

1°) Meus honorários ainda não foram pagos. O silêncio é completo e isso me aborrece bastante. Poderia fazer a gentileza de dizer a Drummond que ele dê as ordens à Embaixada[9] ou a quem quer que seja, com a máxima urgência?

2°) Capanema ficou de me dar uma resposta sobre o terreno definitivo para o Ministério, de modo que possa manter minha palavra, quer dizer, fazer o que tínhamos combinado, essa famosa implantação decisiva do edifício.

Telegrafei a Capanema há oito dias nos seguintes termos: "Sem notícias, dinheiro nem conclusão projeto."

Poderia fazer-me o favor de pedir a Drummond que me envie um telegrama para tranquilizar-me sobre todas essas coisas e dar-me uma posição.

Tive a sorte de poder contactar Baehler como sendo o homem capaz de dirigir as obras da Cidade Universitária e ele está, em princípio, de acordo em aceitar essa missão. Seria para todo nosso empreendimento um trunfo considerável.[10]

Não me alongo mais hoje sobre isso, porque lhe escrevo do escritório e a atmosfera geral aqui na França é bastante desagradável e não dá ensejo a grandes efusões. Atesto-lhe minha grande amizade, que você bem conhece.

Saudações cordiais para você e todos os amigos,

Le Corbusier

---

9   Manuscrito adicionado por Le Corbusier: "Do Brasil em Paris".

10 Manuscrito adicionado por Le Corbusier: "O ministro era favorável".

LE CORBUSIER
35, rue de Sèvres
PARIS VI°

PARIS – le 21 Novembre 1936

Monsieur Lucio COSTA

Bâtiment du "Castello"

RIO DE JANEIRO

Cher Ami,

1°- Inclus une lettre écrite au Ministre CAPANEMA, en réponse à sa lettre où il m'annonce que la Palais ne se fera pas au bord de la mer, mais sur ce sale terrain à l'intérieur du quartier d'affaires. J'en suis désolé, ça m'a donné un coup au coeur car je voyais déjà se dresser dans le ciel le produit de notre collaboration et aussi la symphonie paysagiste au milieu de ce site admirable. C'est un crime de ne l'avoir pas fait. Je n'en comprends pas les raisons. Cela me désespère de toutes les entreprises contemporaine, car enfin, pour une fois, il semblait que l'affaire de Rio était sérieusement accrochée et appuyée tant par votre sympathie (des architectes) que par celle du Ministre lui-même.

Racontez-moi un petit peu ce qui s'est passé, vous seriez gentil. Je compte sur vous pour me renseigner.

2°- Où en est la Cité Universitaire ? Le ministre me dit que les architectes ont présenté un projet et qu'ils convoquent la Commission des Professeurs, pour soumettre le travail des architectes. A-t-on tenu compte, dans ce tracé, de mon travail ?

Donnez donc un peu de nouvelles, un peu de précisions. Vous me laissez le bec dans l'eau, ce n'est pas gentil. Que ce soit vous ou Carlos LEAN, mais parlez, je vous en prie !!!

Je vous ai fait adresser une lettre pour notre ami Celso ANTONIO. Je pense que vous l'avez reçue et remise en bonne main.

J'attends de vos nouvelles avant la fin de l'année et faites qu'elles soient bonnes. Mes amitiés à vous et à votre femme ainsi qu'à tous les amis.

Le Corbusier

P.S. – Que devient ce brave Oscar avec ses belles perspectives ?

Je n'ai pas encore été payé (depuis le 14 août !) Que pensez, que faire ? Dites le à Drummond, car cela ne peut plus durer davantage

J'ai vu à Rome, la Cité Universitaire. C'est de la vieille architecture sous vernissage moderne. C'est faux, au fond

Paris, 21 de novembro 1936

Caro amigo,

1º – Anexa uma carta escrita ao ministro Capanema em resposta à carta em que me anuncia que o Ministério não se construirá à beira-mar, mas naquele terreno porcaria no interior do bairro comercial. Fiquei desapontado, com dor no coração, pois já imaginava erguer-se no céu o produto de nossa colaboração, bem como a sinfonia paisagística em meio àquele sítio admirável. É um crime não o ter feito. Não compreendo as razões disso. Isto me desespera diante de todos os empreendimentos contemporâneos, pois enfim, pela primeira vez, parecia que o negócio do Rio estava seriamente ancorado e apoiado tanto por sua simpatia (dos arquitetos) quanto pela do próprio ministro.

Relate-me um pouquinho o que aconteceu, por gentileza. Conto com você para me informar.

2º – E a Cidade Universitária, a quantas anda? O ministro disse-me que os arquitetos apresentaram um projeto e que foi convocada a Comissão de professores para julgar o trabalho dos arquitetos. Será que nesse projeto levaram em conta meu trabalho?

Deem-me, portanto, algumas notícias, algumas precisões. Vocês me deixam na expectativa, isso não é correto. Escrevam-me, você ou Carlos Leão,[11] por favor!!!

Enviei em seu nome uma carta para o nosso amigo Celso Antônio.[12] Creio que você já a recebeu e entregou.

Espero notícias suas antes do final do ano. Faça com que elas sejam boas.

Meus cumprimentos a você, sua esposa e a todos os amigos,

Le Corbusier

P.S. O que é feito daquele valoroso Oscar[13] e suas belas perspectivas?[14]

---

11 Carlos Azevedo Leão (1906-1983). Arquiteto, pintor, aquarelista e desenhista brasileiro.

12 Celso Antônio [Celso Antônio de Menezes] (1896-1984). Escultor, professor da Escola Nacional de Belas Artes.

13 Oscar Niemeyer (1907-2012). Arquiteto brasileiro, importante colaborador de Lucio Costa e Le Corbusier.

14 Manuscrito adicionado por Le Corbusier à carta: "Ainda não fui pago (desde 14 de agosto). O que pensar, o que fazer? Informe Drummond, porque assim não pode continuar... Em Roma, vi a Cidade Universitária. (Com arquitetura antiga sob verniz moderno. É falso, tão forte!)"

13 -3 32

Rio 31-XII-36

Rio

Cher Costeisio

L'année se termine aujourd'hui. Voilà pourtant déjà cinq mois que vous êtes parti. — et nous en sommes encore à peu de choses près où vous nous avez laissés !

Je vous résume les évènements. D'abord la C.V.B. :

1° Arnaud e Campos presentent à Capanema leur rapport de --- pages — ils ont la prétension de vous avoir "démoli"; en vrais chameaux ils n'ont rien compris, ça va sans dire, à la grandiosité de votre projet — bref : un pénible mélange de bêtise et mauvaise foi.

2° Le 12 octobre nous présentons à Capanema notre avant-projet qui, conséquence du vôtre, adoptait néanmoins un parti pour ainsi dire opposé — tâchant de s'adapter aux circonstances : au lieu d'une vue immédiate et grandiose de tout l'ensemble — des impressions qui se développent successivement pendant le parcours de la Cité. C'est assez bien quoique dans

Rio de Janeiro, 31 de dezembro de 1936

Caro Corbusier,

Hoje é o último dia do ano. Já faz, no entanto, cinco meses que você partiu – e as coisas se encontram quase no mesmo pé em que você as deixou.

Resumo dos acontecimentos. Primeiramente a C.U.B.[15]

1° Amaral[16] e Campos[17] apresentam a Capanema seus relatórios com ... páginas. Têm a pretensão de ter "demolido" você; como verdadeiras mulas não entenderam nada, nem é preciso dizer, da grandiosidade do seu projeto – em suma: uma lamentável mistura de besteira e má-fé.

2° No dia 12 de outubro apresentamos a Capanema nosso anteprojeto que, em consequência do seu, adotava, entretanto, um partido por assim dizer oposto – adaptando-se às circunstâncias: em lugar de uma vista imediata e grandiosa de todo o conjunto, impressões que se desenvolvem sucessivamente durante o percurso do campus. Dentro dos nossos limites e na "nossa escala", o projeto está bom. Incorporamos desde agora ao projeto – a fim de tornar possível, mais tarde, uma "encomenda" – o seu auditório.

3° O projeto agrada muito ao ministro que o submete imediatamente à comissão de professores – estes ainda o estão examinando, e ao que parece teremos que sofrer, malgrado tudo, nós também, as "terríveis" críticas desses senhores.

Mandei pelo correio as plantas e nosso relatório.

Agora, o MESP[18]

1° Capanema rejeita a ideia de mudar aquele terreno "porcaria", e isso por razões que, no fundo, podem ser assim resumidas: também ele não entendeu toda a excepcional beleza do seu edifício. E em razão desse estado de espírito, os inconvenientes de ordem geral e as dificuldades de ordem prática para levar a coisa a bom termo tomam a seus olhos o aspecto de obstáculos intransponíveis.

---

15 Cidade Universitária do Brasil.

16 Inácio Manuel Azevedo do Amaral (1883-1950). Político, pedagogo e militar, reitor da Universidade do Brasil (1945-1948).

17 Ernesto de Souza Campos (1882-1970). Engenheiro, médico e diplomata brasileiro.

18 Ministério da Educação e Saúde Pública.

2º Capanema desinteressa-se um pouco do assunto do edifício, preocupado que está com a reforma de seu Ministério, submetida desde o ano passado à Câmara e ao Senado: os créditos dependem disso – o ministro das finanças é contra; ela é modificada com sucessivas "emendas". Está certo que será aprovada, ao menos parcialmente, em alguns dias. E como não lhe resta senão 16 meses de administração – ou começa imediatamente a construção ou não a fará mais.

3º A ideia de fazer a "múmia", depois que vimos as coisas tão belas que você tirou dela, não nos empolga: propusemos então a ele uma nova solução, num só bloco, como você nos tinha aconselhado, mas no sentido mais curto do terreno (S-SE) e com dupla profundidade.

Eis onde nos encontramos.

Quanto aos seus honorários, você os recebeu alguns dias após a chegada de sua carta, portanto não falemos mais nisso. Como já lhe dissera: sua visita custou-me um ano de diligências junto a Capanema, avanços e recuos, em suma, um verdadeiro "milagre".

Você está tendo a prova agora.

O fato é que todas as coisas que dependem do governo são muito difíceis entre nós.

Continue mandando notícias, isso significa bastante para todos nós. Seu P.S. deixou Oscar "emocionado" – ele está fazendo coisas lindas no momento – sua visita abriu novos horizontes para ele.

Carlos, Reidy, Reis, Jorge, Ernani – todos mandam lembranças.[19]

Leleta[20] continua orgulhosa do croqui feito "especialmente" para ela. Quanto a mim – cansado dessas lutas e polêmicas que não levam a nada e me chateiam – mereço a sua amizade.

Faço o possível para lhe ser útil. Se, na sua opinião, nem sempre sou bem-sucedido, tenha a gentileza de me desculpar.

Lucio Costa

---

[19] Trata-se da equipe chefiada por Lucio Costa: Carlos Leão, Affonso Eduardo Reidy, Jorge Moreira, Ernani Vasconcelos, da qual também fez parte Oscar Niemeyer. Affonso Eduardo Reidy (1909-1964), arquiteto brasileiro, um dos pioneiros da arquitetura moderna nacional. José de Souza Reis (1909-1986), arquiteto brasileiro, foi colaborador de Niemeyer e um dos primeiros no Serviço do Patrimônio Histórico e Artístico Nacional. Jorge Machado Moreira (1904-1992), arquiteto brasileiro. Ernani Mendes de Vasconcelos (1912-1989), arquiteto, pintor e muralista brasileiro.

[20] Julieta Modesto Guimarães Costa [Leleta] (1902-1954). Esposa de Lucio Costa, mãe de Maria Elisa Costa e Helena Costa.

JORGE M. MOREIRA - LUCIO COSTA
CARLOS LEÃO - AFFONSO E. REIDY
ERNANI MENDES DE VASCONCELLOS
OSCAR NIEMEYER SOARES FILHO

ARCHITECTOS

EDIFICIO CASTELLO - AV. NILO PEÇANHA N. 151-9.º ANDAR - SALAS 901/2 - TELEPHONE - 42-0630

Rio 3-XII-37.

Cher Le Corbusier,

Nous profitons de la bienveillance de Mr. Monteiro pour vous faire parvenir, "en toute sécurité", les plans exécutés après votre départ. D'après le mot qui accompagnait votre lettre d'octobre (!) j'ai compris que vous n'avez pas reçu ma "lettre-rapport" envoyée par avion (35 rue de Sèvres, Paris) et où je vous mettais au courant des évenements.

Je vous les résume rapidement. D'abord la Cité Universitaire; la commission de professeurs — Amaral et Campos en tête — refuse, sans rien y comprendre, votre beau projet. Quant'a nous, ayant deux mois pour présenter une nouvelle solution nous avons fait de notre mieux quoiqu'en nous adaptant aux circonstances, puisqu'il fallait encombrer le terrain de batisses. Mais encore cette fois ci à l'unanimité (et ils sont 14 à la commission de professeurs) on l'a rejeté. Il parait que Campos veut faire en toute liberté son architecture à lui — voilà. Et maintenant le batiment du Ministère: reconnue l'impossibilité de le construire sur le magnifique terrain que vous aviez choisi — car il aurait fallu le faire de beaucoup plus bas et sans le pouvoir développer dans la suite à cause de l'aéro-port; et reconnue, d'autre part, que la "monie" était déjà bien morte — nous avons fait un nouveau projet directement inspiré sur vos études. Oscar, qui s'est révélé tout d'un coup — après votre départ — l'étoile du groupe, en est le principal responsable et attend, ému sans doute — comme nous tous d'ailleurs — l'OK de Zétoulouti. Nous vous envoyons aussi le joli pro-

Rio de Janeiro, 3 de julho de 1937

Caro Corbusier,

Aproveitamo-nos da boa vontade do sr. Monteiro para enviar-lhe, com toda a segurança, os desenhos executados depois de sua partida. Segundo o bilhete que acompanhava sua carta de outubro(!) compreendi que você não recebeu minha "carta-relatório" enviada por avião (35 rue de Sèvres, Paris) e onde o colocava a par dos acontecimentos.

Vou resumi-los rapidamente para você. Primeiramente a Cidade Universitária: a comissão dos professores – encabeçada por Amaral e Campos – recusa, sem compreender nada, o seu belo projeto. Quanto a nós, tendo dois meses para apresentar uma nova solução, fizemos o melhor possível, ainda que nos adaptando às circunstâncias, pois era necessário encher o terreno de construções. Mas, mesmo desta vez, por unanimidade (e eles são 14 na comissão de professores), o projeto foi rejeitado. Parece que Campos quer ter toda a liberdade para fazer uma arquitetura só dele – eis tudo. E agora o prédio do Ministério, reconhecida a impossibilidade de construí-lo no magnífico terreno que você escolheu – pois seria necessário fazê-lo muito mais baixo e sem poder ampliá-lo no futuro, por causa do aeroporto; e reconhecido, por outro lado, que a "múmia" já estava bem morta – fizemos um novo projeto diretamente inspirado em seus estudos. Oscar, que após sua partida tornou-se a estrela do grupo, é o principal responsável por ele e aguarda, emocionado sem dúvida – como todos nós, de resto – o ok de Jeová. Estamos enviando também o belo projeto que ele fez com Reis[21] para o Instituto Nacional de Puericultura: o que você acha dele?

Sua visita foi, portanto, muito útil para nós e esperamos todos que ela também lhe tenha servido em alguma coisa.

Capanema mostrou-nos, outro dia, as belas reproduções da enciclopédia, e envia-lhe agora os dez mil francos para a impressão do seu livro.[22]

---

21 José de Souza Reis.

22 Trata-se de livro com as conferências de Le Corbusier no Brasil, projeto do ministro Gustavo Capanema que não se concretizou. Ofaire faz menção ao assunto na carta para Le Corbusier de 12/02/1937. Ver *Le Corbusier e o Brasil*, op. cit., p. 186.

Charles Ofaire[23] já se instalou aqui – inteligente, ativo e muito simpático, terá sucesso, sem dúvida. Para nós – esse "monte de brasileiros" – a simpatia ainda conta.

Aceite, querido Le Corbusier, com nossas melhores lembranças – nossa amizade,

Lucio Costa

---

23 Charles Ofaire. Editor suíço-alemão. Chefe do Centro de Edições Francesas no Brasil em fins dos anos 1930.

LE CORBUSIER

PARIS - 35 rue de Sèvres - VI)

le 7 Octobre 1937

Monsieur Lucio COSTA

Edificio Castello

Av. Nilo Pacanha N° 151-9°

RIO DE JENEIRO

Cher Ami,

Giedion, secrétaire général des C.I.A.M. de Zürich, m'envoie copie de la lettre qu'il vous a dressée le 2 Octobre.

J'espère que vous voudrez bien accepter de faire partie des C.I.A.M. et que vous en aurez des satisfactions réelles.

C.I. Warchawchik est à Saint Paul et pour l'instant ne bouge plus en matière d'architecture. Par contre votre groupe est en train de s'agiter formidablement à Rio. Je crois que vous pourriez alimenter de vos travaux le Secrétariat général de Zürich. Je viens de recevoir à ce jour le numéro de Septembre de P.D.F. Il y a de très jolis projets de Reiss et d'Oscar. Quand est-ce que vous bâtissez tout cela ?

Pour l'instant, c'est la crise noire ici et je soupire après ce palais du Ministère que vous avez la chance d'exécuter. J'en suis content pour vous.

Je serai toujours heureux d'avoir de vos nouvelles. Amitiés à tous et cordialement à vous. Mes respects à Madame Costa.

Paris, 7 de outubro de 1937

Caro amigo,

Giedion,[24] secretário-geral dos CIAMS[25] de Zurique, enviou-me cópia da carta que lhe endereçou em 2 de outubro.

Espero que você queira participar dos CIAMS e neles tenha verdadeiras satisfações.

G.I. Warchavchik[26] está em São Paulo e no momento não mexe mais em matéria de arquitetura. O seu grupo, em compensação, anda agitando de maneira formidável no Rio. Acho que você poderia alimentar com seus trabalhos o secretário-geral de Zurique. Hoje mesmo acabo de receber o número de setembro de PDF.[27] Tem belos projetos de Reis e de Oscar. Quando vocês vão construir tudo isso?

Por enquanto, a crise por aqui é negra. Suspiro com esse palácio do Ministério que vocês têm a oportunidade de realizar. Fico contente por vocês.

Serei sempre feliz ao receber notícias suas. Amizades a todos e a você cordialmente. Meus respeitos à senhora Costa.

Le Corbusier

---

24 Siegfried Giedion (1888-1968). Crítico e historiador de arquitetura suíço.

25 Congressos Internacionais de Arquitetura Moderna [Congrès Internationaux d'Architecture Moderne], realizados nas décadas de 1930 a 1960 reunindo os principais nomes na área.

26 Gregori Ilych Warchavchik (1896-1972). Arquiteto ucraniano naturalizado brasileiro. Sócio de Lucio Costa.

27 Refere-se à *Revista Municipal de Engenharia da Prefeitura do Distrito Federal* (PDF), criada em 30 de janeiro de 1932, que estampava a sigla do órgão público na capa de suas edições.

24-XI-37
Rio

Cher Le Corbusier

J'ai lu avec plaisir votre lettre du 13 sept. et celle du 7 oct. qui est arrivée ce matin — "ouverte par la censure" car nous sommes en guerre contre le communisme.

Vos bienveillantes paroles ont fait du bien aux amis. Je leur ai laissé la tâche d'accompagner la construction du bâtiment du ministère, car j'ai besoin de repos. Ça marche assez bien quoique les difficultés soient innombrables. Je vous enverrai une série de photos.

L'Institut de Puériculture d'Oscar et Reis doit se commencer le mois prochain. Oscar ne méritait pas, à lui seul, votre réprimande, car "la fièvre des palmiers" fut générale après votre départ. Quant aux facilités c'est toujours loin de s'en prémunir, mais je pense qu'il n'y aura pas de danger; à côté de la grâce et de l'invention il a un raisonnement assez sévère qui empêchera les glissades.

Reidy est en train de construire de petits bâtiments pour la municipalité — ceux que vous avez vus dans

Rio de Janeiro, 24 de outubro de 1937

Caro Le Corbusier,

Li com prazer sua carta de 13 de setembro e a de 7 de outubro que chegou esta manhã – "aberta pela censura", pois estamos em guerra contra os comunistas.

Suas palavras simpáticas fizeram bem aos amigos. Deixei-lhes a tarefa de acompanhar a construção do edifício do Ministério, pois preciso de descanso. A construção avança bem, ainda que as dificuldades sejam incontáveis. Enviarei uma série de fotos.

O Instituto de Puericultura de Oscar e Reis deve começar no próximo mês. Oscar não merecia receber sozinho a sua reprimenda, pois a "febre das palmeiras"[28] generalizou-se depois de sua partida... Quanto às facilidades é sempre bom ficar atento, mas creio que não haverá perigo; paralelamente à beleza e à invenção, ele tem um modo de raciocinar bastante rigoroso que impedirá os deslizes.

Reidy está construindo pequenos prédios para a municipalidade – aqueles que você viu na PDF, e Moreira,[29] você sabe – o "grande" –, constrói casinhas para os valorosos burgueses.

Quanto ao caso da Universidade torna-se cada dia mais confuso. Morpurgo,[30] um arquiteto italiano enviado por Piacentini (!), parece que está estudando o assunto; Capanema, dessa vez, colocou Leão no trabalho, mas como Campos e Amaral continuam com o mesmo prestígio e com o apoio de todas as congregações, penso que será difícil fazer sair daí alguma coisa de "apresentável". Continuemos a esperar, todavia.

Recebi a carta de Giedion. Acho que não será fácil levar a cabo a iniciativa; em todo caso, já que a coisa está feita, tratarei de organizar um grupo homogêneo para passar o bastão aos amigos. Vou me comunicar primeiramente com o caro

---

28 Refere-se às palmeiras imperiais que Le Corbusier propôs para a Cidade Universitária.

29 Jorge Machado Moreira (1904–1992). Arquiteto brasileiro.

30 Vittorio Ballio Morpurgo (1890-1966). Arquiteto urbanista, representante da arquitetura racionalista italiana dos anos 1930.

Warchavchik e saber o que ele pensa. Em todo caso, agradecemos a você essa prova de confiança e depois, como você mesmo diz, é realmente uma força que se poderá utilizar.

Finalmente você está restabelecido – seu curioso gráfico era, nesse sentido, bastante expressivo. Mas nos causou tristeza saber que você teve ainda que suportar aborrecimentos a respeito do assunto do Pavilhão dos Novos Tempos. Tudo isso é bastante triste, assim como pensar que, na França de 1937, tenha-se organizado uma exposição de Arte e Técnica virando as costas a você; toda essa criação de uma potência verdadeiramente genial e de um alcance sem igual na história da arquitetura de todos os tempos, – é negada, é difamada.

Como é estúpido tudo isso!

Ontem à noite Charles Ofaire esteve em nossa casa com sua simpática esposa. O bate-papo, inicialmente limitado aos acontecimentos do dia, logo extrapolou para considerações de ordem geral. Ele também admite que ainda teremos que suportar, em toda parte e por muito tempo, a reação "fascista"; que toda essa estranha loucura nacionalista e todas essas energias tensas acabarão por se afundar completamente na lama e na morte, e que dessa miséria e degradação totais sairá enfim, um dia – tenhamos ao menos ainda força de esperá-lo –, a verdadeira civilização maquinista, esses tempos novos aos quais são dedicadas sua vida e sua obra.

Mas Ofaire mostra-se apreensivo. Diz ele: sim, tudo será muito bom, muito limpo, cada um com o seu automóvel, seu rádio, suas gravatas – depois olharemos com lupa os vestígios da arte dos tempos passados. E ele se questiona se de um tal estado de espírito não resultará uma espécie de embrutecimento geral, pior que todas nossas misérias atuais.

Parece-me que ele colocou mal o problema, já que esse famoso "conforto" – automóveis, rádios, WC e tudo mais – não é um fim em si mesmo, mas apenas um instrumento libertador: uma vez conquistado, não se pensará mais nisso.

Somente então começará a verdadeira aventura. O homem, liberto dessa espessa crosta que uma sociedade doente sobrepôs à sua verdadeira natureza; liberado dessa espécie de especulação permanente e imoral que é a *struggle* pela vida, essa coisa que absorve o melhor de nossas energias e faz fenecer o que há de mais puro em nossos corações.

Sem dúvida a grande maioria dos homens será sempre, faça o que se fizer, "medíocre", incapaz de compreender "certas coisas" – assim como crianças grandes, tipo muito em voga nos Estados Unidos. Assim, terminada a labuta quotidiana (o número de horas cada vez menor), estarão livres para viver segundo sua escala de valores: ler revistas, fazer esporte e amor, sofrer um pouco, ir ao cinema ou olhar as estrelas.

Mas, ao lado desses, há uma massa quase tão grande de indivíduos mais ou menos dotados, com o "gosto por certas coisas" – e isso em toda gama de atividades, das mais humildes às mais nobres. Atualmente, esse dom natural e a luta de cada dia fazem dois – raramente se consegue harmonizá-los, pois é preciso aproveitar as oportunidades, pensar no futuro das crianças, dos pais, é preciso ter dinheiro, é preciso poupar, "sacrificar-se", em suma. Enquanto então, cada um poderá desenvolver esse talento inato em circunstâncias favoráveis e sem outra restrição que a satisfação mesma de fazer ou de criar. E entre esses, os espíritos de elite poderão elevar-se livremente aos prazeres da inteligência pura e da emoção verdadeira. Quanto aos gênios, não é preciso se preocupar, eles não ligam a mínima para o que quer que seja e – com WC ou sem WC – acharão certamente o meio de nos passar sua mensagem.

Desse modo, variado ao infinito e com uma riqueza de nuances e de possibilidades até então desconhecidas, um novo equilíbrio será estabelecido.

Eis por que penso que as restrições de Ofaire não são bem fundadas.

Mas deixemos entre as nuvens essas belas regiões da Utopia e tentemos considerar este 1937 caótico e angustiado, cego de desconfiança, ódio e medo – o melhor dos mundos possíveis; e este querido Brasil, transformado do dia para a noite em uma espécie de ku-klux-klan "caótico-fascista", onde a polícia joga na cadeia aqueles que têm a audácia de pensar livremente – o paraíso de meu "comodismo".

Aceite as "saudades" de todo mundo, o "abraço" de seu amigo L. e, também, a simpatia dos tesouros desconhecidos da Conde Lage.

Lucio Costa

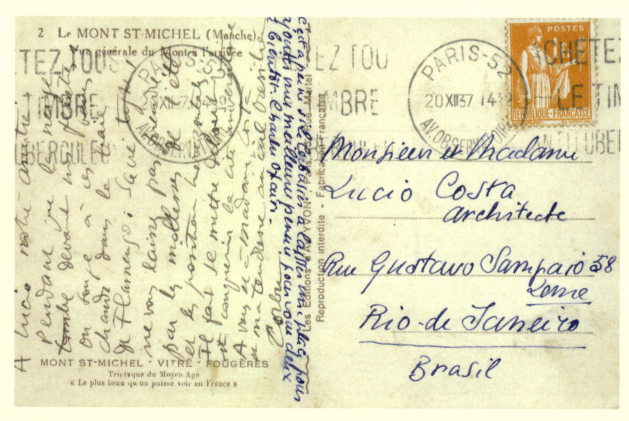

Paris, 20 de dezembro de 1937

Ao Lucio, nossa amizade.

Enquanto a neve cai diante de nossas janelas, sonhamos com os ventos quentes na baía do Flamengo. Grande homem, não se deixe levar pelas molezas do verão e pelas posições horizontais. É preciso levantar-se e conquistar a Cidade Universitária.

A você e sra. Costa, e meu carinho ao céu brasileiro,

Corbu

Le Corbusier quase não deixou um espaço para acrescentar os meus melhores pensamentos para ambos.

Até breve,

Ch. Ofaire

PARIS- 35 rue de Sèvres - VI°

le 22 Novembre 1938

Brésil

Monsieur Lucio COSTA

58, rua Gustavo Sampaïo - Leme

RIO-de-JANEIRO

Cher Ami,

Vous me donnez vraiment trop peu de nouvelles. Ce n'est pas gentil à vous. J'aimerais savoir où en est le bâtiment du Ministère.

J'écris de temps en temps à Capanema pour lui rappeler avec insistance que j'aimerais faire les plans de la Cité Universitaire avec vous autres. Je lui ai envoyé "Des Canons, des Munitions ? Merci ! Des Logis... S.V.P." et une lettre le 1er Octobre.

J'ai vu hier M. Souza-Dantas, Ambassadeur à Paris, qui m'a conseillé de me rappeler fréquemment au souvenir de M. Capanema.

Je lui ai posé la question "Est-ce que ce seront les Italiens (Piacentini) qui feront la Cité Universitaire ?" Lui pense que non. Mais est-ce que vous agissez utilement sur cette question. Ou, d'autre part, ne pourriez-vous pas faire une nouvelle petite invention qui ait pour conséquence de me faire appeler à Rio de Janeiro, afin que j'aie le plaisir de vous revoir tous ainsi que la ville et tout ce qui s'ensuit. Tâchez donc d'arranger cela.

J'ai travaillé pendant une année avec deux architectes argentins à la confection d'un plan directeur de la ville de Buenos-Aires. L'Ambassadeur argentin (le nouveau, M. Carcano) est venu à l'atelier avec une vingtaine de personnalités argentines et des journalistes et du magnésium. C'est un homme très vif et très au courant des questions d'art et il est très enchanté de ce projet qu'il va appuyer à Buenos-Aires. Nous allons éditer un livre très bien fait démontrant tout le projet.

J'ai passé le demi-siècle. Je suis par conséquent un personnage. N'estimez-vous pas que votre pays aurait un petit avantage en m'appelant comme consultant pour des problèmes d'ensemble, en particulier l'urbanisation de Rio qu'il faudrait reprendre, ou tout autre chose ?

Enfin, vous savez que Capanema m'avait demandé de faire le livre de mes six conférences de Rio. J'ai tous les dessins (vous vous souvenez du nègre portant le gigantesque rouleau de fer blanc, sur le port ?). Capanema m'avait annoncé un crédit que je n'ai jamais vu arriver. D'autre part, je lui avais envoyé un devis de l'imprimeur parisien.

Mon cher

DE LE CORBUSIER
PARA LUCIO COSTA
22.11.1938

Paris, 22 de novembro de 1938

Caro amigo,

Realmente você não me dá notícia nenhuma. Isso não é nada simpático. Gostaria de saber como anda o edifício do Ministério.

De vez em quando escrevo a Capanema para lembrar-lhe com insistência que gostaria de fazer os projetos da Cidade Universitária com vocês. Enviei a ele "Canhões, munição? Obrigado! Alojamentos... Por favor" e uma carta no dia 1º de outubro.

Ontem estive com o sr. Souza Dantas,[31] embaixador em Paris, que me aconselhou a continuar me fazendo lembrar a Capanema.

Coloquei-lhe a questão: "Serão os italianos (Piacentini) que farão a Cidade Universitária?" Ele pensa que não. Mas será que vocês estão agindo de forma eficiente nessa questão? Ou, por outro lado, vocês não poderiam inventar uma coisinha nova qualquer que tivesse como consequência a minha convocação ao Rio de Janeiro, a fim de que possa ter o prazer de rever os amigos, a cidade e tudo que se segue. Tentem arrumar isso para mim.

Trabalhei durante um ano com dois arquitetos argentinos na confecção de um plano diretor para Buenos Aires. O embaixador argentino (o novo, sr. Cárcano)[32] veio ao ateliê com uma vintena de personalidades argentinas, jornalistas e flashes. É um homem muito vivo e muito ao corrente das questões artísticas, e ficou encantado com o projeto que irá apoiar com Buenos Aires. Editaremos um livro muito bem-feito, demonstrando todo o projeto.

Completei meio século. Logo, sou um personagem. Não acha você que seria de certo modo benéfico para seu país chamar-me como consultor para problemas de conjunto, em particular para a urbanização do Rio, que deveria ser retomada, ou para qualquer outra coisa?

---

31 Luís Martins de Souza Dantas (1876-1954). Diplomata brasileiro, embaixador do Brasil na França (1922-44).

32 Ramón José Cárcano (1860-1946). Diplomata, embaixador da Argentina no Brasil (1933-38).

Finalizando, você sabe que Capanema pediu-me para fazer um livro com minhas seis conferências do Rio. Tenho todos os desenhos (lembra-se do negro carregando aquele rolo gigantesco de ferro branco no porto?). Capanema anunciara-me um crédito que nunca chegou. De minha parte, enviei-lhe um orçamento da gráfica parisiense.

Meu caro Lucio Costa, não poderia discutir com o sr. Capanema, ou talvez com seu simpático chefe de gabinete, sr. X..., de maneira a restabelecer um contato proveitoso?

Envie-me notícias de todos. Apresente à sra. Costa minhas lembranças e saudades.

Meus cumprimentos, se você o vir, meu amigo Ofaire, e o melhor dos meus sentimentos para você,

Le Corbusier

Rio de Janeiro, fins de 1938

VIVA CORBU! AQUI O ADMIRAMOS AMANDO MUITO VOCÊ!!!
Fogo!!

Você não deveria entrar por esta baía porque as garotas da Conde Lage e os nossos arquitetinhos aqui do escritório estão te esperando há dois anos, praticamente. Felicitações pelo ano novo, de todos nós.

Portinari, Lucio, Oscar, Reidy, Reis, Moreira e Leão.[33]

O Celso Antonio está mal porque é viril demais e escandaliza as nossas semivirgens.

O sr. Ofaire é o anfitrião dos Michelangelos do Rio e os embriaga com gin, o que combina muito bem com todos esses artistas, você sabe.

Ch. Ofaire. Abraço a todos os seus.

---

33 O pintor Candido Portinari e os arquitetos Lucio Costa, Oscar Niemeyer, Affonso Eduardo Reidy, José Reis, Jorge Machado Moreira e Carlos Leão.

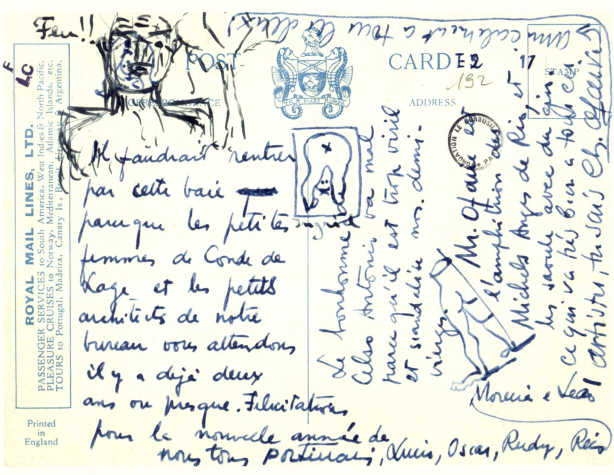

LE CORBUSIER

PARIS, 35 rue de Sèvres - VI°

le Ier Avril 1939

Monsieur Lucio COSTA
Architecte
58, rua Gustavo Sampaio-Leme
RIO de JANEIRO

Mon cher Ami,

Je pars au mois de Mai pour le Chili, appelé par le Gouvernement chilien pour donner des directives pour la reconstruction des régions dévastées et pour le plan régulateur de Santiago.

Mon bateau fera escale probablement quelques heures à Rio et mon intention est, au retour, de m'arrêter quelques jours à Rio, vers les mois de Juin ou Juillet. Ainsi j'espère donc avoir le plaisir de vous voir avec tous vos amis une première fois à l'aller, rapidement, et longuement au retour.

J'écris ce jour à M. CAPANEMA pour lui signaler mon passage, lui demander audience et lui faire à nouveau mes offres de service pour la Cité Universitaire. Où en est cette cité universitaire ? J'en connais les plans italiens sont déplorables. J'espère qu'à Rio rien n'est encore compromis et que le terrain demeure libre. Le Ministère des Affaires Etrangères de Paris a donné des ordres à l'Ambassade de Rio pour que mon affaire soit suivie officiellement.

Mon cher Costa, il faut profiter de cette rencontre prochaine ; l'occasion n'est pas facile de venir au Brésil ; essayons donc de faire quelque chose d'utile :
a) pour la Cité Universitaire : vous préparerez l'opinion de Capanema et de son chef de cabinet et, peut-être, par les revues utiles à Rio.
b) N'y aurait-il pas moyen d'organiser un travail en commun entre votre groupe et moi, dans l'esprit de celui du Palais du Ministère de l'Education Nationale, pour n'importe quel problème ?
c) puisque je suis appelé au Chili, pour la grande urbanisation, ne pourrait-on pas préparer, pour mon second passage à Rio, une tâche d'urbanisme où je pourrais chercher à mettre en valeur les idées, abondantes d'ailleurs, que j'ai sur la continuation de l'urbanisation de l'urbanisation de votre ville ?

Voulez-vous voir cela avec les camarades ?

Mes amitiés à chacun. Mes respects à Madame Costa et à vous bien amicalement.

Paris, 1º de abril 1939

Meu caro amigo,

Parto no mês de maio para o Chile, chamado pelo governo chileno para conceber as diretrizes da reconstrução das regiões devastadas, bem como para o plano diretor de Santiago.

Provavelmente o navio fará uma escala de algumas horas no Rio e ainda minha intenção quando voltar, lá pelos meses de junho ou julho, é de ficar alguns dias no Rio. Dessa maneira, espero ter o prazer de vê-lo com todos os seus amigos, uma primeira vez na ida, rapidamente, e depois, mais longamente, na volta.

Escrevo hoje a Capanema prevenindo-o de minha passagem, pedindo-lhe uma audiência, e oferecendo novamente meus serviços para a Cidade Universitária. Como está a questão da Cidade Universitária? Conheço os planos italianos, que são deploráveis. Espero que no Rio nada esteja comprometido e que o terreno continue livre. O Ministério das Relações Exteriores de Paris deu ordens à Embaixada no Rio para que meu caso seja acompanhado oficialmente.

Meu caro Costa, devemos aproveitar este próximo encontro; é muito difícil ir ao Brasil; vamos tentar, portanto, fazer alguma coisa de útil:

a) relativamente à Cidade Universitária: você deverá preparar a opinião de Capanema e de seu chefe de gabinete, utilizando-se, talvez, das revistas encontradas no Rio;

b) não haveria meio de organizar um trabalho em comum entre mim e seu grupo, nos moldes daquele feito para o edifício do Ministério da Educação Nacional, para outro problema qualquer?

c) já que me chamam no Chile para um grande projeto urbanístico, será que não poderia ser preparado, para minha segunda passagem pelo Rio, um trabalho de urbanismo, em que poderia colocar em prática as ideias, aliás abundantes, que tenho sobre a continuação do processo de urbanização da sua cidade?

Quer ver isso com os colegas?

Lembranças a todos. Meus respeitos à senhora Costa e a você o meu abraço,

Le Corbusier

Dossier RIO   13 -3 76
                               Rio, 14.IV.39.

Cher Le Corbusier,

Votre lettre m'a fait grand plaisir.
Tout le monde est content de vous revoir. Vos critiques
aux "jou-jous" de Piacentini ont fait bonne impression à
Capanema. Vous me demandez où en est la cité universitaire, et bien voici : moi j'ai rompu définitivement avec Amaral e Souza Campos, il y a déjà longtemps. Les plans italiens sont
à présent mis plus ou moins de coté. Nos amis Carlos, Oscar,
Reidy, Moreira et Helio ont commencé il y a quelques jours
à travailler dans un nouveau projet mais cette fois ci sous
le contrôle direct d'Amaral et Campos vous pouvez bien vous
figurer ce qu'on sortira. On s'engueulera de nouveau et voilà
tout, car ce n'est pas possible le travail en commun, d'autant
plus qu'un décret gouvernemental a donné mains pleine définitivement à Amaral et Campos. On m'a suggéré la possibilité
de vous charger de l'étude du nouveau bâtiment pour le Musée
National que Capanema veut bâtir quelque part pour le dé-
menager de la Quinta, mais l'affaire est encore problématique.

Quant à l'urbanisme la Prefecture est précisement
en train de projeter d'importants travaux, mais Reidy
qui est un des chef de service là-bas est tout à fait pessimiste.
Toutefois comme le successeur de Marques Porto dans la direction
générale de ces travaux de la municipalité était au temps où
je dirigeais l'Ecole N. de Beaux Arts (1930), l'un des professeurs sans
contract et m'a prié alors avec insistance de le mainte-
nir à son poste - ce que j'ai fait - je pense qu'il me recevra
avec un peu de bienveillance. Je ferai de mon mieux,
quoique Reidy m'informe qu'il soit capable de toute sorte
de l'inutilité de la démarche.
Votre intervention serait très utile car on prétend jetter

Rio de Janeiro, 14 de abril de 1939

Caro Le Corbusier,

Sua carta me deu um grande prazer.

Todo mundo está contente em revê-lo. Suas críticas aos "jou-jous" de Piacentini impressionaram bem Capanema. Você me pergunta a quantas anda a Cidade Universitária; bem, por minha parte, rompi definitivamente com Amaral e Souza Campos já há algum tempo. Os projetos italianos foram colocados mais ou menos de lado. Nossos amigos Carlos, Oscar, Reidy, Moreira e Hélio[34] começaram há alguns dias a trabalhar num novo projeto, mas desta vez sob o controle direto de Amaral e Campos "você bem pode imaginar o que sairá daí". Irão brigar novamente pois não é possível trabalhar em conjunto, ainda mais agora que um decreto governamental deu, definitivamente, poderes a Amaral e Campos.

Sugeriram-me a possibilidade de encarregá-lo do estudo para o novo edifício do Museu Nacional que Capanema quer tirar da Quinta,[35] mas o assunto ainda é problemático.

Quanto ao urbanismo, a Prefeitura está justamente programando obras importantes, mas Reidy, que é um dos chefes de serviço lá, está totalmente pessimista. Entretanto, como o sucessor de Marques Porto[36] na direção geral dessas obras da municipalidade era, quando eu dirigia a Escola Nacional de Belas Artes (1930), um dos professores sem contrato e pediu-me com insistência para que o mantivesse no cargo – o que fiz – creio que me receberá com um pouco de boa vontade. Farei o possível, embora Reidy me informe da inutilidade de qualquer iniciativa. Sua intervenção seria muito útil, pois pretendem atirar ao mar uma outra colina, a de Santo Antônio, fazer obras importantes ao longo do mangue e completar o que falta do Castelo.[37] As informações de Reidy baseiam-se no fato de que já tentou encaminhar as coisas no verdadeiro sentido do urbanismo e, por causa disso, puseram-no de lado.

---

34 Hélio Uchôa [Hélio Lage Uchôa Cavalcanti] (1913-1971). Arquiteto brasileiro.

35 A Quinta da Boa Vista, no Rio de Janeiro.

36 Affonso Eduardo Reidy foi arquiteto-chefe da Prefeitura do Distrito Federal do Rio de Janeiro. João Gualberto Marques Porto foi o antecessor.

37 Refere-se ao desmonte do Morro do Castelo, no Centro do Rio de Janeiro.

Eis tudo.

Há bastante tempo pretendo escrever-lhe mas, toda vez, imprevistos, viagens etc. impediram-me de colocar as coisas em ordem. Em novembro de 1937 fui ao sul do país, ao Rio Grande, para estudar as ruínas das cidades construídas perto da fronteira com o Paraguai pelos jesuítas. Bela viagem, primeiramente de avião e depois de carro, no meio dos Pampas que se estendem a perder de vista. Uma solidão impressionante. Depois, de repente, ruínas: muros, bases de colunas, ornamentos, cartuchos quebrados – pedra vermelha – abandonados sob os arbustos. As cidades construídas pelos missionários jesuítas obedeciam todas ao mesmo plano: primeiramente a igreja, com a casa dos padres, a escola, as oficinas, os ateliês, a horta etc. Tudo cercado. Depois a "praça" e, em volta desta, os blocos de habitação coletiva compostos de um grande número de células de 5 x 7 m ligadas umas às outras, tudo circundado por uma varanda de circulação (em cada célula morava uma família de índios).

O número de blocos aumentava à medida que a cidade se expandia. Tudo caiado, verdadeiros vilarejos "radiosos".

No começo de 1938 fui para Minas, mais uma vez de avião e carro, mas agora às voltas com montanhas de ferro ao invés das planícies do Sul. Entretanto, a mesma imensidão vazia, a mesma solidão. Até Diamantina, cidade construída de madeira e barro pelos exploradores de diamantes do séc. XVII. Estruturas sobre pilotis!

Depois, no mês de maio, fui à Nova York para projetar, em colaboração com Oscar, o pavilhão do Brasil na Exposição. Creio que fomos bem-sucedidos. Na intenção de nos desmarcar do pavilhão francês, nosso vizinho, construção enorme e pesada, Oscar teve a ideia de aproveitar a curva do terreno – bela como uma curva de mulher – e o resultado foi uma arquitetura elegante e graciosa, com um espírito um pouco jônico, ao contrário da maior parte da arquitetura moderna, que se aproxima mais do dórico. Infelizmente a construção está sendo realizada sem a nossa assistência. Mesmo assim consegui encomendar a Celso Antônio uma magnífica estátua para a esplanada do pavilhão. Trabalho de uma plenitude e dignidade plástica verdadeiramente soberbas. E também três grandes painéis pintados por Portinari – com uma técnica muito diferente daquela que você conheceu. Serviu-se livremente de figuras, como elementos de uma composição plástica pura, e o resultado foi dos mais felizes como forma e cor.

Finalmente, Capanema nomeou-me delegado oficial do governo brasileiro no Congresso Internacional de Arquitetura de Washington, em setembro. Gostaria muito, pois provavelmente serei o único delegado oficial membro do

CIAM, de apresentar um trabalho sobre a obra dos CIAMS em geral e a sua em particular, assinalando o incalculável alcance desta última e declarando que já é tempo de se reconhecer oficialmente os princípios fundamentais defendidos pelos CIAMS. Espero suas instruções a este respeito.

Recebi também, de Nova York, da parte do sr. Giedion, uma comunicação a propósito da realização, na mesma época, do 6° CIAM, nos Estados Unidos. Espero a confirmação, pois a carta do sr. Sanders[38] anunciava um outro encontro para que se decida de uma vez por todas.

"Até breve",[39]

Lucio Costa

P.S. A construção do Ministério atrasou muito devido à falta de dinheiro. Mas já recomeçou. Obrigada pelos "Canhões... etc.". Escreverei a propósito disso.

---

[38] Walter Sanders (1908-1972) Arquiteto norte-americano participante nos CIAM (*Congres Internationaux d'Architecture Moderne*).

[39] Em português no original. Manuscrito adicionado por Lucio Costa sobre desenho: « Estância para criação de gado / horta / escolas, farmácias, oficinas, etc. / cemitério / convento / Estância / Praça / Blocos habitacionais ».

Ce n'est pas ici que demeure Mr. Ofaire

Attention!

On dit que le spectre de l'homme Brésilien danse maintenant sur le toit de l'église de la Gloria et va s'en reboubouiller!

Rio de Janeiro — Av. Rio Branco

[Fins de 1939]

[frente]

Não é aqui que mora o Ch. Ofaire.

Cuidado!

Dizem que o espectro do homem brasileiro está agora dançando no telhado da igreja da Glória e vai bagunçar tudo.

[verso]

Desejamos-lhe os melhores votos para o novo ano e para a sua exposição em Zurique.

Murilo Mendes – poeta pastoral e arquiteto rococó.

Santa Rosa

Anibal M. Machado

Lélio Landucci

Aquele pobre coitado do Leão

Portinari

viva as mulatas

Você se lembra da Jandyra? Ela ainda pensa em você.

Celso Antonio teve um modelo que foi assassinado por um artista duas vezes.[40]

---

[40] Assinam o postal um grupo de intelectuais modernistas que tinham em comum laços de amizade com Le Corbusier e Lucio Costa, firmados na estadia de Le Corbusier no Brasil em 1936: o poeta Murilo Mendes, o pintor Santa Rosa, o escritor Aníbal Machado, o escultor italiano Lélio Landucci, o arquiteto Carlos Leão e o pintor Candido Portinari. Sobre o conhecimento de Jandyra, brasileira por quem Le Corbusier teria se encantado, ver correspondência com Alberto Monteiro de Carvalho. "Carvalho" In: *O engenheiro e o seu tempo*. Rio de Janeiro: Dois Um Produções, 2012.

LE CORBUSIER

Le 18 Février 1946

521

à Monsieur Oscar Niemeyer
pour communiquer à MMrs Lucio Costa,
Carlos Leone, Reidy, Moreira, et autres
amis.

Chers amis,

Rentrant de New-York en avion, j'ai vu à Londres mon ami Entwistle qui m'a montré "Architect Journal", du 31 Janvier 1946, reproduisant le gratte-ciel de Reidy. C'est en quelque sorte le troisième que l'on construit sur les principes que j'ai pu mettre en valeur à Rio.

Ce troisième gratte-ciel est excellent (aussi). Vous n'imaginez pas le plaisir que j'ai à voir que quelque part dans le monde, les principes que je défends se trouvent mis en application, et combien brillamment. Véritablement, c'est un très grand encouragement.

Si j'avais eu plus de temps, je serais venu vous voir à Rio, puisque le gouvernement m'avait demandé si j'accepterais de faire les plans de la Casa Franco-Brésilienne à Rio. Tout cela s'arrangera un jour, je l'espère.

Je voudrais aussi vous faire part d'une idée qui m'est venue. J'avais ramené de Rio en 1936, un immense rouleau des conférences (dessins) que j'avais faites chez vous, le ministère m'ayant alors demandé de rédiger en un livre ces conférences. Malheureusement, jamais je n'ai eu de confirmation précise, malgré les démarches que j'ai faites en temps utile. Je pensais donc qu'il peut être intéressant que certaines des planches essentielles de ces conférences puissent servir de décor dans une des salles du ministère de l'Education Nationale que vous avez tous construit. On choisirait quinze ou vingt de ces planches qui composeraient une fresque protégée par du verre, laquelle constituerait une espèce de document historique au lieu le plus indiqué pour cela. Réfléchissez donc à cette proposition qui n'est pas faite pour flatter ma vanité, mais plutôt pour éviter que ces dessins ne finissent par tomber en poussière dans un coin de mon atelier, et surtout, pour que j'aie le sentiment qui me serait très précieux, que m'attend un pied-à-terre à Rio, ville que j'ai toujours aimée et admirée.

Cordialement à vous tous.

Le Corbusier.

[Paris], 18 de fevereiro de 1946

Ao sr. Oscar Niemeyer
para comunicar aos srs. Lucio Costa, Carlos Leone,[41] Reidy, Moreira, e outros amigos.

Caros amigos,

Voltando de avião de Nova York, encontrei em Londres meu amigo Entwistle[42] que mostrou o *Architect Journal*, de 31 de janeiro de 1946, reproduzindo o arranha-céu de Reidy. É esse, de certa maneira, o terceiro que se constrói segundo os princípios que desenvolvi no Rio.

Esse terceiro arranha-céu é excelente. Não imaginam o prazer que sinto em ver que, em algum lugar do mundo, os princípios que defendo são colocados em prática, e brilhantemente. É verdadeiramente um grande encorajamento.

Se tivesse tido mais tempo teria ido vê-los, pois o governo perguntou-me se aceitaria fazer o projeto da Casa Franco-Brasileira no Rio. Tudo isso vai se acertar um dia, espero.

Gostaria também de comunicar-lhes uma ideia que tive. Trouxe do Rio em 1936 um rolo enorme das conferências (desenhos) que fiz aí, na ocasião tendo sido solicitado pelo Ministério a fazer um livro delas. Infelizmente, nunca tive confirmação precisa, embora tenha tomado as providências necessárias. Pensei que poderia ser interessante se algumas dessas pranchas pudessem servir de decoração em uma das salas do Ministério da Educação Nacional que vocês construíram. Escolheríamos quinze ou vinte dessas pranchas que formariam um conjunto protegido por vidro – uma espécie de documentação histórica no local mais indicado para isso. Pensem nessa proposta que não é feita para alimentar minha vaidade, mas para evitar que esses desenhos acabem empoeirados num canto do meu ateliê, e sobretudo para que tenha o sentimento – que me seria caro –, de ter um "pezinho" no Rio, cidade que sempre amei e admirei.

Cordialmente a todos,

Le Corbusier

---

41 Carlos Leão.

42 Clive Entwistle (1916-1976). Arquiteto e engenheiro civil britânico.

Cher Le Corbusier:

Le plaisir si rare d'avoir des nouvelles directement de vous, s'évanouit peu à peu à mesure que nous poursuivions, item par item, la lecture de votre lettre. Et une pénible sensation d'angoisse s'abattit sur nos cœurs, à nous figurer le génie d'une époque se baladant d'un continent à l'autre et frappant de porte en porte a se réclamer ce qui lui est dû.

Car c'est bien le cas, puisque ce qu'il y a de légitime dans l'architecture

Rio de Janeiro, 18 de junho de 1946

Caro Le Corbusier,

O prazer tão raro de receber diretamente notícias suas desaparece pouco a pouco, à medida que prosseguimos, item por item, a leitura de sua carta.

E uma penosa sensação de mal-estar abate-se sobre nossos corações quando imaginamos o gênio de uma época deslocando-se de um continente a outro e batendo de porta em porta a reclamar o que lhe é devido.

E é bem essa a verdade, pois o que há de legítimo na arquitetura moderna de todo o mundo, gira em torno de seu centro poderoso e bebe nas fontes límpidas de seu espírito.

...e estou certo, sua emoção seria intensa e reconfortante logo que visse, face a face, pela primeira vez, o edifício do Ministério, e tocasse com suas próprias mãos os pilotis com dez metros de altura. E seria igualmente reconfortante para você constatar, no local, que das sementes generosamente esparzidas pelos quatro cantos do mundo – de Buenos Aires a Estocolmo, de Nova York a Moscou –, aquelas espalhadas nesse caro solo brasileiro – graças ao talento excepcional e até agora insuspeitado de Oscar e seu grupo – deram frutos e floresceram numa arquitetura cuja graça e charme jônicos são já bem nossos.

Aceite o abraço[43] de amigos e do seu velho,

Lucio Costa

---

43 Em português no original.

MINISTÉRIO DA EDUCAÇÃO E SAÚDE

Cher Le Corbusier,

On m'a parlé hier soir de votre attitude insolite envers un journaliste à propos de l'affaire du bâtiment du ministère de l'Education et Santé, et je voudrais bien savoir de quoi il s'agit, car votre interprétation actuelle des faits, à ce qu'on me dit, n'est plus celle de 1937.

En effet, le 13 septembre 1937, après avoir pris connaissance des plans définitifs du projet, vous m'écriviez :

"Votre palais du ministère de l'Educ. et Santa Publ. me paraît excellent. Je voudrais autant dire : animé d'un esprit clairvoyant, conscient des buts : servir et émouvoir. Il n'a pas de ces hiatus ou barbarismes qui souvent, ailleurs dans les œuvres modernes, montrent qu'on ne sait ce qu'est l'harmonie. Il se construit, ce palais ? Oui ? Tant mieux alors, et il sera beau. Il sera comme une perle dans le panier aspectique. Mes compliments, mon "O.K." (comme vous le réclamez)."

Nonobstant cette manifestation précise de votre part quant à la précédence légitime du projet, à l'acte inaugural de l'édifice, pendant la guerre, lorsque nous n'avions pas de nouvelles de vous, nous avons voulu rattacher ce projet, finalement construit, à celui que vous aviez pris l'initiative de concevoir et d'esquisser pour un autre terrain dans le voisinage de l'aéroport, et qui nous avait servi de boussole et de point de repère. C'est que nous tenions à associer définitivement votre nom à ce bâtiment désormais historique, dû surtout à Oscar N. Soares, mais où s'appliquaient pour la première fois, intégralement, en échelle monumentale et avec netteté d'éxecution, les

en p[...]
copie p. B[...]

MINISTÉRIO DA EDUCAÇÃO E SAÚDE

principes constructifs que vous avez su établir et ordonner comme fondements de la technique architecturale et urbanistique nouvelle créée par vous. Je vous remets, ci-joint, une photo de l'inscription gravée sur le pan de pierre du vestibule, en vous signalant que l'ancien mot portuguais _risco_ a la même acception du mot anglais _design_, distincte de _drawing_, dessin.

D'ailleurs, nous n'avons jamais cessé de rattacher directement à votre œuvre l'admirable essor de l'architecture brésilienne; si la frondaison est belle vous devriez vous en réjouir puisque le tronc et les racines sont à vous. Mais si c'est d'honoraires qu'il s'agit permettez de vous faire savoir que pendant les trois mois de votre séjour ici vous avez touché d'avantage que nous autres pendant les six années que l'affaire a duré, car nous étions six architectes et quoique les contributions individuelles fussent inégales, les honoraires ont toujours été partagés également parmi nous.

Bien à vous
Lucio Costa

P.S. L'esquisse faite après coup, basée sur des photos du bâtiment construit, et que vous avez publiée comme s'il s'agissait d'une proposition originale, nous a fait, à tous, une pénible impression.

Rio, 27/XI/49.

Rio de Janeiro, 27 de novembro de 1949

Caro Le Corbusier,

Falaram-me ontem à noite de sua atitude insólita para com um jornalista a respeito do edifício do Ministério da Educação e Saúde Pública, e gostaria muito de saber de que se trata, pois, segundo dizem, sua interpretação atual dos fatos não é mais a mesma que a de 1937.

Com efeito, em 13 de setembro de 1937,[44] após ter tomado conhecimento das plantas definitivas do projeto, você me escrevia:

"O seu edifício do Ministério da Educação e Saúde Pública parece-me excelente. Diria mesmo: animado de um espírito clarividente, consciente dos objetivos; servir e emocionar. Ele não tem esses hiatos ou barbarismos que frequentemente, aliás em outras obras modernas, mostram que não se sabe o que é harmonia. Ele está sendo construído? Sim? Então tanto melhor, e estou certo de que será bonito. Será como uma pérola em meio ao lixo 'agáchico'. Meus cumprimentos, meu 'Ok' (como você reclamava)."

Não obstante esta manifestação precisa de sua parte quanto à procedência legítima do projeto, na inauguração do edifício, durante a guerra, quando não tínhamos notícias suas, fizemos questão de vincular esse projeto, finalmente construído, àquele que você tomara a iniciativa de conceber e esboçar para um outro terreno na vizinhança do aeroporto, e que nos servira de bússola e referência. É que queríamos associar definitivamente seu nome a esse edifício doravante histórico, que se deve sobretudo a Oscar Soares,[45] mas onde aplicavam-se pela primeira vez, integralmente, em escala monumental e com nobreza de execução, os princípios construtivos que você soube estabelecer e organizar como fundamentos da nova técnica arquitetônica e urbanística criada por você.

Envio-lhe, em anexo, uma foto da inscrição gravada na parede de pedra do vestíbulo, assinalando apenas que a antiga palavra portuguesa "risco" tem o mesmo significado que a palavra inglesa design, distinta de drawing, desenho.

---

44   Apesar dos esforços de pesquisa, a carta datada de 13 de setembro de 1937, aqui citada por Lucio Costa, não foi localizada.

45   Oscar Niemeyer Soares.

De resto, nunca deixamos de vincular sua obra ao admirável desenvolvimento da arquitetura brasileira; se a ramagem é bela você deveria se regozijar, pois o tronco e as raízes são seus.

Mas, se é de honorários que se trata, permita-me informá-lo que, durante os três meses de sua estadia aqui, você recebeu mais que todos nós durante os seis anos de duração do trabalho, pois éramos seis arquitetos e, conquanto as contribuições individuais fossem desiguais, os honorários foram sempre divididos igualmente entre nós.

Sinceramente,

Lucio Costa

P.S. O esboço feito *a posteriori*, baseado nas fotos do edifício construído, e que você publica como se se tratasse de uma proposição original, nos causou, a todos, uma triste impressão.

L.

DE LUCIO COSTA PARA LE CORBUSIER
27.11.1949

Na página seguinte: Um dos rascunhos escritos por Lucio Costa para carta de "acerto de contas".

votre nouvel aménagement personnel historique ; Œuvre réussie grâce surtout à Oscar N. Soares, mais où s'appliquaient pour la première fois, intégralement, à échelle monumentale et avec noblesse d'intention et exécution Soares, les principes constructifs que vous avez su établir et ordonner comme fondements de la technique architecturale et urbanistique nouvelle que tous tous.) D'ailleurs nous n'avons jamais cessé de rattacher à vous l'admirable essor de l'architecture brésilienne. Si la floraison est belle la devrait vous faire plaisir bien et non pas de la peine car le tronc et les racines sont à vous.

Mais s'il s'agit d'esprit qu'il s'agit

Cher Le Corbusier,

Permettez de vous faire rappeler, en outre, qu'en avril, 1959, c'est à dire, trois ans après — lorsque la construction du bâtiment était déjà bien avancée —, les honoraires que vous aviez perçu vous semblaient encore raisonnables, puisque vous m'écriviez alors :
"N'y aurait-il pas moyen d'organiser un travail en commun entre votre groupe et moi, dans l'esprit de celui du Palais du Ministère de l'Education Nationale, pour n'importe quel problème ?"

Excusez-moi l'insistance, mais notre admiration et notre respect pour vous n'admettent pas le malentendus.

Lucio Costa

Addenda à ma lettre du 27/XI/49.

Caro Le Corbusier,

Permita-me ainda recordar-lhe que em abril de 1939, ou seja, três anos mais tarde – quando a construção do edifício já estava bem avançada – os honorários que você tinha recebido ainda lhe pareciam razoáveis, uma vez que àquela altura me escreveu: "Não haveria meio de organizar um trabalho em conjunto entre mim e seu grupo, nos moldes daquele feito para o edifício do Ministério da Educação Nacional, para outro problema qualquer?"

Desculpe a minha insistência, mas a nossa admiração e respeito por você não admitem qualquer mal-entendido.

Lucio Costa

       Adendo à minha carta de 27 de novembro de 1949

LE CORBUSIER *pièces jointes = 4*   Paris, le 23 Décembre 1949

lettre du 20.9.49 de Bardi à LC
— — 18.10.49 de LC à Bardi
— — 17.11.49 de Bardi à LC
— — 28.11.49 de LC à Bardi

Monsieur Lucio COSTA
Ministério da Educação E Saúde
RIO de JANEIRO

Par avion

Mon Cher Lucio Costa,

      J'ai reçu votre lettre du 27 Novembre me parlant d'une attitude insolite que j'aurais eue envers un journaliste. S'il s'agit de celui que j'ai mal reçu, voici pourquoi : devant un témoin, peintre parisien, il m'a posé cette question : "Que pensez-vous de l'architecture moderne au Brésil ?", comme si c'était une chose que j'apprenais à connaître du dehors. Alors, je lui ai dit que les bons journalistes préparaient pour une interview un questionnaire bien fait, complet, précis et que l'on n'avait pas le droit de venir déranger une personne occupée avec des questions d'amateurs comme celle qu'il posait. Voilà pourquoi votre homme n'est peut-être pas content. J'en ai profité pour dire au peintre témoin qui l'accompagnait, en substance : avec une équipe brésilienne j'ai fait les plans en 1936, le hasard m'a fait savoir en 1945 que le bâtiment était construit. Les lettres de Lucio Costa et Niemeyer, amicales, me l'ont précisé... et voici, inclus double du dossier - que j'appelle "dossier Bardi" - qui vous met au courant de mon état d'âme, lequel n'est pas de la meilleure humeur comme vous le verrez.

      Il y a des raisons, et toutes récentes :

      J'ai passé dix huit mois à New-York à établir les plans du siège des Nations Unies; on me les a volés. En 1938-39 j'ai passé une année avec Ferrari et Kurchan, jeunes argentins, qui ne connaissaient rien, au plan de Buenos-Ayres. Dix ans après, le Bureau du Plan étant constitué à Buenos-Ayres, le Ministre des Travaux Publics déclare : "si nous avons "contrat avec Le Corbusier, cela signifiera aux yeux du monde "que nous ne savons pas faire des plans d'urbanisme". Et Ferrari et Kurchan, directeur du Plan n'ont pas quitté la conférence en tapant la porte, mais ils m'ont écrit des "tendresses amicales", (comme ils disent); mais ils ont conservé leur place et leurs bénéfices. Mon Cher Lucio Costa, mes expériences américaines sont extrêmement douloureuses.

                                                         LC ...

Lucio Costa

Il y a eu ici un ambassadeur brésilien qui a passé une année à Paris, réputé pour sa haute compréhension artistique. J'ai été questionné, au début, pour rendre quelques services et puis le silence complet pendant une année entière, y compris le départ de l'Ambassadeur, sans qu'aucun signe de vie me soit fait. Ceci, c'est du sentimental et non pas des affaires. C'est pour cela, quand Bardi m'écrit "que le grand Maître doit venir présider l'inauguration de son exposition", je lui dis amicalement "zut".

Vous me connaissez assez pour savoir que je ne suis ni intrigant, ni grognon de nature, mais vous me permettrez de n'être pas tout à fait enthousiaste. Un petit exemple : hier au soir, l'hôtes d'un banquet de la "Maison de l'Amérique latine", place de l'Etoile à Paris, présidé par le Ministre de la Reconstruction de France, entendait annoncer que le numéro spécial de "L'Architecture d'Aujourd'hui" sur le Brésil avait eu un succès écrasant dans le monde entier où 11.000 exemplaires français s'étaient vendus, 5.000 exemplaires portugais également et que l'Ambassade du Brésil commandait une nouvelle édition en portugais. Les hôtes autour de moi rigolaient doucement. En effet, Le Corbusier est réputé pour tirer le diable par la queue alors que les autres font leurs affaires et pour complément tout naturel, on admet qu'il est un bel imbécile.

Mon Cher Lucio Costa, je n'en ajoute pas plus, je réponds à votre lettre. Je suis à côté et au-dessus de toute cette histoire là. J'aime conserver votre amitié et celle de mes amis au Brésil et j'espère que vous ne prendrez pas ma mauvaise humeur pour de la méchanceté; vous la trouverez motivée.

Bien amicalement à vous et à tous les amis.

Le Corbusier

P.S. Le post-scriptum de votre lettre du 27.11.49 est significatif. Quelques jours avant mon départ de Rio, le Ministre Capanema m'a déclaré :"Je n'aurai certainement pas le "terrain au bord de la baie. Faites-moi une adaptation sur "le terrain à l'intérieur de la cité." J'ai pris le palais en attendant et je l'ai groupé "en hauteur". Vous semblez dire que ce n'est pas moi qui a eu l'idée de cette opéra-

Lucio Costa - 3

(Editions Girsberger)

(page 81)

tion parce que j'ai publié un petit croquis dans "Oeuvres Complètes" troisième volume. Il semblerait donc que j'ai fait un abus m'attribuant l'invention de l'idée. Me connaissant et vous connaissant, il est impossible de porter un jugement sur la question posée. Les croquis montrent la thèse de la libre disposition du sol par la hauteur des bâtiments. Il m'est absolument impossible de savoir si mes croquis sont faits d'après la maquette, comme vous semblez le dire; je n'ai pas l'ombre d'un souvenir, je n'ai pas l'ombre d'un souvenir d'avoir eu l'intention d'installer les jalons d'une polémique dans cette affaire.

Je possède, venant de vous autres, une série d'ozalides qui conduisait à ce plan définitif. Vous avez, d'autre part, publié en 1939 des dessins de ma main sur ce terrain et qui ne sont pas la solution définitive de la maquette de Niemeyer, mais cette publication de 1939 m'a été remise en 1948 par André Bouxin, rédacteur en chef de "Technique et Architecture" à titre de document et de renseignement.

Mon Cher Lucio Costa, vous ne devez pas dans ce post-scriptum si court, suggérer que c'est moi qui ait fait un larcin. Cela n'est pas dans mes habitudes. Sachez que le livre de Girsberger est fait par Boesiger en 1937-38 et qu'au moment où les épreuves de ce livre m'ont été soumises, j'étais à l'hôpital de Saint-Tropez, blessé effroyablement par un yacht moteur de 200 CV qui m'avait enlevé entièrement la cuisse et fait deux mètres de couture. Ces souvenirs que je vous rappelle, vous permettront d'effacer votre P.S., je l'espère.

L.C.

L'instinct de la vérité conduit ma main : au moment où je relis cette page, l'idée me vient de la publication du n° spécial Brésil Architecture d'Aujourd'hui, page 13, je trouve le croquis et votre lettre. C'est de celui-là donc, que vous parlez? Je n'y suis pour rien : les pages 12 et 13 viennent des rédacteurs de l'Architecture d'Aujourd'hui. Ils se sont référés (c'est évident), à "Oeuvres Complètes L.C." III volume.

Je pense que la question est cette fois-ci exposée.

L.C.

Paris, 23 de dezembro de 1949

Meu caro Lucio Costa,

Recebi sua carta de 27 de novembro falando de uma atitude insólita que eu teria tido em relação a um jornalista. Se for o que recebi mal, explico a razão: na presença de uma testemunha, um pintor parisiense, ele me fez a seguinte pergunta: "O que o senhor pensa da arquitetura moderna no Brasil?" Como se fosse alguma coisa que aprendi a conhecer de fora. Disse-lhe, então, que, antes da entrevista, bons jornalistas preparam questionários bem-feitos, completos, precisos, e que ninguém tem o direito de perturbar uma pessoa ocupada com perguntas de amador.

Eis porque o seu sujeito não deve ter ficado contente. Aproveitei a ocasião para dizer ao pintor que o acompanhava, em suma, que fiz projetos com uma equipe brasileira, em 1936, e soube por acaso, em 1945, que o prédio estava construído. Cartas amigáveis de Lucio Costa e de Niemeyer daquele ano me esclareceram a questão... E aqui junto vai uma duplicata do arquivo – que chamo de "dossiê Bardi"[46] – para você ficar ciente de meu estado de espírito que não é dos melhores humores, como você verá.

Não faltam razões, todas recentes:

Passei 18 meses em Nova York para elaborar o projeto da sede das Nações Unidas: ele me foi roubado. Em 1938-39, passei um ano inteiro com Ferrari e Kurchan,[47] jovens argentinos que não conheciam nada do Plano de Buenos Aires. Dez anos depois, quando foi criada em Buenos Aires a Administração do Plano, o Ministro dos Trabalhos Públicos declarou: "Se tivéssemos um contrato com Le Corbusier ficaria parecendo, aos olhos do mundo, que nós não sabíamos fazer planos de urbanismo." Ferrari e Kurchan, diretores do Plano, não abandonaram a sala batendo a porta. No entanto me enviaram "carinhos amigos" (como eles dizem), preservando, porém, seus cargos e benefícios. Caro Lucio Costa, minhas experiências americanas foram extremamente dolorosas.

---

46 Pietro Maria Bardi (1900–1999). Historiador, crítico e marchand de arte, brasileiro de origem italiana, dirigiu por 45 anos o Museu de Arte de São Paulo (Masp).
Trata-se dos desenhos – coleção Bardi – feitos por Le Corbusier no Rio de Janeiro para as palestras proferidas durante sua estada no Brasil em 1936 e generosamente cedidos pelo Museu Nacional de Belas Artes do Rio de Janeiro. Os textos das conferências, transcritos e corrigidos pelo próprio Le Corbusier em seu retorno a Paris e que permaneceram inéditos até hoje, serão objeto de uma publicação ilustrada pelas edições Flammarion.

47 Jorge Ferrari Hardoy (1914-1977) e Juan Kurchan (1913-1972), arquitetos e designers argentinos.

Esteve aqui um embaixador brasileiro, reputado por ter elevado conhecimento artístico, que passou um ano em Paris. Fui consultado, no início, para prestar alguns serviços; depois baixou o silêncio durante um ano inteiro. Mesmo por ocasião da partida dele, não me foi dado qualquer sinal de vida. Isso é sentimental, não são negócios. Mas, por causa disso, quando Bardi me escreveu que "o grande Mestre deveria vir presidir a inauguração de sua mostra", disse-lhe amigavelmente: "Estou fora."

Você me conhece o suficiente para saber que não gosto de intrigas, nem sou ranheta por natureza. Mas você me concederá o direito de nem sempre me mostrar entusiasmado. Um pequeno exemplo: ontem à noite, os anfitriões de um banquete na Casa da América Latina, na Praça da Étoile, em Paris, presidido pelo Ministro da Reconstrução da França, resolveram anunciar que o número especial de *Arquitetura de hoje* sobre o Brasil teve um sucesso esmagador no mundo inteiro: 11 mil exemplares franceses e 5 mil em português foram vendidos e a Embaixada Brasileira havia encomendado uma nova tiragem em português. Os convidados ao meu lado sorriam discretamente. Com efeito, Le Corbusier passa por dificuldades enquanto os outros tocam seus negócios, admitindo-se como corolário natural que ele é um belo de um imbecil.

Meu caro Lucio Costa, não tenho mais nada a acrescentar sobre o assunto. Respondo a sua carta. Estou fora e acima dessa história. Quero preservar sua amizade e a dos amigos no Brasil. Espero que você não interprete meu mau humor como maldade: você descobrirá que ele tem seus motivos.

Muito amigavelmente, a você e a todos os amigos,

Le Corbusier

P.S. O pós-escrito de sua carta de 27 de novembro de 1949 é significativo. Dias antes de minha partida do Rio, o ministro Capanema me afirmou: "Não vou conseguir o terreno à beira da baía. Faça uma adaptação para o terreno no interior da cidade." "Escolhi fazer o Palácio em comprimento e o agrupei em altura." Você parece dizer que não fui o autor dessa operação porque publiquei um pequeno esboço dele no terceiro volume de minhas *Obras completas*. Parece, então, que eu teria cometido um abuso ao me arrogar a invenção da ideia. Conhecendo a mim e a você, é impossível emitir um julgamento sobre essa questão. Os croquis demonstram a tese da livre disposição do solo em função da altura dos prédios. Não me é possível concluir que meus esboços foram baseados na maquete, como você parece dizer; sem sombra de dúvida não me lembro de haver tido a intenção de traçar o caminho para uma polêmica nesse caso.

Tenho comigo uma série de ozalides de vocês que levaram ao projeto definitivo. Por outro lado, vocês publicaram, em 1939, desenhos meus nesse terreno e que não são a solução definitiva da maquete de Niemeyer. Essa publicação, de 1939, me foi entregue, em 1948, por André Bouxin, redator-chefe de *Técnica e Arquitetura*, a título de documentação e informação.

Meu caro Lucio Costa, você não deve sugerir num pós-escrito tão curto que cometi um furto. Isto não faz parte de meus hábitos. Saiba que o livro de Girsberger[48] foi feito por Boesiger[49] em 1937-1938 e que, no momento em que as provas da obra chegaram a mim, eu estava num hospital de Saint Tropez horrivelmente ferido por um iate de motor de 200 CV que pegou minha coxa, deixando dois metros de costura. Essas lembranças aqui evocadas lhe permitirão apagar seu P.S. – espero.

LC

O instinto da verdade guia minha mão no momento em que releio esta página, me veio à ideia a publicação do número especial Brasil de *Arquitetura de Hoje* – na página 13 encontro o "croquis" referido em sua carta? Não tenho nada a ver com essa reprodução: as páginas 12 e 13 foram criadas pelos redatores de *Arquitetura de Hoje*. Eles utilizaram, é evidente, o 3º Volume da *Obra completa* de LC.

Penso que dessa vez a questão está esclarecida.

LC

---

48 Hans Girsberger (1898-?) Autor do livro *Mes contacts avec Le Corbusier / Im Umgang mit Le Corbusier* e editor do livro *Le Corbusier 1910-65*, de Willy Boesiger.

49 Willy Boesiger (1904-1991). Arquiteto suíço. Trabalhou no escritório de Le Corbusier, na década de 1920. Escreveu alguns livros sobre Le Corbusier e sua obra.

Palais Unesco
G2 12280

Paris, le 6 Mars 1952

Confidentiel

Monsieur Lucio COSTA
COVILHA
Poste Restante BEIRA
Portugal

Cher Ami,

    On m'a donné votre adresse au Portugal. Veuillez trouver inclus copie d'une lettre et d'une note annexe que je vous avais envoyées à Rio de Janeiro le 25 janvier.

    J'ai une réponse positive de Gropius, Markelius et Rogers, tous CIAM, et je serais heureux que vous vouliez bien vous joindre à nous pour constituer un comité homogène.

    Veuillez agréer, cher Ami, l'expression de mon amitié.

LE CORBUSIER

F.
LC

Paris, 6 de março de 1952

Confidencial

> Senhor Lucio Costa
> COVILHÃ
> Posta Restante BEIRA
> Portugal

Caro amigo,

Consegui seu endereço em Portugal. Vai junto cópia de uma carta, com nota anexa, que lhe havia enviado ao Rio em 25 de janeiro.[50]

Obtive resposta positiva de Gropius,[51] Markelius[52] e Rogers,[53] todos CIAM, e gostaria que você se juntasse a nós para constituirmos um comitê homogêneo.

Queira aceitar, meu amigo, a expressão de minha amizade.

Le Corbusier

---

50 A carta de 25 de janeiro de 1952 não foi localizada apesar dos esforços de pesquisa.

51 Walter Gropius (1883-1969). Fundador da Bauhaus, escola marco no design, arquitetura e arte moderna.

52 Sven Markelius (1889-1972). Arquiteto modernista sueco de estilo funcionalista.

53 Ernesto Rogers (1909-1969). Arquiteto, escritor e educador italiano, membro do Grupo dos Cinco (1952/1953) para a sede da Unesco em Paris.

classer   ✗ | Reçu le 1/9/52 |

Le Corbusier,

Après un long voyage au nord du Portugal, j'ai reçu à Lisbonne deux télégrammes de Gropius à propos de l'affaire de l'Unesco et je lui ai répondu en disant que je serais d'accord avec n'importe quelle solution qui a votre approbation et la sienne, mais que personnellement je proposais Markelius. Je suis reparti en suite pour le sud du pays. En rentrant hier de l'Algarve où l'empreinte des maures est encore très sensible, je reçois votre télégramme circulaire, de même qu'une communication signée par Zehrfuss, Breuer et Nervi et la réponse de Gropius à nous tous. On pourra se rencontrer encore une fois à Paris, paraît-il. Je voudrais bien des renseignements plus précis, et savoir si la chose est tout de même en bonne voie.

Un mot de vous par retour du courrier — car je dois repartir pour l'Alentejo — m'est indispensable.

Acceptez l'adhésion de votre ami

[Lisboa], 1º de setembro de 1952[54]

Le Corbusier,

Depois de uma longa viagem ao Norte de Portugal, recebi em Lisboa dois telegramas de Gropius sobre o caso da Unesco e respondi que estaria de acordo com qualquer solução que conte com a sua aprovação e a dele, embora pessoalmente prefira Niemeyer. Em seguida parti para o Sul do país.

Ontem, de volta do Algarve, onde a influência moura lembra Sevilha, recebi seu telegrama circular e uma comunicação, assinada por Zehrfuss,[55] Breuer[56] e Nervi[57] e a resposta de Gropius à minha mensagem por cabo. Ao que parece nós devemos nos reencontrar ainda uma vez em Paris. Gostaria, ainda assim, de ter informações mais precisas e saber se a coisa está bem encaminhada. Uma palavra sua pelo Correio para mim seria indispensável – pois devo ir para o Alentejo.

Aceite o abraço[58] do seu amigo,

Costa

---

54 Data de recebimento anotada por Le Corbusier.

55 Bernard Zehrfuss (1911-1996). Arquiteto francês.

56 Marcel Breuer (1902-1981). Arquiteto e designer norte-americano de origem húngara.

57 Pier Luigi Nervi (1891-1979). Arquiteto e engenheiro italiano.

58 Em português no original.

Paris, 19 de setembro de 1952

Caro amigo,

Gostaria de falar da eventual encomenda do Oscar Niemeyer para o Auditório de São Paulo e saber de você que tipo de convenção financeira devo exigir de Matarazzo.[59]

Queira aceitar, meu amigo, a expressão de meus melhores sentimentos.

Por Le Corbusier,
A secretária

---
59 Ciccillo Matarazzo (1898-1977). Industrial e mecenas brasileiro.

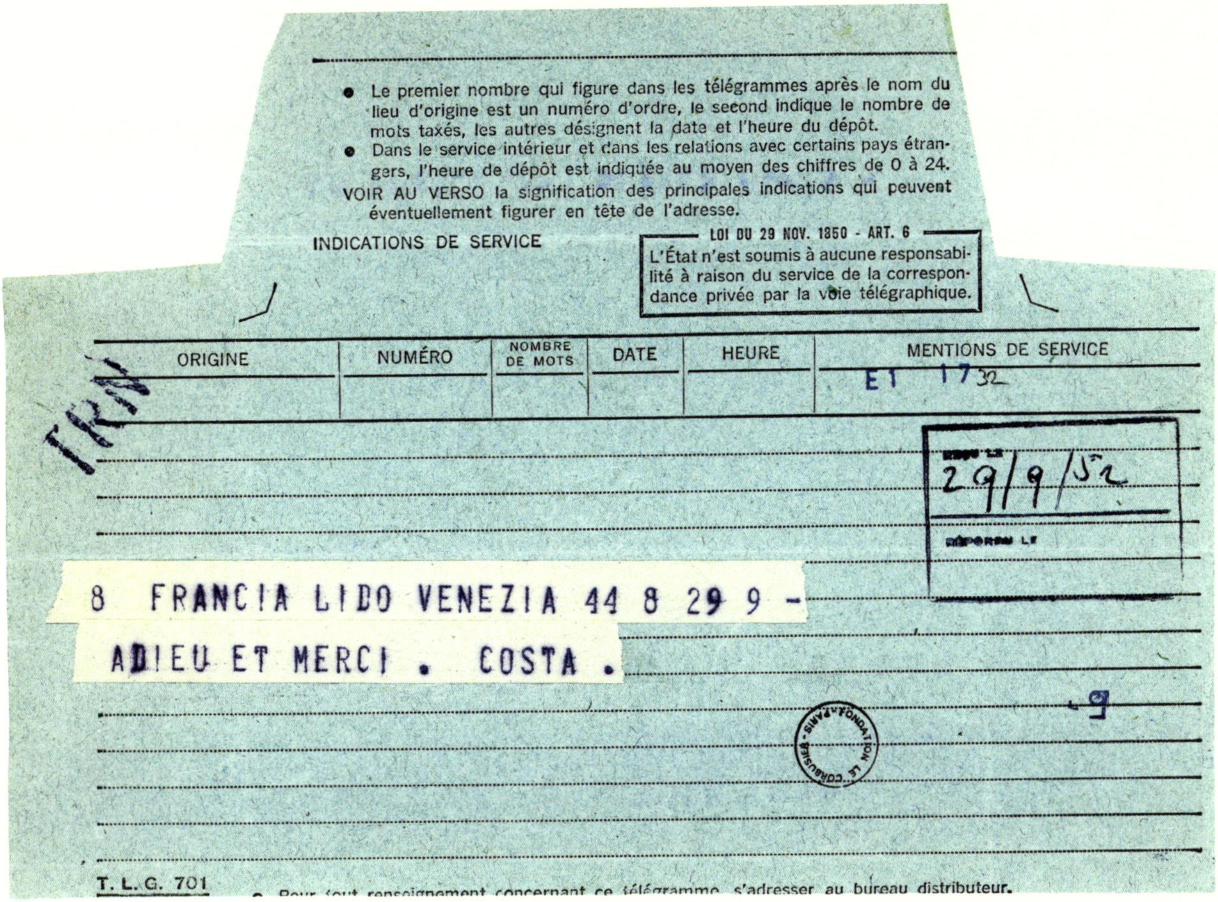

● Le premier nombre qui figure dans les télégrammes après le nom du lieu d'origine est un numéro d'ordre, le second indique le nombre de mots taxés, les autres désignent la date et l'heure du dépôt.
● Dans le service intérieur et dans les relations avec certains pays étrangers, l'heure de dépôt est indiquée au moyen des chiffres de 0 à 24.
VOIR AU VERSO la signification des principales indications qui peuvent éventuellement figurer en tête de l'adresse.

INDICATIONS DE SERVICE

LOI DU 29 NOV. 1850 - ART. 6
L'État n'est soumis à aucune responsabilité à raison du service de la correspondance privée par la voie télégraphique.

ORIGINE	NUMÉRO	NOMBRE DE MOTS	DATE	HEURE	MENTIONS DE SERVICE
					ET 17 32

TRN

29/9/52

8 FRANCIA LIDO VENEZIA 44 8 29 9 -
ADIEU ET MERCI . COSTA .

FONDATION LE CORBUSIER PARIS

T. L. G. 701

● Pour tout renseignement concernant ce télégramme, s'adresser au bureau distributeur.

Veneza, 29 de setembro de 1952

ADEUS E OBRIGADO. COSTA.

17 Août 1954

Cher Le Corbusier,

Je vous remercie et à Yvonne.
Votre lettre m'a profondément touché.

Lelela garda de votre visite chez vous, de même qu'à Vevey, chez votre mère, une forte impression et elle en parlait souvent, toujours émue.

Et maintenant elle est morte.

La pauvre petite – je ne l'aurai plus.

Voilà déjà plus de cinq mois et je ne comprends vraiment pas comment ça c'est passé. La route était droite et libre, je la faisais régulièrement depuis 1930. Il commençait à pleuvoir – il y avait des mois qu'il n'avait plu. Tout d'un coup une longue glissade vers la gauche, puis brusquement vers la droite, sur un arbre, violemment. Le manche du levier des vitesses s'enfonça dans sa poitrine – mon cœur furent ses seuls mots. Le sang coulait à flots, elle respirait encore lourdement, mais son regard était déjà mort.

Mes deux enfants qui, comme moi, n'avaient rien souffert imploraient sous la pluie du secours aux voitures qui ralentissaient, puis s'en

Rio de Janeiro, 17 de agosto de 1954

Caro Le Corbusier,

Agradeço a você e à Yvonne.[60] Sua carta me tocou profundamente.[61]

Leleta manteve uma forte impressão da nossa visita à casa de vocês, e à sua mãe em Vevey; ela comentava frequentemente sobre isso, sempre comovida.

E agora ela está morta. A coitadinha – não a terei mais. Já se passaram mais de cinco meses e realmente não entendo como isso aconteceu. A estrada era reta e livre, eu andava nela regularmente desde 1930. Estava começando a chover, não chovia há meses. De repente, uma brusca derrapada para a esquerda, depois de repente para a direita, e de cara numa árvore, violentamente. A manopla do câmbio de marcha afundou-se no seu peito – "meu coração" foi a sua única palavra. O sangue jorrava, ela ainda respirava pesadamente, mas o seu olhar já estava morto.

As minhas duas filhas que, como eu, nada sofreram, imploravam socorro na chuva para os carros que reduziam a velocidade e iam embora. Havia sangue demais, as pessoas são medrosas.

Foi atroz. Ela adorava a vida, e agora acabou, dessa maneira.

O tempo se esvai. Maria Elisa[62] e Helena[63] têm os seus estudos e toda uma vida pela frente. Eu "trabalho". Leio os jornais, sou informado: acompanho Mendès France[64] com simpatia e sei que as coisas andam na Unesco e na Cité.

Mas enquanto a vida continua – suave, indiferente, implacável – o passado cresce e instala-se, definitivamente, no meu coração.

Lucio Costa

---

60 Yvonne Gallis, nascida Jeanne Victorine Gallis (1892-1957), modelo francesa, esposa de Le Corbusier.

61 Carta não localizada apesar dos esforços de pesquisa.

62 Maria Elisa Costa (1934). Arquiteta brasileira, filha de Lucio Costa e Julieta Guimarães.

63 Helena Costa (1940-2018). Segunda filha de Lucio Costa e Julieta Guimarães.

64 Pierre Mendès France (1907-1982). Político francês. Foi primeiro-ministro da França entre 1954 e 1955.

Texte L-C déposé dans le tube de plomb
dans la première pierre du Pavillon du
Brésil à la Cité Universitaire de Paris.

Le 29 juillet 1955

M.........

Cette cérémonie est sous le signe de l'amitié. Lucio Costa, mon ami, architecte le plus subtil, a établi le premier plan de cette maison brésilienne dont commence aujourd'hui la construction. Ce premier plan est frère de celui du Pavillon qu'ici, à deux pas, Pierre Jeanneret et moi, construisîmes voici bientôt vingt cinq années.

Mon amitié avec le Brésil remonte à 1929, lors d'un premier voyage en Amérique du Sud. Mon coeur s'était épanoui à Rio de Janeiro, cité éblouissante !

En 1936, Lucio Costa me faisait appeler par son Ministre, M. Capanema, pour participer à l'élaboration des plans du Ministère de l'Education Nationale et à ceux de la future Cité Universitaire du Brésil à Rio.

Le Ministère fut construit pendant la guerre de 39-44. On dit qu'il est beau, qu'il est un joyau dans la Baie de Rio. La Cité Universitaire se réalise en ce moment, devant la ville, sur une île que l'on a fabriquée dans les flots.

En 1936, je participais aux travaux de deux équipes, - : celle du <u>Palais du Ministère</u> et celle de la <u>Cité Universitaire</u>. S'y trouvait, aux côtés de Lucio Costa, <u>Oscar</u>, garçon plein de gentillesse et de talent. Il est aujourd'hui Oscar Niemeyer. - Ma mémoire a retenu les noms de ces autres bons compagnons: Reidy, Moreiro, Vasconcello, Carlos Leon ...

Ce sont eux tous - et quelques autres - qui ont placé leur pays en vedette, ayant répandu une architecture, lumineuse, talentueuse, rayonnante d'esprit: <u>l'architecture brésilienne</u>. Leur patrie se fait gloire d'une telle floraison et de l'admiration que partout elle suscite.

Il paraît qu'en 1929, Paulo Carneiro avait apprécié les premiers <u>propos sud-américains</u>. Vingt-trois années plus tard, nous nous sommes trouvés camarades de lutte à Paris pour faire triompher l'idée moderne dans la construction du siège de l'<u>UNESCO</u>- lui en tête, mais moi en modeste valet d'écurie. Tous les jours ne sont pas fastes !

Récemment le Brésil m'a demandé de le conseiller à l'occasion de l'édification de sa nouvelle capitale, siège des

...

*Texto colocado no cano de chumbo
no interior da primeira pedra
do Pavilhão do Brasil na Cidade
Universitária de Paris*

Paris, 29 de julho de 1955

M...

Esta cerimônia rege-se pelo signo da amizade. Lucio Costa, meu amigo, o mais sutil dos arquitetos, fez a primeira planta desta casa brasileira cuja construção começa hoje. Esse primeiro projeto é irmão daquele do Pavilhão que Pierre Jeanneret[65] e eu construímos aqui, a um passo de distância, há quase 25 anos.

Minha amizade com o Brasil remonta a 1929, quando fiz minha primeira viagem pela América do Sul. Meu coração desabrochou no Rio de Janeiro, uma cidade deslumbrante!

Em 1936, Lucio Costa chamava-me, por intermédio do ministro Capanema, para participar da elaboração do projeto do Ministério da Educação Nacional e da Cidade Universitária do Brasil, no Rio de Janeiro.

O Ministério foi construído durante a guerra de 1939 a 1944. Dizem que é lindo, que é uma joia na baía do Rio de Janeiro. A Cidade Universitária está sendo construída nesse momento, em frente à cidade, numa ilha fabricada nas ondas.

Em 1936, participei dos trabalhos das duas equipes: a do Palácio do Ministério e a da Cidade Universitária. Ao lado de Lucio Costa, estava Oscar, um rapaz cheio de gentileza e talento. Hoje ele é Oscar Niemeyer. Minha memória guardou os nomes dos outros bons companheiros: Reidy, Moreira, Vasconcelos, Carlos Leão...

Todos eles – e alguns outros – colocaram o país no estrelato, espalhando uma arquitetura luminosa, talentosa, radiante de espírito: a arquitetura brasileira. A pátria deles orgulha-se de tal florescimento e da admiração suscitada em todos os lugares.

---

65 Pierre Jeanneret (1896-1967). Arquiteto e designer suíço, primo e colaborador de Le Corbusier.

Parece que em 1929, Paulo Carneiro[66] apreciara as primeiras expressões sul-americanas. Vinte e três anos depois, tornamo-nos companheiros de luta em Paris para fazer triunfar a ideia moderna na construção da sede da Unesco – ele à frente e eu como um modesto ajudante. Nem todos os dias são de glória.

Recentemente, o Brasil pediu-me que aconselhasse a propósito da construção de sua nova capital, sede das instituições governamentais. Uma cidade inteiramente nova a ser construída no meio da terra, em meio à savana e à floresta virgem. Obrigado por tanta confiança!

Não estamos colocando a "pedra fundamental" da Casa do Brasil na Cidade Universitária de Paris: estamos moldando em concreto um bloco comemorativo que conterá documentos com a data de hoje – dia do início da obra – e, mais tarde, a data da sua conclusão. As casas ou edifícios modernos não assentam necessariamente em paredes, mas sim sobre pilotis ou pilares. Este prisma que vamos moldar ficará entre os pilotis da casa.

De todo meu coração, saúdo a data de hoje que fixa, na dureza sempre crescente do concreto, uma amizade nascida há tanto tempo.

Le Corbusier

---

[66] Paulo Carneiro (1901-1982). Embaixador do Brasil na Unesco (1946-1958), foi cofundador e primeiro presidente da Casa de Lucio Costa.

M...

Cette cérémonie est sous le signe de l'amitié. Lucio Costa, mon ami, architecte le plus subtil, a établi le premier plan de cette maison brésilienne dont commence aujourd'hui la construction. Ce premier plan est frère de celui du Pavillon qui ici, à deux pas, Pierre Jeanneret et moi construisions voici bientôt vingt-cinq années.

Mon amitié avec le Brésil remonte à 1929, lors d'un premier voyage en Amérique du Sud. Mon cœur s'était épanoui à Rio de Janeiro, cité éblouissante!

En 1936, Lucio Costa me faisait appeler par son ministre Mr Capanema pour participer à l'élaboration des plans du Ministère de l'Education Nationale et à ceux de la future Cité Universitaire du Brésil à Rio.

Le <u>Ministère</u> fut construit pendant la guerre de 39-44. On dit qu'il est beau, qu'il est un joyau dans la Baie de Rio. La <u>Cité Universitaire</u> se réalise en ce moment devant la ville, sur une île que l'on a fabriquée dans les flots. aux travaux de LC

En 1936, je participai à deux équipes,—

7 Février 1956

Cher Le Corbusier

6.2.56
K1 - 8 -

Quoique notre propos soit au fait tout autre (celui de confier à votre bureau le développement d'un avant-projet conçu par un brésilien) la réalisation de la Maison du Brésil à la Cité Universitaire par vous-même ne peut que nous faire plaisir, à moi surtout qui vous aime et vous admire et qui, mieux que personne, sait ce que votre œuvre signifie.

Mais pour que l'entreprise puisse être menée à bout il faudra tenir compte de ceci:

1) - Qu'il s'agit d'une maison; une maison pour des étudiants, c'est-à-dire, un local où les jeunes gens se sentent à l'aise, chez eux. L'entrée doit être bien définie, la salle de séjour agréable et accueillante, le contrôle facile et la circulation

6 de fevereiro de 1956

Caro Le Corbusier,

Ainda que nosso desejo inicial tenha sido bem outro (o de confiar a seu escritório o desenvolvimento de um anteprojeto feito por um brasileiro), a realização da Casa do Brasil na Cidade Universitária por você só pode nos alegrar, sobretudo a mim que gosto de você e o estimo e que, melhor do que ninguém, sei o quanto sua obra significa.

Mas para que esta empreitada possa ser levada a cabo é preciso levar em conta o seguinte:

1) Trata-se de uma casa; e uma casa para estudantes, isto é, um local onde os jovens se sintam à vontade, como em sua própria casa. A entrada deve ser bem definida, a sala de estar agradável e acolhedora, o controle fácil e a circulação franca. É necessário que o diretor e sua família estejam convenientemente alojados e que a administração seja acessível a todos.

2) Trata-se de uma casa que deve durar e cuja manutenção deve ser fácil, isto é, os materiais devem ser escolhidos em vista de sua qualidade e de sua utilidade, e a execução deve ser exemplar.

3) Trata-se de uma casa feita para Paris, sem dúvida, mas destinada ao governo brasileiro e a brasileiros e consequentemente não deve ser concebida nem realizada de maneira a traduzir um espírito e uma intenção que se possa considerar como antibrasileiro ou antibrasileira.

Gostamos das soluções claras e naturais, do que é simples e harmonioso, somos sensíveis à graça.

Não gostamos do que é brutal, rebarbativo, complicado. Os recortes, as formas angulosas e agressivas nos desagradam. Igualmente, para a vedação das *loggias* sugiro o verde-escuro, o azul-claro, o branco, o amarelo e a havana, pois essas cores nos são familiares... Penso que a fachada oposta deveria também ter cor. Azul-claro muito puro, por exemplo, nas alas, o que iria muito bem com o cinza do concreto.

Creio também que poderíamos usar o nível normal do auditório como sala de jogos, pois seria uma pena utilizar este salão apenas excepcionalmente para festas, concertos ou conferências. Quanto ao mobiliário, você poderia pensar numa nova série de seus móveis usando ferro fino pintado de preto ao invés de tubos cromados, e poderíamos utilizar também outros móveis do mesmo gênero e de uso já corrente.

Finalmente, permito-me sugerir-lhe um gesto simpático que poderá evitar – a você e a mim – muitos embaraços futuros: é o de nos presentear com um painel ou um mural pintado por você. Assim a contribuição eventual de artistas brasileiros poderá se limitar a peças isoladas e móbiles de dimensões reduzidas que poderíamos então dispor convenientemente.

Já faz quatro anos que o projeto foi confiado ao seu escritório e estamos ainda neste ponto!

Deixei Paris na última sexta-feira ainda na dúvida. Você tem o prazo de um mês e meio para tomar a coisa em mãos. Cabe a você agora realizar uma obra digna de Paris, digna de você mesmo e digna da confiança que depositamos em você.

De seu fiel,

Lucio Costa[67]

---

67 Manuscrito adicionado por Le Corbusier na margem junto a desenhos: "Cilindro banquinho-torto/número de banquinhos (...?) Y.F. 13/2/56 / LC + XXX? + divãs tijolos ou lona desdobrada Prouvé". [Provável referência ao arquiteto Jean Prouvé]

pourriez envisager une nouvelle série de
vos meubles en employant du fer mince
peint en noir au lieu des tubes chromés,
et l'on pourrait utiliser aussi d'autres ma-
tières du même genre et d'usage déjà courant.

Je me permet finalement de vous
suggérer un geste sympathique qui pourra
nous éviter — à vous et à moi — bien des em-
barras plus tard : c'est de nous faire cadeau
d'un panneau ou d'un mur peint par vous.
Ainsi la contribution éventuelle d'artistes
brésiliens pourrait se limiter à des pièces
isolées et mobiles de dimensions réduites
qu'on pourrait alors disposer convenablement.

Voilà déjà bientôt 4 ans que
l'affaire est confiée à votre bureau, et nous
en sommes encore là ! Je suis parti de
Paris vendredi dernier encore dans le doute.
Vous avez un délai d'un mois et demi pour
prendre la chose à cœur. C'est à vous maintenant de faire une autre digue de Paris, digne
de vous, et digne de la confiance dont nous vous
avons fait preuve. De votre fidèle. Lucio Costa 15/2/56

Paris, le 23 Février 1956

Monsieur Lucio COSTA
Hôtel Saint-Georges
MONTANA
Valais
Suisse

Mon cher Costa,

Vous trouverez inclus trois ozalides :
CUB 5341 - plan des annexes au rez-de-chaussée
CUB 5342 - façade Nord-Ouest
CUB 5343 - façade Sud-Est

Il y aura probablement un autre plan: une perspective de la chambre d'étudiant.

Ces plans serviront de réponse à votre lettre du 6.2.56. Ces plans sont signés de moi, chose que je fais chaque fois que je revois définitivement un dossier. Le moment de la signature est le moment où j'accepte les choses.

J'ai revu tout le problème du rez-de-chaussée avec un soin extrême et personnellement. J'ai dessiné moi-même toutes les installations, les dispositions. Je pense être arrivé à une solution conforme aux données (si flottantes jusqu'ici) du terrain, au programme qui a pris des mois et des mois à se formuler au cours des discussions avec les Services brésiliens et avec les Services de la Cité Universitaire.

Je crois qu'il n'y a pas un cm 2 qui n'ait sa raison d'être et je pense que les solutions de circulation, d'installation de surface, d'éclairage, sont suffisantes. Les élévations des façades sont rigoureusement exactes, conformes aux plans et aux coupes et aux détails constructifs. Contrairement à ce que vous avez pensé cette étude a été menée très sérieusement et petit à petit. L'erreur a été de comparer ce Pavillon au Pavillon Suisse dont le volume est peut-être trois fois plus petit.

Mon cher Lucio, je pense que vous voilà ras-

Paris, 23 de fevereiro de 1956

Caro Costa,

Você encontrará anexos três ozalides:

CUB 5.341 – desenhos dos anexos do andar térreo

CUB 5.342 – fachada noroeste

CUB 5.343 – fachada sudoeste

Haverá provavelmente um outro desenho: uma perspectiva do quarto de estudantes.

Esses desenhos servirão de resposta à sua carta de 6 de fevereiro de 1956. São assinados por mim, o que faço cada vez que revejo definitivamente um dossiê. O momento da assinatura é o momento em que aceito as coisas.

Revi todo o problema do andar térreo pessoalmente e com extremo cuidado. Desenhei eu mesmo todas as instalações, as disposições. Acho que cheguei a uma solução que está de acordo com os dados (tão imprecisos até o momento) do terreno, com o programa que levou meses e meses para ser formulado, ao longo das discussões com a administração brasileira e com a administração da Cidade Universitária.

Creio que não haja um centímetro quadrado que não tenha sua razão de ser e acho que as soluções de circulação, de instalação, de iluminação são suficientes. As elevações das fachadas são rigorosamente exatas conforme as plantas e cortes e os detalhes construtivos. Contrariamente ao que você pensa, esse estudo foi feito de maneira muito séria e gradativa. O erro foi o de comparar esse pavilhão com o Pavilhão Suíço cujo volume talvez seja três vezes menor.

Meu caro Lucio, acho que agora você está tranquilo! Reconheça que o clima parisiense não é o mesmo dos trópicos. É pérfido. Aqui gela e chove e o céu de Ile de France é belo quando é azul mas não é azul todos os dias.

Você verá no desenho 5.341 que previ um mural em esmalte. Pede-me para oferecê-lo ao Brasil como presente. O Brasil é pobre mas eu o sou ainda mais. Nao me comprometo por enquanto a fazê-lo gratuitamente. Nao esqueça que não recebi nenhum centavo pela construção do Ministério da Educação Nacional no Rio e isso durante um período dramático de minha vida. Recusei a encomenda muito bem paga da Unesco para o grupo de esculturas da Plaza por razões que você entenderá certamente.

Você diz que faz quatro anos que o negócio foi confiado ao escritório. Tenho uma fotografia datada de julho de 1954 mostrando o brasileiro da Embaixada, Le

Corbusier, Wogenscky,[68] assinando o contrato. Julho de 1954 a fevereiro de 1956 perfazem 18 meses, e não quatro anos!

Levarei em conta, de muito bom grado, as cores que me indica para a fachada; cores de que gosto particularmente; são as cores do Brasil. Cobrirão o interior dos terraços dos estudantes.

Não posso prescrever cores para as duas alas noroeste do edifício principal (com as pequenas janelas quadradas) pela simples razão que as cores não protegidas, quaisquer que sejam, não resistem em Paris. Estragam logo.

Seguindo sua ideia dei à sala de conferência e de jogos uma utilização cotidiana.

No que diz respeito ao raciocínio que faz sobre a vinda de brasileiros a Paris, a quem você deseja instalar numa atmosfera que seja a deles, permita-me dizer que esse é o grande erro de concepção da Cidade Universitária de Paris com seus pavilhões nacionais. Foi esse erro que fez vibrar a sensibilidade nacional em cada país e que permitiu a construção da salada geral de edifícios da Cidade Universitária. Apesar dos gostos particulares de cada nação, o clima de Paris é imperativo, e meu edifício, que é destinado a restar, deve ser construído de maneira a restar.

Imagine, meu caro Lucio, se você me tivesse hospedado no Rio num chalé do Jura? Os americanos em 1935 queriam me colocar, durante minha permanência em Nova York, no Instituto Francês. Respondi-lhes que vinha ver os americanos e aprender alguma coisa dos americanos... e alojei-me à americana.

Todo o quiproquó consiste no seguinte: Michel[69] é um menino sério que desenha de um jeito duro mas leal e íntegro, e é essa a chave de uma preparação arquitetônica mediante a qual posso, na hora desejada, quando tudo passou pelo crivo da discussão (com inúmeros níveis), intervir pessoalmente.

Caro Lucio, você é um sujeito chique. Sabe que gosto de você de maneira muito particular e estou certo de que reina entre nós a mais total confiança. Agora praticamente esgotei as fontes de minha invenção arquitetônica para responder ao problema brasileiro. A construção está prevista para durar e era esse meu dever primordial.

Estou mandando uma série de ozalides e uma cópia desta carta a Carneiro.

Acredite, meu caro amigo, em toda a minha devoção e disposição para receber todas as suas sugestões.

Le Corbusier

---

[68] André Wogenscky (1916-2004). Arquiteto racionalista francês. Foi aluno e tornou-se arquiteto associado de Le Corbusier.

[69] Possivelmente o arquiteto Michael Roy.

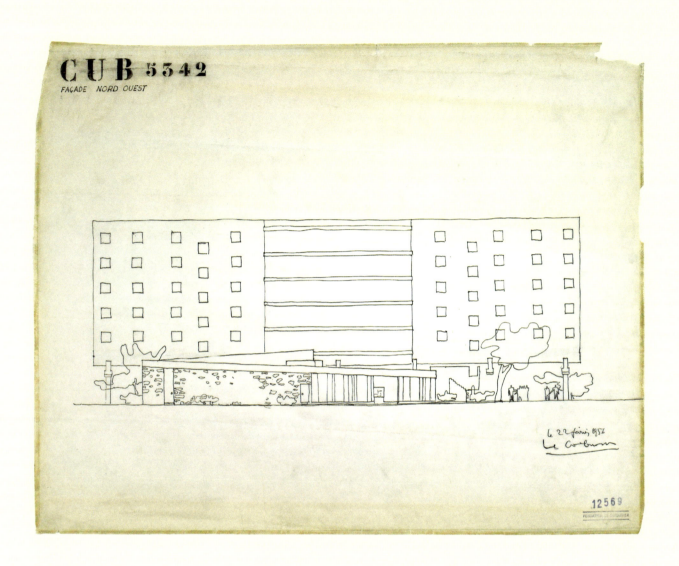

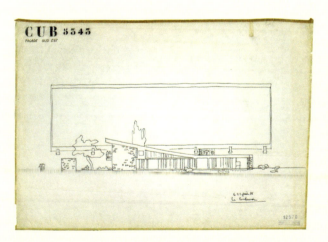
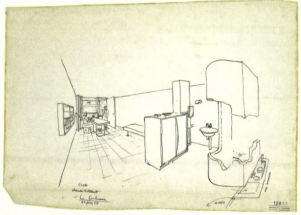

109

pour L C

27 Février 1956

Le Corbusier,

elle est belle votre cha-
pelle. J'y suis monté dans la
nuit blanche de neige et de pleine
lune, j'y ai vu le soleil se lever ce
matin, rond et gros comme un fromage
de Hollande, et l'envoûtement musi-
cal des espaces créés par le jeux des
formes nues, douces, savantes — ins-
crites à jamais dans le paysage — mais
puis.

Lucio
25/2/56.

Lucio Costa

25 de fevereiro de 1956

Le Corbusier,

Como é bela sua capela. Subi lá na noite branca como a neve e, na lua cheia, vi o sol nascer esta manhã, redondo e grande como um queijo holandês, e o encantamento mágico dos espaços criados pelo jogo de formas ásperas, suaves, eruditas – gravadas para sempre na paisagem – tomou conta de mim.

Lucio Costa

Cher Le Corbusier,

Je vous écris ce soir simplement pour rectifier deux paragraphes de votre lettre, quelque peu pittoresque, du 23 Février. J'avais l'intention de le faire verbalement mais devant partir avant votre rentrée des Indes je le fais maintenant par l'intermède de Wogensky.

Vous m'attribuez un raisonnement que je n'ai jamais fait et vous l'illustrez d'exemples tout à fait hors de propos (chalets du Jura, etc.). Je vous ai tout simplement prié – et j'insiste là dessus – de ne pas nous faire une maison d'esprit et d'aspect <u>anti-brésilien</u>, et vous nous connaissez suffisamment pour savoir ce que cela veut dire.

D'autre part vous revenez sur l'affaire du Ministère de l'Education.

Les croquis valables que vous nous avez laissés (bâtiment allongé, pour un autre terrain de votre choix) et qui nous ont servi comme point de départ pour le projet définitif — d'ailleurs bien différent et construit pendant la guerre — vous les avez faits par initiative personnelle pour mieux préciser votre avis lors de la consultation dont les horaires furent établis d'avance par vous même. Le croquis que vous publiez habituellement n'est autre chose, comme je vous l'ai déjà dit, qu'un faux témoignage, puisqu'il a été fait après-coup, d'après des photos du bâtiment construit ou de la maquette.

Et si maintenant, moi encore, presque vingt ans après, je confie à votre bureau l'affaire de la Maison du Brésil à la Cité, c'est précisément en vue de ces antécédents et pour que vous vous sentiez une fois pour toutes compensé vis-à-vis de moi. Compensé dans le sens affaires, car ce que vous autres, architectes du monde entier, vous devons n'a pas de prix.

De même à propos du mural. Si je vous ai suggéré le beau-geste de vous l'offrir c'est uniquement parce que mon "Augustus"

Je sais que vous n'aimeriez pas avoir dans votre bâtiment le mural d'un autre artiste que vous. Or, autrement, il devra être confié à un peintre brésilien.

Voilà pourquoi je me suis permis de vous faire la suggestion.

De votre ami
J Roba
14/4/56.

14 de maio de 1956

Caro Le Corbusier,

Escrevo-lhe estas palavras apenas para retificar dois parágrafos de sua carta, um pouco pitoresca, de 23 de fevereiro. Tinha intenção de fazê-lo verbalmente, mas sendo obrigado a partir antes de sua volta da Índia faço-o agora por intermédio de Wogenscky.

Você me atribui um raciocínio que nunca fiz e o ilustra de exemplos completamente fora de propósito (chalés do Jura,[70] etc). Eu simplesmente pedi, e insisto sobre isso, – para não nos fazer uma casa de espírito e de aspecto antibrasileiros e você conhece-nos suficientemente para saber o que isso quer dizer.

Por outro lado, você volta ao assunto do Ministério da Educação. Os croquis aproveitáveis que nos deixou (edifício alongado, situado num outro terreno de sua escolha) e que nos serviram como ponto de partida para o projeto definitivo – aliás, bem diferente e construído durante a guerra – você os fez por iniciativa própria, para precisar melhor sua opinião por ocasião da consultoria cuja remuneração foi definida previamente por você mesmo.

O croqui que você publica habitualmente constitui um falso testemunho, como já tive ocasião de lhe dizer, uma vez que foi realizado a posteriori, a partir das fotografias do edifício pronto ou da maquete.

E se hoje, quase vinte anos depois, ainda confio ao seu ateliê o assunto da Casa do Brasil na Cidade Universitária, é precisamente em vista desses antecedentes, e para que você se considere, de uma vez por todas, compensado no que diz respeito a nós: compensado do ponto de vista dos negócios, porque o que nós, arquitetos do mundo inteiro, devemos a você não tem preço.

O mesmo vale para o mural. Se propus a você o bonito gesto de no-lo oferecer é somente porque sei que você não gostaria de ter no seu edifício o mural de um outro artista. Se nao for assim, ele deverá ser confiado a um pintor brasileiro.

Eis porque me permiti fazer-lhe essa sugestão.

De seu amigo,

L Costa

---

70   Região Suíça onde nasceu Le Corbusier.

Paris, le 25 Juin 1958
CUB.LC   RA/JG

Service comptabilité

Monsieur Pericles MADUREIRA DE PINHO
Rua Voluntarios da Patria, 107
(Botafogo)
RIO DE JANEIRO

OBJET : Maison du Brésil
à la Cité Universitaire de Paris
Honoraires d'architecte

Cher Monsieur,

M. Le Corbusier vous prie de trouver inclus en trois exemplaires notre note d'honoraires n° 8 du 23 juin 1958.

Nous vous souhaitons bonne réception, et dans l'attente de votre réglement nous vous assurons de notre grande considération.

Pr, M. LE CORBUSIER,

R. ANDREINI

P.J 3

Paris, 25 de junho de 1958

Caro Senhor,

Sr. Le Corbusier solicita que receba por meio de três vias a nossa nota de honorários nº 8 de 23 de junho de 1958.

Desejamos uma boa recepção e, na expectativa de seu pagamento, afirmamos a nossa grande consideração.

Pp, sr. Le Corbusier

R. Andreini

MAISON DU BRESIL
CITE UNIVERSITAIRE DE PARIS

NOTE D'HONORAIRES N° 8 DU 23 JUIN 1958

A et B – Montant des honoraires totaux dûs à l'Architecte sur le montant des travaux estimés à 325.000.000 Frs. Application du barême de l'Ordre des Architectes (Article VI § VI a et VI c et Article VII § VII a du contrat) : 17.658.000 Frs.

C – **Article VII du contrat, paiement des honoraires (§ VIII B)**

Premier acompte à la signature du contrat	10 %
2ème acompte à la remise de l'avant-projet	15 %
3ème acompte à la remise des plans d'exécution	25 %
4ème acompte à la remise des devis descriptifs et des cahiers des charges	5 %
Total :	55 % soit :

$$\frac{17.658.000 \times 55}{100} = \ldots\ldots\ldots\ldots\ldots \quad 9.711.900$$

5ème acompte, consultation des entreprises et passation des marchés 5 % soit :

- Travaux de fondations
  Entreprise Chouard 25.457.003
- Clôture du terrain
  Entreprise Chèze 400.000
- Travaux de Gros-oeuvre 183.140.000
  Entreprise C.E.E.M.T.P.
- Ascenseurs
  Entreprise Otis 3.300.000
- Menuiseries
  Entreprise Barberis 18.000.000
- Etanchéité
  Entreprise Modep 9.463.000
- Electricité
  Entreprise C.G.E.F. 13.145.650
- Chauffage, ventilation
  Entreprise Missenard-Quint 11.860.000

à reporter 9.711.900

Casa do Brasil
Cidade Universitária de Paris
Nota de honorários n° 8 de 23 de junho de 1958

A e B – Total dos honorários devidos ao arquiteto sobre o valor da obra estimado em 325.000.000 Frs. Aplicação da tabela da Ordem dos Arquitetos (Artigo VI § VI a e VI c e Artigo VII § VII a do contrato): 17.658.000 Frs.

C- Artigo VII do contrato, pagamento dos honorários (§ VIII B)
Primeira parcela na assinatura do contrato   10%
2ª parcela na apresentação do anteprojeto   15%
3ª parcela na apresentação dos planos de execução   25%
4ª parcela na apresentação dos orçamentos descritivos e das especificações   5%
Total: 55%, ou seja:
17.658.000 x 55/100 = 9.711.900

5ª parcela, consulta das empresas e contratações 5%, ou seja:

- Obras de fundação
  Companhia Chouard... 25.457.003
- Cerca do terreno
  Companhia Chèze... 400.000
- Obras estruturais...183.140.000
  Companhia C.E.E.M.T.P.
- Elevadores
  Companhia Otis... 3.300.000
- Carpintaria
  Companhia Barberis... 18.000.000
- Impermeabilização
  Companhia Modep... 9.463.000
- Eletricidade
  Companhia C.G.E.F... 13.145,650
- Aquecimento, ventilação
  Companhia Missenard-Quint 11.860.000

  a ser transferido 9.711.900

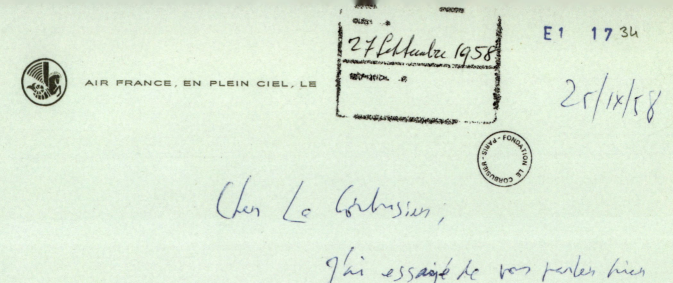

27 Settembre 1958

E1 17 34

25/IX/58

Cher Le Corbusier,

J'ai essayé de vous parler hier soir, mais à l'hôtel on n'a pas réussi à découvrir le numéro de votre téléphone.

Je voulais vous dire adieu, car j'ai dû anticiper mon retour. Marie Elisa et Helena restent à Paris jusqu'au 20 Novembre. Marie Elisa devait conclure cet'année le cours officiel d'architecture. Voilà déjà dix ans (c'était en 1948 lors de notre première visite chez vous) qu'elle vous connaît, vous respecte et vous admire. Elle a lu vos livres, elle est intelligente et sensible. Elle sait ce que j'aime et, étudiante elle-même, elle sait ce que les étudiants m'avaient pas.

Je l'ai mise en contact avec Charlotte Perriand pour qu'elle lui soit utile, de même qu'à vous, pendant mon absence, car des échanges de vues sont toujours désirables lorsque le but est commun : la réussite de votre œuvre tant aux yeux des architectes qu'à ceux des usagers.

Merci pour nous avoir reçus, encore une fois, chez vous. Surtout maintenant que vous êtes seul, — seul avec votre génie.

Lúcio Costa

[Paris], 25 de setembro de 1958

Caro Le Corbusier,

Tentei falar com você ontem à noite, mas no hotel não conseguimos descobrir o número de seu telefone.

Queria dar-lhe um adeus pois decidi antecipar minha volta. Maria Elisa e Helena ficam em Paris até 20 de novembro. Maria Elisa conclui este ano sua graduação em arquitetura. Faz já dez anos (foi em 1947 nossa primeira visita a sua casa) que ela o conhece, respeita e admira. Ela leu seus livros, é inteligente e sensível. Ela sabe do que eu gosto e, sendo ela mesma estudante, sabe o que faltava aos estudantes.

Coloquei-a em contato com Charlotte Perriand[71] para que seja útil a ela e a você durante minha ausência, pois trocar ideias é sempre proveitoso quando a finalidade é a mesma: a realização de sua obra, tanto para os arquitetos quanto para os usuários.

Obrigado por nos ter recebido mais uma vez em sua casa. Sobretudo agora que você está sozinho – a sós com seu gênio.

Lucio Costa

---

71 Charlotte Perriand (1903-1999). Arquiteta e designer francesa, trabalhou em colaboração com Le Corbusier e Pierre Jeanneret.

LE CORBUSIER   Paris, le 14 Octobre 1960

                                Monsieur Lucio COSTA
                                Servica do Patrimonio
                                Historico e Artistico
                                Ministerio da Educaçao e Saùde
                                RIO DE JANEIRO
                                Brésil

Mon cher Ami,

        Voici une lettre adressée à l'Ambassadeur.

        Confidentiel: Carneiro est tout à fait de mon avis.

        Laissez moi vous dire ma pensée personnelle: je trouve absolument fou de mettre dans le coton les gaillards qui viennent à Paris.

        1º/ Ils ont tout d'abord devant eux, Paris, la rue, les édifices, le passé, le présent, le théâtre, les concerts, les expositions, les meetings,

        2º/ leurs cours à l'Université, les camarades d'Université,

        3º/ leur chambre qui est bien confortable,

        4º/ des locaux de travail à l'intérieur du pavillon, un grand vestibule de conversation, une salle de danse, de projections, de cinéma, etc... Ces MM. ont, en plus, un bar-cafétéria, ping-pong, etc... dans un immense sous-sol bien éclairé, bien chauffé, etc...

        J'ai eu toute la peine imaginable, dans le terrain qui m'était donné, d'insérer ces choses là qui emplissent comme un oeuf l'espace et la surface disponibles.

        Je me refuse absolument à faire quoi que ce soit. J'espère que vous partagez mon point de vue. Mon bâtiment entraîne ma responsabilité et je ne veux pas qu'il soit massacré.

        Mon cher Costa, je serais bien heureux une fois de me fourrer sur un avion et venir à Brasilia voir les merveilles. Hélas, ma vie est tragiquement remplie par les travaux et des luttes inlassables contre des adversaires partout mobilisés. Mais soyez certain que je me ferai le plaisir de venir un jour voir vos travaux ainsi que ceux d'Oscar.

        Saluez bien vos filles. Je vous serre la main bien amicalement.

35, RUE DE SÈVRES - PARIS (6e)
TÉL.: LITTRÉ 99-62
                                        Le Corbusier
                                        LE CORBUSIER

Paris, 14 de outubro de 1960

Meu caro amigo,

Eis uma carta dirigida ao embaixador.[72]
Confidencial: Carneiro concorda inteiramente comigo.
Vou dizer-lhe meu pensamento pessoal: acho absoluta loucura instalar de forma precária a rapaziada que vem a Paris.

1º Para começar, eles têm Paris diante deles: a rua, os edifícios, o passado, o presente, o teatro, os concertos, as exposições, as assembleias;

2º Os cursos na universidade, os camaradas na universidade;

3º Seus quartos, que são bem confortáveis;

4º Os locais de trabalho no interior do pavilhão, um grande vestíbulo para conversas, salas de dança, de projeções, de cinema etc... Além disso, esses senhores têm um bar-cafeteria, pingue-pongue etc... num imenso subsolo bem iluminado, aquecido etc.

Esforcei-me além do imaginável para encaixar, no terreno que me foi atribuído, todas essas coisas que enchem como um ovo o espaço e a superfície disponíveis.

Recuso-me terminantemente a fazer qualquer alteração. Espero que compartilhe meu ponto de vista. Meu prédio envolve minha responsabilidade e não quero que ele seja massacrado.

Meu caro Costa, eu ficaria bem feliz de me enfiar de uma vez num avião e ir a Brasília ver as maravilhas. Infelizmente, minha vida é tragicamente repleta de trabalhos e lutas incansáveis contra adversários mobilizados por todo canto. Mas fique certo de que terei o prazer de um dia ir ver seus trabalhos e os de Oscar.

Melhores saudações às suas filhas. Aperto sua mão muito amigavelmente.

Le Corbusier

---

72 Ver carta de 14 de outubro de 1960 a Carlos Alves de Souza no Apêndice desta edição, p. 334.

Paris, le 29 Novembre 1960

Monsieur Lucio COSTA
Servica do Patrimonio Historico
e Artistico
Ministerio da Eduçao E Saùde
RIO DE JANEIRO

Mon cher Costa,

Je suis rentré le 24 des Indes. Air France m'a téléphoné pour savoir si j'acceptais de faire partie d'une tournée de visiteurs pour Brasilia. Je n'ai pas pu accepter parce que je suis accablé de travaux surtout à mon retour.

Ce mot pour vous dire que je suis très désireux de voir Brasilia à la plus proche occasion. Concernant l'Ambassade de France à Brasilia j'ai des certitudes d'être chargé par le Gouvernement français de cette construction. Par conséquent, il s'agit d'inventer la journée de 48 heures et l'année de 400 jours !

Je pense souvent à vous. J'ai eu le plaisir de voir votre fille Hélène, pleine d'enthousiasme et de feu, rentrant de Pekin par Paris pour rentrer à Rio de Janeiro (les transports se portent bien !).

Amicalement à vous et amitiés à Oscar.

LE CORBUSIER

P.S. J'ai reçu ce matin une lettre du Ministère d'Etat, Affaires Culturelles (Malraux) où je trouve au troisième paragraphe un renseignement précis concernant l'Ambassade de France. Ci-joint photo-copie.

Paris, 29 de novembro de 1960

Meu caro Costa,

Chegado da Índia, dia 24, recebi um telefonema da Air France querendo saber se eu aceitaria participar de uma excursão em grupo a Brasília. Não pude aceitar porque ando atulhado de trabalho, sobretudo na minha volta.

Esse bilhete é para dizer a você que desejo muito ir a Brasília na primeira oportunidade que surgir. No que se refere à Embaixada da França em Brasília, tenho certeza de ser o escolhido para construí-la pelo governo francês. Em suma, trata-se de inventar o dia de 48 horas e o ano de 400 dias.

Penso com frequência em você. Tive o prazer de estar com sua filha Helena, cheia de vigor e entusiasmo, de volta a Paris vinda de Pequim a fim de retornar ao Rio (os transportes funcionam bem!).

Com amizade e saudações amigas a Oscar,

Le Corbusier

P.S. Recebi esta manhã uma carta do Ministério de Estado para Assuntos Culturais (Malraux)[73] e localizei no terceiro parágrafo informação precisa em relação à Embaixada da França. Fotocópia em anexo.[74]

---

73 André Malraux (1901-1976). Escritor e ministro da Cultura da França entre 1959 e 1969.

74 Apesar dos esforços, o documento não foi localizado.

Paris, le 4 Septembre 1961

Lucio Costa

Monsieur ~~Oscar~~ ~~NIEMEYER~~
Architecte
Avenida Atlantica 3940
RIO DE JANEIRO

A l'attention de MM. Oscar Niemeyer et Lucio Costa

Chers Amis,

Je vous remets inclus copie de la lettre que j'adresse ce jour à l'Ambassadeur du Brésil à Paris.

J'aurais été bien heureux de passer quelques heures avec vous à Brasilia. Je pense que ceci n'est que partie remise mais ma santé nécessite des égards (chaleur, climat, etc...).

J'espère donc vous voir à la meilleure occasion possible et je tiens à vous répéter ici ma sincère et solide amitié à l'un comme à l'autre.

LE CORBUSIER

Paris, 4 de setembro de 1961

À atenção dos srs. Oscar Niemeyer e Lucio Costa

Caros amigos,

Envio-lhes em anexo cópia da carta que enderecei hoje ao embaixador do Brasil em Paris.

Teria ficado bem feliz de passar algumas horas com vocês em Brasília. Penso que isso será possível em breve, mas minha saúde requer cuidados (calor, clima etc.).

Espero, pois, vê-los na melhor oportunidade possível e faço questão de reiterar-lhes minha sincera e sólida amizade, a um como ao outro.

Le Corbusier

Paris, le 4 Septembre 1961

A
Son Excellence
Monsieur Carlos Alves de Souza
Ambassadeur du Brésil à Paris
Ambassade du Brésil
45, Avenue Montaigne
P A R I S (8º)

Monsieur l'Ambassadeur,

Rentré de voyage, j'ai trouvé votre lettre du 21 août 1961 me proposant une date de voyage au Brésil entre le 14 et le 22 septembre prochain.

Je pense qu'il est sage, en ce moment, de surseoir à ce voyage. J'étais très heureux d'aller voir Brasilia et mes amis MM. Lucio Costa et Oscar Niemeyer en un voyage bref et localisé; voyage que j'aurais fait seul, car je ne peux pas malheureusement envisager une longue absence, mon calendrier d'une part et ma santé (mon âge) s'y opposant et l'avancement de la saison également.

Je vous prie d'agréer, Monsieur l'Ambassadeur, l'expression de mes sentiments très distingués.

LE CORBUSIER

P.S. Copie de cette lettre est envoyée à MM. Lucio Costa et Oscar Niemeyer.

Paris, 4 de setembro de 1961

Sr. Embaixador,

Ao voltar de viagem, encontrei a sua carta do 21 de agosto de 1961 propondo uma data para uma viagem ao Brasil entre 14 e 22 de setembro próximo.

Penso que é sensato, neste momento, adiar esta viagem. Fiquei muito feliz por ir ver Brasília e os meus amigos sr. Lucio Costa e sr. Oscar Niemeyer numa viagem curta e localizada; uma viagem que eu teria feito sozinho, pois infelizmente não posso encarar uma longa ausência: a minha agenda e a minha saúde (a minha idade) a impedem, assim como a proximidade do período.

Por favor aceite, sr. Embaixador, a expressão dos meus mais distintos sentimentos.

Le Corbusier

P.S. Uma cópia desta carta está sendo enviada aos senhores Lucio Costa e Oscar Niemeyer.

Paris, le 22 Janvier 1962

Monsieur Oscar NIEMEYER
Architecte
Avenida Atlantica 3940
RIO DE JANEIRO

A l'attention de MM. Oscar Niemeyer et Lucio Costa

Chers Amis,

J'ai eu la visite d'un délégué des Affaires Etrangères qui m'a apporté ..... "les données" sur l'Ambassade de France à Brasilia.

J'ai pu sortir de son dossier un plan: "Embaixada Francesa - Planta Hipsométrica du 23.2.1961, échelle: 1: 300, avec le tampon de l'architecte français M. Jacques Pilon de Sao Paulo, dont je vous donne le principe :

C'est un terrain de 240 mètres de long et de 100 mètres de large. On me demande de faire la maison de l'Ambassadeur et la chancellerie.

Le plan que l'on m'a remis est entièrement vide (240m x 100m) sauf dans le coin sud-est, une chancellerie de 24m x 15m et un garage de 7m 50 x 3m 60. Je pense que la résidence de l'Ambassadeur se trouverait à côté.

A ma question, il m'a été répondu que les bâtiments du personnel de l'ambassade seraient faits par M. Jacques Pilon de Sao Paulo. Il semble que l'espace vide, donné par ce plan, qui a 180 x 100m est destiné à cela.

Chers Amis, ma lettre est simplement pour vous demander s'il vous serait agréable que je prenne la tâche qui semble vouloir m'être confiée au Ministère des Affaires Etrangères. Je serais heureux d'avoir votre réponse à bref délai.

Bien amicalement à vous.

LE CORBUSIER

P.S. Ma lettre n'est pas claire: le terrain de 240m x 100m doit probablement contenir tous les services de l'ambassade: logis,

...

Paris, 22 de janeiro de 1962

Em atenção aos srs. Oscar Niemeyer e Lucio Costa

Caros amigos,

Recebi a visita de um funcionário do Ministério das Relações Exteriores que me trouxe... "os dados" sobre a Embaixada da França em Brasília.

Consegui tirar do dossiê uma planta: "Embaixada da França – planta hipsométrica de 23 de fevereiro de 1961, na escala de 1/300", com o carimbo do arquiteto francês, sr. Jacques Pilon,[75] de São Paulo, cujas linhas gerais descrevo:

É um terreno de 240 metros de comprimento por 100 metros de largura. Pedem-me para fazer a casa do embaixador e a chancelaria.

A planta que me entregaram está completamente vazia (240 x 100 m) salvo no canto sudeste, uma chancelaria de 24 x 15 m, e uma garagem de 7,50 x 3,60 m. Creio que a residência do embaixador ficaria ao lado.

À minha pergunta responderam-me que os prédios do pessoal da Embaixada serão feitos pelo sr. Jacques Pilon de São Paulo. Parece que o espaço vazio indicado nesse plano de 180 x 100 m tem essa destinação.

Caros amigos, esta carta é simplesmente para perguntar a vocês se ficariam contentes se aceitasse a tarefa que parecem querer me confiar no Ministério das Relações Exteriores. Ficaria grato se me respondessem dentro em breve.

Cordialmente,

Le Corbusier

P.S. Minha carta não está clara: o terreno de 240 m x 100 m deve provavelmente conter todos os serviços da Embaixada: habitação, escritórios etc. etc... e constituir um grande conjunto arquitetônico.

---

75 Jacques Pilon (1905-1962). Arquiteto francês com importante atuação na arquitetura brasileira.

Há, portanto, problemas:

a) de urbanização do terreno de 240 m x 100 m

b) da unidade arquitetônica devendo reinar no conjunto

c) de repartição das responsabilidades entre vários arquitetos. E é aqui que a questão se coloca:

"A tarefa que parecem querer me confiar no Ministério das Relações Exteriores" é um fragmento, um pedaço onde minhas pesquisas e qualidades não serão de nenhuma maneira empregadas. Eis o fundo do meu pensamento a esse respeito.

LC[76]

---

[76] Manuscrito adicionado por Le Corbusier: " + 'A casa Francesa' [ilegível] Rel. Exteriores [ilegível] Sr. J. Pilon irá fazê-la [ilegível]". No croqui: "O problema que me é proposto representa 2.000 m² de área habitacional e um ou dois pisos. Existe um plano geral?"

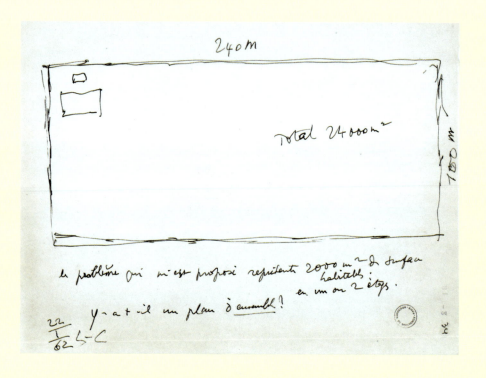

Paris, le 15 Février 1962

Monsieur Oscar NIEMEYER
Architecte
Avenida Atlantica 3940
RIO DE JANEIRO

A l'attention de MM. Oscar NIEMEYER et Lucio Costa

Chers Amis,

Inclus double de la lettre que je vous ai adressée le 22 janvier 1962.

J'ai besoin de prendre une position négative ou positive avec le Ministère des Affaires Etrangères.

L'Ambassadeur de France au Brésil m'a dit que le terrain de 24.000 mètres contiendrait exclusivement la résidence de l'ambassadeur et la chancellerie; total: 2.200 m2 de plancher.

Cela vaut-il la peine que je m'occupe de cela car j'ai l'impression que le problème est d'une banalité totale. Mais c'est vous qui devez me conseiller.

L'Ambassadeur a parlé de la Maison de France à Brasilia. C'est là qu'il devrait y avoir une initiative des temps modernes et par un architecte connaissant la France moderne et les ressources de Paris. On m'avait parlé de la Maison de France de Rio de Janeiro en 1936, mais c'est un autre qui l'a faite !!!

Répondez par télégramme oui ou non et envoyez moi des explications par lettre par retour du courrier. Merci.

Bien amicalement à vous.

LE CORBUSIER

Paris, 15 de fevereiro de 1962

À atenção dos srs. Lucio Costa e Oscar Niemeyer

Caros amigos,

Junto segue cópia da carta que lhes enviei em 22 de janeiro de 1962.

Preciso tomar uma posição negativa ou positiva em relação ao Ministério das Relações Exteriores.

O embaixador da França no Brasil me disse que o terreno de 24.000 metros seria destinado exclusivamente à residência do embaixador e à chancelaria; total: 2.200 m² de área.

Será que vale a pena eu me encarregar disso, pois tenho a impressão de que o problema é de uma banalidade total. Mas são vocês que devem me aconselhar.

O embaixador falou da Casa da França em Brasília. É aí que se deveria empreender uma iniciativa dos tempos modernos e por um arquiteto conhecedor da França moderna e das potencialidades de Paris. Falaram-me da Casa da França do Rio de Janeiro em 1936, mas foi um outro que a construiu!!!

Respondam por telegrama "sim" ou "não" e me deem explicações na carta de resposta. Obrigada.

A vocês, meus cumprimentos,

Le Corbusier

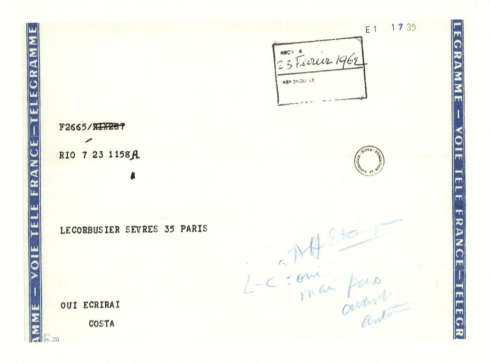

23 de fevereiro de 1962

SIM ESCREVEREI[77]

COSTA

---

77 Manuscrito adicionado por Le Corbusier: "Rel. Exteriores. LC: sim, mas não antes do outono."

MINISTÉRIO DA EDUCAÇÃO E CULTURA   26 Février 1962

Cher Le Corbusier,

Je viens de recevoir, en rentrant, vos lettres, de même qu'une visite de Carneiro et un mot d'Oscar de Brasilia, en me priant de bien vouloir vous répondre et signaler l'importance que nous attribuons à avoir une œuvre originale de vous dans la nouvelle capitale, aboutissement logique de votre intervention féconde de 1936 chez nous.

Je pense que le problème de l'ambassade Tel qu'il vous a été présenté sous-entend tout l'ensemble prévu. c'est-à-dire, l'ambassade-résidence et la chancellerie.

L'autre problème est la maison de France si elle bâtie ailleurs, dans un terrain contigu à l'Université de Brasilia, et où on pense installer, d'après ce qu'on m'a dit, d'une part les salles de classe et l'administration de l'Alliance Française, d'autre part salle de séjour, bibliothèque, salle d'expositions, de conférences, possiblement un restaurant et j'espère, une patisserie avec du chocolat et des brioches.

Il y aura d'autres maisons séparées par des vastes étendues d'arbres, où chacun fera ce qu'il lui plaira, pourvu que ce soit de l'architecture.

Rio de Janeiro, 23 de fevereiro de 1962

Caro Le Corbusier,

Voltando de viagem, acabo de receber suas cartas, a visita de Carneiro e um bilhete de Oscar, de Brasília, pedindo-me que lhe responda assinalando a importância que atribuímos em ter uma obra original sua na nova capital, resultado lógico de sua fecunda intervenção de 1936 entre nós.

Acredito que o problema da Embaixada, tal como lhe foi apresentado, sub-entende todo o conjunto previsto, isto é, Embaixada, residência e chancelaria.

Outro problema é a Casa da França que será construída num outro lugar, num terreno contíguo à Universidade de Brasília e onde se pensa instalar, de acordo com que me disseram, de um lado as salas de aula e a administração da Aliança Francesa, e do outro, salas de estar, biblioteca, salas de exposição, de conferência, cinema, teatro e música, possivelmente um restaurante de cozinha verdadeiramente francesa e, espero, uma confeitaria com chocolate e brioches.*
Haverá outras casas separadas por fileiras contínuas de árvores, onde cada um fará o que quiser desde que seja arquitetura.

Não lhe sei dizer por onde o governo francês pensa começar, e eu concordo com você se uma escolha se impõe, o programa da Casa é mais atual.

Você é para nós um dos faróis precursores desta nova França que, livre dos restos coloniais, irá emergir densa e purificada, país caro mesmo àqueles que a combateram e a nós que nunca deixamos de amá-la.

Lucio Costa

*e ainda uma boate para dançar e cantar.

Ministerio da Educaçao e Cultura

25 mai 1962

Cher Le Corbusier,

    Je vous écris à la demande de Mr Darcy Ribeira (Recteur de l'Université récemment fondée), qui me téléphone de Brasilia et me prie de vous faire savoir ceci :

    1º/ Le Gouvernement Français a prévu dans le budget de 1962 une expropriation à l'effet de construire la Maison de la Culture Française à Brasilia; il craint que votre intention de remettre la considération du problème à septembre puisse conduire à la perte de ces fonds.

    2º/ La localisation de l'Ambassade et de la Maison de la Culture dans des sections distinctes de la ville ne peut pas être mise en cause; elle résulte du plan d'ensemble. L'Ambassade sera installée parmi celles des autres pays (presque cent !), tandis que le Centre Culturel Français, de même que ceux de l'Angleterre, de l'Allemagne, de l'Italie, de l'U.R.S.S. et de l'U.S.A., doit être contigü à l'Université et accessible (l'enseignement de la langue et les cours, les conférences destinés surtout aux étudiants).

    Comme je vous l'ai déjà dit, les différents terrains seront séparés par des arbres, de

    Bien à vous.

    Lucio Costa

Rio, 19/ /62

Rio de Janeiro, 19 de maio de 1962

Caro Le Corbusier,

Escrevo-lhe a pedido do sr. Darcy Ribeiro[78] (Reitor da Universidade recentemente fundada) que me telefonou de Brasília pedindo que o informe do seguinte:

1º O governo francês previu no orçamento de 1962 uma verba destinada à Casa de Cultura Francesa em Brasília; ele teme que a sua intenção de adiar a consideração do problema para setembro possa acarretar a perda dessa verba.

2º A localização da Embaixada e da Casa de Cultura em seções distintas da cidade não pode ser questionada; ela resulta de um plano de conjunto. A Embaixada será instalada com a dos outros países (quase cem!), enquanto o Centro Cultural francês, assim como o da Inglaterra, Alemanha, Itália, U.R.S.S e U.S.A., deve ficar perto da Universidade e ser acessível (o ensino da língua e os cursos, as conferências destinadas sobretudo aos estudantes).

Como já lhe disse, os diferentes terrenos serão separados por árvores.

Atenciosamente,

Lucio Costa[79]

---

78 Darcy Ribeiro (1922-1997). Antropólogo, escritor e político brasileiro.

79 Manuscrito adicionado por Le Corbusier: "Ver carta Costa se LC fará a Embaixada ou a Casa da Cultura. [ilegível]".

Lettre remise en mains propres à M. Costa le 13 Septembre 1962

Paris, le 6 Septembre 1962

Monsieur Lucio COSTA
Hôtel d'Isly
29, rue Jacob
P A R I S (VIe)

Cher Ami,

Il faudrait que vous ou Oscar Niemeyer puissiez me faire parvenir au plus vite le plan du terrain de l'Ambassade de France et sa chancellerie et le plan du terrain de la Maison de France.

J'adresse cette lettre à l'Hôtel d'Isly pour que vous la trouviez à votre retour de Londres et que vous puissiez, dès votre rentrée, alerter notre ami Oscar.

Comme suite à notre conversation à ce sujet, je consens bien à vouloir faire l'Ambassade et la Chancellerie réunies, mais je voudrais faire la Maison de France car je suis capable de la faire puisque je comprends ce qu'on doit y mettre à l'intérieur.

Bien amicalement à vous.

LE CORBUSIER

*plans et niveaux
+ photos (très important)*

Paris, 6 de setembro de 1962

Caro amigo,

Precisaria que você e Oscar me enviassem rapidamente a planta do terreno da Embaixada da França e de sua chancelaria e a planta do terreno da Casa da França.

Endereço a carta ao Hotel d'Isly para que você a encontre ao retornar de Londres e possa, ao voltar ao Brasil, alertar nosso amigo Oscar.

Dando prosseguimento à nossa conversa sobre esse assunto, aceito fazer a Embaixada e a chancelaria, mas gostaria mesmo de fazer a Casa da França, pois sou capaz de fazê-la porque sei o que colocar dentro dela.

Muito amigavelmente,

Le Corbusier[80]

---

80 Manuscrito adicionado por Le Corbusier: "Planos e níveis + fotos (muito importante)."

LE CORBUSIER Paris, le 9 Novembre 1962

Monsieur Lucio COSTA
Servica do Patrimonio Historico
e Artistico
Ministerio da Educão E Saùde
RIO DE JANEIRO

A l'attention de MM. Lucio COSTA et Oscar Niemeyer

Chers Amis,

J'ai accepté de faire l'Ambassade de France à Brasilia. Il faut que je vienne voir le terrain.

Pourriez-vous me dire si vous serez à Rio, ou à Brasilia, entre le 20 et le 31 décembre. Par exemple, à l'arrivée de l'avion, vers le 22 décembre, à Rio, pour aller à Brasilia, avec arrêt éventuel d'un jour pour serrer la main au Pao de Asuca. Je pense que deux jours à Brasilia peuvent suffire et je rentrerai entre le 27 et le 28 décembre à Paris.

Je serai heureux de vous voir et de voir Brasilia, mais je suis désolé d'avoir si peu de temps à vous consacrer.

Bien amicalement.

LE CORBUSIER

P.S. Ci-joint une proposition de calendrier.

35, RUE DE SÈVRES - PARIS 6e
TÉL.: LITTRÉ 99-62

Paris, 9 de novembro de 1962

À atenção dos srs. Lucio Costa e Oscar Niemeyer

Caros amigos,

Aceitei fazer a Embaixada da França em Brasília. Preciso agora ver o terreno aí. Podiam me dizer se vocês estarão no Rio ou em Brasília, entre 20 e 31 de dezembro. Por exemplo, da chegada do avião no Rio, em torno de 22 de dezembro, para ir a Brasília, com uma parada de um dia para apertar a mão do Pão de Açúcar.[81] Penso que dois dias em Brasília serão suficientes e volto a Paris entre 27 e 28 de dezembro. Ficarei feliz em ver vocês e Brasília, mas fico triste em ter tão pouco tempo para dedicar a vocês.

Muito amigavelmente,

Le Corbusier

P.S.: Anexo uma proposta de calendário.

---

81 Em português no original: "Pao de Asuca".

<u>Voyage de M. LE CORBUSIER AU BRESIL</u>
<u>du vendredi 21 Décembre jusqu'au 26 Décembre 1962</u>

<u>ALLER PARIS/ RIO</u>

- Départ le vendredi 21 décembre 1962 par le Vol AI F 095 (via Dakar)
  Convocation Orly .... 22 h 25
  Décollage Orly .... 23 h
- Arrivée à Rio le 22 Décembre 1962 à 8 h 50
- Le samedi 22 Décembre 1962 - repos à Rio
- Le dimanche 23 Décembre 1962 - voyage à Brasilia
- Le lundi 24 Décembre 1962 et le mardi 25 Décembre 1962 à Brasilia

<u>RETOUR RIO/ PARIS</u>

- Départ le ~~mercredi 26~~ *Samedi 29* Décembre 1962 de Rio *le 29 décembre a 21h55*
- Décollage aéroport de Rio ~~à 17 h 45~~ par le Vol 094 AI F (via Dakar)
- Arrivée à Paris le Jeudi 27 Décembre 1962 à 11 h.

NOTA : Une réservation est faite jusqu'à la date du 15 Décembre 1962

Paris, le 6 Novembre 1962

Paris, 6 de novembro de 1962

Viagem do sr. Le Corbusier ao Brasil
de sexta-feira 21 de dezembro a 26 de dezembro de 1962

IDA PARIS/RIO

- Partida sexta-feira 21 de dezembro de 1962 no voo AI F 095 (via Dakar)
   Chamada em Orly................. 22h25
   Decolagem Orly.....................23 h
- Chegada ao Rio em 22 de dezembro de 1962 às 8h50
- Sábado, 22 de dezembro de 1962 – repouso no Rio
- Domingo, 23 de dezembro de 1962 – viagem à Brasília
- Segunda-feira, 24 de dezembro de 1962 e terça-feira, 25 de dezembro de 1962
 em Brasília

VOLTA RIO/PARIS

- Partida quarta-feira, 26 de dezembro[82] de 1962 do Rio
- Decolagem no aeroporto do Rio às 17:45[83] no voo 094 AI F (via Dakar)
- Chegada à Paris, quinta-feira, 27 de dezembro de 1962, às 11h

NOTA: reserva feita até a data de 15 de dezembro de 1962.

---

82 Data riscada e manuscrito "sábado 29".
83 Horário riscado e manuscrito "29 de dezembro, 21h55".

MINISTÉRIO DA EDUCAÇÃO E CULTURA

REÇU LE
30 Novembre 1962
RÉPONDU LE

Cher Le Corbusier,

La nouvelle de votre visite, le 22 décembre, pour l'affaire de l'ambassade nous a fait doublement plaisir, — vous avoir quelques jours parmi nous et savoir que la tâche a été acceptée.

Je serai à l'aéroport de Rio et Oscar vous attendra à l'aéroport de Brasilia. Pour votre rentrée à Rio vous pouvez, si ça vous convient, faire le voyage par l'autoroute en passant la nuit à Ouro Preto, l'ancienne Villa-Rica, dans les montagnes (de fer) de Minas, ville du XVIIIe siècle qui conserve encore l'atmosphère de l'époque. Et avant votre départ, Capanema, qui est président du Musée d'art moderne, voudra probablement vous retenir à manger avec des amis; d'autre part la salle de conférences du ministère sera à votre disposition si le désir vous prend de dire quelques mots.

Faites-nous savoir si la réservation d'hôtel à Rio sera faite par l'ambassade; quant à Brasilia l'université et le ministre de l'éducation, M. Darcy Ribeiro, s'en chargeront.

J'attendrai votre réponse avec des précisions afin de prendre les mesures qui s'imposent.

À bientôt

Lucio Costa

25/XI/

Rio de Janeiro, 25 de novembro de 1962

Caro Le Corbusier,

A notícia da sua visita, no dia 22 de dezembro, para o caso da embaixada, nos deu um duplo prazer: tê-lo conosco durante alguns dias e saber que a tarefa foi aceita.

Estarei no aeroporto do Rio e Oscar estará à sua espera no aeroporto de Brasília. Para o seu regresso ao Rio pode, se lhe convier, fazer a viagem pela estrada, passando a noite em Ouro Preto, a antiga Villa Rica, nas montanhas (de ferro) de Minas, uma cidade do século XVIII que ainda conserva a atmosfera da época. E antes de partir, Capanema, que é presidente honorário do Museu de Arte Moderna, provavelmente desejará recebê-lo com alguns amigos; por outro lado, a sala de conferências do Ministério estará à sua disposição se desejar dizer algumas palavras.

Diga-me se a reserva do hotel no Rio será feita pela Embaixada; quanto a Brasília, a Universidade e o Ministro da Educação, sr. Darcy Ribeiro, tratarão do assunto.

Aguardo sua resposta com os pormenores a fim de tomar as medidas necessárias.

Até breve,

Lucio Costa

Paris, le 5 Décembre 1962

Monsieur Lucio COSTA
Servica do Patrimonio Historico
e Artistico
Ministerio da Eduçao E Saùde
RIO DE JANEIRO

<u>Note à l'attention de Monsieur Lucio Costa</u>

Je ne peux pas savoir comment les choses se passeront pendant mon voyage au Brésil. J'ai déclaré que je ne voulais pas voyager officiellement. Je viens, en tant qu'architecte individuel, voir un terrain à Brasilia; et c'est tout. Par conséquent, selon les calendrier et horaire, si je dois coucher à Rio c'est Lucio Costa qui s'en occupera pour moi (à mes frais, bien entendu).

LE CORBUSIER

Paris, 5 de dezembro de 1962

Nota à atenção do senhor Lucio Costa

Não posso saber como as coisas vão se passar durante a minha viagem ao Brasil. Declarei que não desejava viajar oficialmente. Vou a Brasília na condição de arquiteto individual ver um terreno; apenas isso. Por conseguinte, de acordo com o calendário e o horário, em caso de pernoite no Rio, Lucio Costa é quem tomará as providências (os custos ficam por minha conta, é claro).

Le Corbusier

Sur l'enveloppe: "A mes Amis du Brésil"

01-3 87

Aujourd'hui, je dis au revoir à mes amis du Brésil. Et tout d'abord à leur pays — le Brésil — que je connais depuis 1929. Il y a pour le grand voyageur que je suis des surfaces privilégiées sur le planisphère, entre les montagnes, les plateaux et les plaines où coulent les grands fleuves qui vont à la mer; le Brésil est un des lieux accueillants et généreux et l'on ~~aime~~ aime à pouvoir l'appeler ami.

Brazilia est bâtie; j'ai vu la ville neuve. Elle est magnifique d'invention, de courage, d'optimisme; elle parle au cœur. Elle est l'œuvre de mes deux grands amis et (à travers les années) {Lucio Costa, Oscar Niemeyer} compagnons de lutte. Dans le monde moderne Brazilia est unique. A Rio, il y a le ministère de 1936-45 (Santé Publique ou éducation nationale) Il y a les œuvres de Reidy, il y a le monument aux morts de la ~~père~~ guerre. Il y a beaucoup d'autres témoins.

Rio de Janeiro, 29 de dezembro de 1962

Para os meus amigos do Brasil

Despeço-me hoje dos meus amigos do Brasil. E, para começar, do próprio Brasil, país que conheço desde 1929. Para o grande viajante que sou, há no planisfério, entre as montanhas, sobre os planaltos e planícies onde os grandes rios correm em direção ao mar, áreas privilegiadas; o Brasil é um desses lugares acolhedores e generosos que gostamos de chamar de amigo.

Brasília está construída; vi a cidade apenas nascida. É magnífica de invenção, de coragem, de otimismo; e fala ao coração. É obra de meus dois grandes amigos e (através dos anos) companheiros de luta – Lucio Costa e Oscar Niemeyer. No mundo moderno Brasília é única. No Rio há o Ministério de 1936-45 (Saúde e Educação), há as obras de Reidy, há o Monumento aos Mortos da Guerra. Há muitos outros testemunhos.

Minha voz é a de um viajante da terra e da vida. Meus amigos do Brasil, deixem-me que lhes diga obrigado!

Le Corbusier

mon mari
pour mon
amie Diane

29/12/82

VIA AIR MAIL
PAR AVION

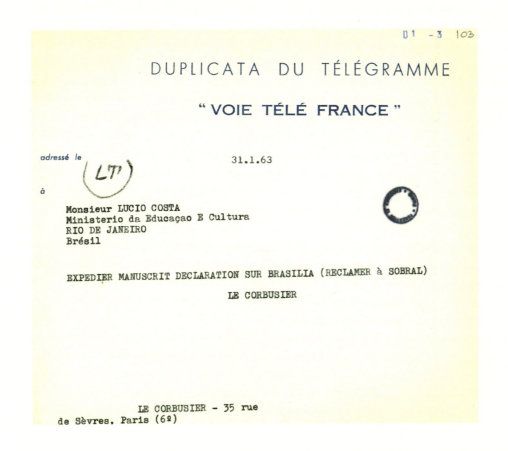

[Paris], 31 de janeiro de 1963

EXPEDIR DECLARAÇÃO MANUSCRITA PARA BRASÍLIA (PEDIR A SOBRAL)[84]

LE CORBUSIER

---

84 Eduardo Sobral (1928-1982). Economista, genro de Lucio Costa. O pedido refere-se à carta de despedida do dia 29 de dezembro de 1962.

MINISTÉRIO DA EDUCAÇÃO E CULTURA

REÇU LE
6 Février 1963
RÉPONDU LE

(Bolsugar)

Corbusier, cher ami,

Je viens de recevoir aujourd'hui (1/II/63) votre lettre du 14 janvier adressée à Maria Elisa. Le télégramme était arrivé quelques heures avant.

Maria Elisa est à Londres avec son mari pour un long séjour en Angleterre (un an et demi!). D'abord Londres — mathématiques spéciales —, puis Cambridge, — cours post-graduate d'économie.

Le soir même du lendemain de votre départ, quand il m'annonça sa décision de partir, Edouard confia les photocopies, qu'il avait fait faire pendant la journée, de votre déclaration du 29/XII/62, en s'excusant (le temps pressait et ils avaient encore un tas de choses...), et me priant de vous les remettre car il vous l'avait promis.

Je savais que vous vouliez les utiliser dans la série d'albums de votre œuvre ... je ne savais pas que c'était urgent, et il ... semblait de mauvais goût trop d'empressement ... part. L'autre jour ... j'avais pensé à vous écrire et vous l'envoyer, mais la photocopie de l'enveloppe que Sobral m'avait remise, avec celle du texte, avait disparu, avec l'enveloppe elle-même. Il vous sera facile, d'ailleurs, d'en faire une autre si ça convient à la composition de la page ("À mes amis du Brésil")

Je m'excuse de ce délai motivé aussi parce que j'attendais d'Oscar des précisions à propos du secteur culturel, car avec le changement du Conseil de ministres, en conséquence rétablissement du régime présidentiel, Mr. Darcy Ribeiro

Le ministre, et depuis sa perte de Recteur de l'Université de Brasilia, et j'ignore toujours ... toutes les propositions qui ont été faites par le ministère à Oscar notamment ... la semaine prochaine je vais ... à Brasilia et je prie ...

Je vous écrirai de ... plus ... Elisa à Londres depuis ... Helena à Rome. Il m'arrive qu'Helena Paris ces jours.

Rio de Janeiro, 2 de fevereiro de 1963

Le Corbusier, caro amigo,

Acabo de receber hoje (1º de fevereiro de 1963) a sua carta de 14 de janeiro dirigida a Maria Elisa. O telegrama tinha chegado alguns dias antes.

Maria Elisa está em Londres com o seu marido para uma longa estadia na Inglaterra (um ano e meio!). Primeiro Londres... matemática especializada..., depois Cambridge – curso de pós-graduação em economia.

Na noite do dia seguinte à sua partida, quando ele anunciou a sua decisão de partir, Eduardo me deu as fotocópias que tinha feito durante o dia da sua declaração do 29 de dezembro de 1962, pedindo desculpas (o tempo era curto e eles ainda tinham muitas coisas para fazer), e me pedindo que as entregue como ele tinha prometido.

Eu sabia que pretendia utilizar esse material na série de álbuns das suas obras, mas não sabia que era urgente e me parecia de mau gosto ser demasiado apressado.

Outro dia pensei em escrever-lhe e enviar o material, mas a fotocópia do envelope que Sobral me tinha dado, juntamente com o texto, tinha desaparecido, juntamente com o envelope. Será fácil para você fazer outra, se isto se adequar à composição da página ("Aos meus amigos no Brasil").

Peço desculpas pelo atraso, resultante também do fato de que eu estava esperando que Oscar me desse alguns detalhes sobre o setor cultural, pois com a mudança no Conselho dos Ministros, como consequência do restabelecimento do regime presidencial, o sr. Darcy Ribeiro, o ministro retomou o seu cargo de reitor da Universidade de Brasília e ainda não conheço os termos da proposta que lhe foi feita pelo ministro e Oscar. Oscar tem de vir para o Rio.

Invejo você por estar mais perto das minhas duas filhas, Maria Elisa em Londres e Helena em Roma, do que eu. Parece que Helena está de volta em Paris esses dias. Se, apesar de você, ela o visitar, dê-lhe um beijo meu. E obrigado.

Lucio

PS: Felicito o vosso Presidente pela sua previsão.[85] Admitir a Inglaterra em condições especiais (emissária dos EUA) suscetíveis de destruir até a ideia de uma Europa independente. E é isso que todos nós queremos.

---

85 Charles de Gaulle, em 14 de janeiro de 1963, fez oposição à entrada do Reino Unido na Comunidade Econômica Europeia (CEE), desconfiando das relações especiais que o país mantinha com os Estados Unidos.

Paris, le 25 Avril 1963

Monsieur Lucio COSTA
Ministerio da Educaçao, 8º, DPHAN
RIO DE JANEIRO
Brasil

A l'attention de MM. Lucio COSTA et Oscar NIEMEYER

Chers Amis,

Je dois fournir réponse à la lettre du Ministre de l'Education et de la Culture, dont photo-copie incluse, et je dois établir la convention à signer avec ce Ministère (il s'agit du Centre National Culturel du Brésil à Brasilia).

Il s'agirait donc que vous me donniez une rédaction acceptable dans les conditions brésiliennes et qui tienne compte:

a) de la définition de la tâche confiée à Le Corbusier

b) qui définisse l'organe de surveillance du chantier sur place, à Brasilia

c) qui indique les honoraires brésiliens correspondant à ce travail (j'admettrais de désigner la part de ces honoraires me revenant : invention du projet, plans utiles à remettre au service d'exécution à Brasilia et d'augmenter cette part d'un pourcentage rémunérant Le Corbusier (création et nom).

Soyez assez gentils, chers Amis, pour me soumettre une rédaction qui soit loyale, droite, honnête, raisonnable et acceptable par les deux parties: Paris et Brasilia.

Lorsque je serai en possession de votre réponse, je pourrai répondre utilement à la lettre de M. le Ministre.

Bien amicalement.

LE CORBUSIER

P.J. I

Paris, 25 de abril de 1963

À atenção dos srs. Lucio Costa e Oscar Niemeyer

Caros amigos,

Devo responder à carta do ministro da Educação e Cultura, cuja fotocópia segue anexada, e estabelecer o texto do convênio a ser assinado com ele (referente ao Centro Cultural do Brasil em Brasília).

Trata-se, portanto, de vocês me sugerirem uma redação aceitável nas condições brasileiras, levando em conta:

a) a definição da tarefa confiada a Le Corbusier;

b) a designação do órgão de supervisão do canteiro de obras em Brasília;

c) a indicação dos honorários brasileiros correspondentes a esse trabalho (admito definir a parte dos honorários que me cabem: criação do projeto, planos apropriados ao serviço de execução em Brasília, acrescentando a essa parcela uma porcentagem remunerando Le Corbusier – criação e nome).

Façam o favor, caros amigos, de me apresentarem uma redação que seja leal, direta, honesta, razoável e aceitável por ambas as partes: Paris e Brasília.

Quando tiver em mãos a resposta da parte de vocês, poderei escrever de maneira apropriada ao sr. ministro.

Com minha amizade,

Le Corbusier

MINISTÉRIO DA EDUCAÇÃO E CULTURA

6 Juin 1963

Cher Le Corbusier,

L'initiative de la commande qui vous a été faite est de l'exclusive responsabilité d'Oscar et du Ministre Darcy Ribeiro. Leur intention était la meilleure en vue des circonstances : votre visite, la signification de l'œuvre de votre vie, votre âge. Mais deux faits nouveaux et imprévus sont intervenus après votre départ. D'abord, le changement du ministère, — le ministre a repris ses fonctions de recteur à l'U.N.B. Ensuite, le Congrès a approuvé un plan Triennal de contention et d'économie, et toutes les entreprises non prioritaires sont exclues des budgets pour trois ans. La situation financière du pays (inflation brutale et crise politique et sociale) est grave et rend impraticable l'approbation par les autorités actuelles d'un plan de travail du genre prévu. —

Toutefois, comme vous devez répondre à la consultation officielle qui vous a été faite, je suis d'avis que, tenant compte de ce que je viens de vous dire, il serait convenable que vous preniez vous même l'initiative de décomposer la proposition en trois parties : 1) avant projet ; 2) développement du projet ; 3). exécution, pour qu'on puisse au moins tenter l'approbation de la première en vue d'une éventuelle réalisation dans un futur indéterminé.

Et à cet effet, il vous faudra tenir compte dans la disposition d'ensemble de l'espace général prévu, du fait que dans ce même secteur il y aura encore une bibliothèque publique (carré de 80x80 ±), un petit bâtiment du MAM de Rio (Reidy) et le Touring Club (pavillon social et services) contigu à la grande plateforme et déjà projeté par Oscar. J'espère que vous êtes en bonne santé, et que le vestons acheté à la "Tour Eiffel" vous servira

X Plus probable, en tous cas il faudra prévoir un petit bâtiment indépendant quoique partie d'un ensemble.

aux longues, et je vous prie de bien vouloir recevoir Helena, qui est encore en Europe et pense vous rendre visite. Le mois prochain et son embrassé avant son départ. Bien à vous

Rio de Janeiro, 20 de maio de 1963

Caro Le Corbusier,

A iniciativa da proposta que lhe foi feita é de exclusiva responsabilidade de Oscar e do ministro Darcy Ribeiro. Suas intenções foram as melhores em vista das circunstâncias: sua visita, a significação da obra de sua vida, sua idade. Entretanto, dois fatos novos e imprevistos intervieram após sua volta. Primeiramente a mudança no Ministério – o ministro reassumiu suas funções de reitor da UnB. Em seguida, o Congresso aprovou um plano trienal de contenção e de economia e todos os projetos não prioritários foram excluídos do orçamento por três anos.

A situação financeira do país (inflação brutal e crise política e social) é grave e torna impraticável a aprovação pelas autoridades atuais de um plano de trabalho como previsto.

Todavia, como você deve responder à consulta oficial que lhe foi feita, sou da opinião que, levando em conta o que acabo de lhe dizer, seria conveniente que você mesmo tomasse a iniciativa de dividir a proposta em três partes: 1) anteprojeto, 2) desenvolvimento do projeto, 3) execução, para que se possa ao menos tentar a aprovação da primeira em vista de uma eventual realização num futuro indeterminado.

Para isto, você deve levar em conta na disposição de conjunto do espaço geral previsto, o fato que neste mesmo setor haverá ainda uma biblioteca pública (quadrado de 80 x 80, mais ou menos) um pequeno edifício do MAM do Rio (Reidy)* e o Touring Club (pavilhão social e serviços) contíguo à grande plataforma e já projetado por Oscar. Espero que esteja bem de saúde e que o casaco comprado na "Tour Eiffel" vá lhe servir na Índia, e peço-lhe que tenha a bondade de receber Helena que ainda está na Europa e pensa fazer-lhe uma visita no mês que vem e abraçá-lo antes de voltar.

Tudo de bom,

Lucio Costa

*Pouco provável, mas em todo caso será necessário prever um pequeno edifício independente em algum lugar do conjunto.

[Rio de Janeiro], 28 de novembro de 1963

Bravo[86]

Costa

Rio de Janeiro, 22 de dezembro de 1963[87]

Caro Le Corbusier,

Aproveito a volta de Charlotte Perriand para saudá-lo e dizer-lhe, mais uma vez, o quanto sua proposta para a embaixada me agradou.

Posto que Charlotte está entre nós e já conhece o país, permito-me sugerir-lhe que seria desejável que o Ministério das Relações Exteriores, segundo sua recomendação, confiasse a ela o arranjo interno dos edifícios.[88]

Seria uma garantia a mais de vitória total.

Que 1964-65 seja o ano da França em Brasília.

Tudo de bom,

Lucio Costa

---

86 Provavelmente parabenizando Le Corbusier pelo título de *Grand-Officier de la Légion d'Honneur* recebido neste ano.

87 Manuscrito adicionado por Le Corbusier: "Entregue ao ateliê por Charlotte Perriand no sábado 18 de janeiro".

88 Termo destacado por Le Corbusier com a anotação: "Não."

apportée à l'Atelier par Charlotte Perriand le Samedi 18 Janvier 1964

Cher Le Corbusier,

Je profite de la rentrée de Charlotte Perriand pour vous saluer et vous dire encore une fois combien votre proposition pour l'ambassade m'a plu.

Puisque Charlotte est parmi nous et connait déjà le pays, je me permet de vous suggérer qu'il serait souhaitable que les Affaires Étrangères, sous votre recommandation, lui confiassent l'aménagement intérieur des bâtiments. Ce serait une garantie de plus de réussite totale.

Que 1964-65 soit l'année de la France à Brasilia.

Bien à vous

Lucio Costa

Rio, 22/XII/63.

REÇU LE
23 Janvier 1964
RÉPONDU LE

Paris, le 27 Janvier 1964

Monsieur LUCIO COSTA
Ministério da Educaçao E Cultura
<u>RIO DE JANEIRO</u>
Brésil

Mon cher Costa,

    Merci de votre lettre du 22.XII.63 que m'a apportée Charlotte Perriand, le 18 janvier, avec vos bons voeux.

    Mes plans pour l'Ambassade de France comportent mes prévisions d'aménagements intérieurs. Je n'ai jamais eu de ma vie d'intervention des ensembliers.

    J'ai créé avec Charlotte Perriand et Pierre Jeanneret (mais de mon invention), trois types de meubles, en 1928, qui sont considérés par l'opinion publique comme les plus modernes à ce jour. Je les emploierai pour l'Ambassade de France (sous le nom de Le Corbusier, Pierre Jeanneret, Charlotte Perriand).

    Ce qu'il reste à trouver, je vous l'ai déjà exprimé nettement, c'est un homme de bâtiment, pas nécessairement architecte, mais connaissant le chantier et qui devrait être attaché, sur place, au personnel qui construira l'Ambassade.

    Bien amicalement à vous.

              LE CORBUSIER

P.S. J'enverrai double de cette lettre, et toute loyauté et amitié, à Charlotte Perriand.

Paris, 27 de janeiro de 1964

Caro Costa,

Obrigado por sua carta de 22 de dezembro de 1963, que me foi trazida por Charlotte Perriand, no dia 18 de janeiro, com seus bons votos.

Meu projeto para a Embaixada da França inclui previsões para o arranjo dos interiores. Nunca na minha vida tive a intervenção de decoradores.

Criei com Charlotte Perriand e com Pierre Jeanneret (mas de invenção minha) três tipos de móveis, em 1928, que são considerados pela opinião pública como os mais modernos atualmente. Vou utilizá-los na Embaixada da França (sob o nome de Le Corbusier, Pierre Jeanneret, Charlotte Perriand).

O que é necessário encontrar, já lhe disse claramente, é um homem da construção, não necessariamente um arquiteto, mas conhecedor do canteiro e que deveria ficar junto, no local, com o pessoal que construirá a embaixada.

Cordialmente,

Le Corbusier

P.S. Enviarei cópia desta carta, e toda a lealdade e amizade, a Charlotte Perriand.

L-C

Cher Le Corbusier,

remis à Oubrerie

Je vous remets par avion,
Séparément, les graphiques et calculs de l'insolation à
Brasilia, travail exécuté par Maria Elisa et l'ingénieur
Guimarães, chef du bureau lors du développement, à Rio,
des plans de la capitale.

J'ai aussi reçu votre lettre en
réponse à la suggestion que je vous avais faite de compter
sur C.P. pour la mise au point de l'aménagement intérieur des bâtiments de l'ambassade.

Je sais parfaitement
que vous déterminez vous-même les prévisions d'aménagement, mais l'architecture intérieure d'une ambassade
sous-entend un tas d'aspects et de menus détails à
être fixés de commun accord avec ceux qui vont s'en servir; et pour que ce développement se fasse sans trahir l'intention originale du projet comme un tout il faut pouvoir compter
sur quelqu'un de qualifié, et personne pourra le faire mieux
que C.P. Si on ne prend pas ce soin on risque de voir
les usagers remanier après coup (et avec raison) ce qu'on a
établi sommairement d'une manière dictatoriale et simplis-
te.*

Dans l'intérêt du maintien impeccable de votre
œuvre, lorsqu'on ne sera plus là pour la défendre, je
me permets d'insister sur ce point.

Bien à vous
L.C.

* appelle Charlotte

Remetente: Lucio COSTA
Endereço: Av. Delfim Moreira, 1212, Leblon
Rio de Janeiro

Rio de Janeiro, 15 de março de 1964

Caro Le Corbusier,

Estou enviando para você por avião,[89] *separadamente, os gráficos e cálculos da insolação em Brasília*, obra executada por Maria Elisa e pelo engenheiro Guimarães,[90] chefe do escritório para desenvolvimento, no Rio, dos planos da capital.

Também recebi a sua carta em resposta à minha sugestão de contar com a CP[91] para o desenvolvimento do design interior dos edifícios da embaixada.

Sei perfeitamente que é você mesmo quem determina o planejamento do design de interior, mas a arquitetura interior de uma embaixada envolve muitos ajustes e pequenos detalhes a serem determinados de comum acordo com aqueles que virão a utilizá-la; e para que esse desenvolvimento se realize sem trair a intenção original do projeto como um todo, é preciso poder contar com alguém qualificado, e ninguém melhor do que a CP pode fazer isso.[92]

Se este cuidado não for tomado, existe o risco de que os usuários transformem posteriormente (e com razão) aquilo que sumariamente estabelecemos de uma forma ditatorial e simplista.*

No intuito de manter o seu trabalho em estado impecável quando já não estivermos aqui para o defender, gostaria de insistir neste ponto.

Atenciosamente,

LC

*Simplista não no sentido arte e função in abstracto, mas no sentido do "estilo" de vida desses cavalheiros.

P.S. Aproveito esta oportunidade para informar a você que a largura do terreno para a Maison de France, adjacente à Universidade, será agora de 90 metros, e não de 100, sendo a profundidade a mesma.

LC

---

[89] Nota manuscrita provavelmente adicionada pelo Ateliê Le Corbusier: "Entregue a Oubrerie". José Oubrerie (1932). Arquiteto francês, colaborador de Le Corbusier.

[90] Augusto Guimarães Filho (1936-2021). Engenheiro e arquiteto, colaborador de Lucio Costa na criação de Brasília.

[91] Charlotte Perriand.

[92] Manuscrito adicionado por Le Corbusier: "Chamar Charlotte".

Cette présente note est a attachée à la lettre de
Lucio COSTA du 15 Mars 1964.

    J'ai reçu aujourd'hui 1er Avril 1964, Charlotte PERRIAND et lui ai déclaré qu'elle serait chargée par moi et sous mon contrôle de l'équipement de détail du mobilier de l'appartement de l'Ambassadeur.

    Il est entendu que je contrôlerai en définitive le mobilier de l'Ambassade elle-même, tandis que le mobilier de la Chancellerie pourra être fourni par Lucio Costa et Oscar Niemeyer, selon les disponibilités Brésiliennes.

Paris, 1er Avril 1964

LE CORBUSIER

Paris, 1º de abril de 1964

Esta mensagem deve ser anexada à carta de Lucio Costa de 15 de março de 1964.

Recebi hoje, 1º de abril de 1964, Charlotte Perriand e comuniquei-lhe que ela seria encarregada, sob meu controle, do detalhamento do mobiliário do apartamento do embaixador.

Fica entendido que em última instância controlarei o mobiliário da própria Embaixada, enquanto o mobiliário da chancelaria poderá ser fornecido por Lucio Costa e Oscar Niemeyer, dependendo da disponibilidade brasileira.

Le Corbusier

Cher Le Corbusier,

Je m'éxcuse de vous avoir fait descendre. Qu'est-ce que ça peut faire, à notre âge, quelques minutes, ou quelques francs, de plus ou de moins ?

Vôtre brusquerie nous a fait de la peine.

Nous vous aimons.

Lucio Costa

27/VII/65.

j'ai téléphoné à Costa — Il s'est rassuré

[Paris], 27 de julho de 1965

Caro Le Corbusier,

Desculpe ter feito você descer.

Que diferença faz na nossa idade, alguns minutos, ou alguns francos a mais ou a menos?

Sua aspereza nos entristece.

Nós gostamos muito de você.

Lucio Costa[93]

---

93 Manuscrito adicionado por Le Corbusier: "Telefonei a Costa. Ele tranquilizou-se."

LUCIO LE CORBUSIER
CORBUSIER LE COSTA (1929-1965)

LAURO CAVALCANTI

> *Não existe mistério.*
> *O "mistério" é uma invenção do homem perplexo e inconformado –*
> *desencantado – diante do fato de ser ele apenas – vagabundo,*
> *gênio ou santo – e nada mais, o remate* da Evolução.
> *Inconformado desencanto que é, porém, precisamente, o que*
> *o engrandece e dignifica.*
>
> Lucio Costa[1]

1965

Somente à noite, a caminho de Paris, quando o esquife foi enrolado na bandeira francesa e carregado nos ombros dos frades dominicanos para repousar na bela e revolucionária capela corbusiana de La Tourette, Lucio Costa sentiu que se conferia a justa homenagem aos despojos do grande mestre. Naquela manhã, ao subir com Charlotte Perriand[2] a escada da casa que abrigava os velórios na cidade

À esquerda, Lucio Costa, s/d.

---

1 Lucio Costa. "Elucubração". In: *Registro de uma vivência*. São Paulo: Editora 34, 2018, p. 407.

2 Charlotte Perriand (1903-1996), designer, coautora de móveis com Le Corbusier e Pierre-Jeanneret, morou no Rio de Janeiro de 1963 a 1969.

Interior da Capela de La Tourette.

de Menton – próxima a Roquebrune,[3] onde havia se dado o afogamento –, sentiu, na feiura do corredor, da sala de vigília e do horrível caixão, a segunda morte de Le Corbusier. Era o triunfo do mau gosto pequeno burguês sobre aquele que forjara a nova estética do século XX e pretendera, por meio da transformação plástica, a mudança psicológica e social do homem. A cerimônia que se seguiu em Paris, na Cour Carrée du Louvre, presidida pelo escritor e ministro da Cultura, André Malraux, aumentou o conforto de Lucio Costa, pois dava, ainda que postumamente, a Le Corbusier aquilo que ele mais desejara: o reconhecimento.[4] Noutras palavras, era-lhe outorgada a legitimidade que buscara, por meio de planos, palestras, livros, viagens e obras em vários continentes, mas que nunca lhe parecera suficiente, sobretudo na França.

O Brasil e, em particular, Lucio Costa desempenharam um papel relevante na trajetória do criador do Modulor.[5] Aqui seus princípios foram executados em grande escala no prédio do Ministério da Educação,[6] teve expectativas de grandes construções,[7] acumulou algumas frustrações e, finalmente, em Paris, a partir de um desenho original de Costa, realizou, no *campus* universitário a Casa do Brasil.

A troca de correspondências, pela primeira vez reunidas em um só livro, permite-nos acompanhar de 1929 a 1965 a complexa relação entre esses dois gigantes da arquitetura moderna: cúmplice, íntima, áspera, fraterna, sincera e, acima de tudo, leal.

---

3 Le Corbusier tinha ali uma casa mínima de 16m², o Cabanon, no litoral do Mediterrâneo.

4 Lucio Costa. "Roquebrune". In: *Registro de uma vivência*, op. cit., pp. 583-585.

5 Sistema de medidas que relaciona proporções harmônicas àquelas do ser humano e busca eliminar as discrepâncias entre o sistema métrico e o sistema inglês de polegadas fracionárias. Na França o livro *Modulor 1* foi publicado em 1950 e o *Modulor 2* em 1954 pela mesma editora parisiense: Éditions de l'Architecture d'Aujourd'hui.

6 Ao longo do tempo, o ministério teve várias denominações: Ministério dos Negócios da Educação e Saúde Pública – Mesp (1930), Ministério da Educação e Saúde – MES (1937), Ministério da Educação e Cultura – MEC (1953), Ministério da Educação – ME (1985). O prédio do ministério recebeu, em 1985, o nome de Edifício Gustavo Capanema, também conhecido como Palácio Capanema, uma homenagem ao ministro da Educação no período de construção desse marco da arquitetura moderna brasileira. Neste texto será usado o nome Ministério da Educação.

7 A Cidade Universitária no Rio de Janeiro dos anos 1930, principal razão da vinda em 1936 à cidade; nos anos 1960 Le Corbusier teve a encomenda da embaixada, chancelaria e Casa da França em Brasília.

Plano urbanístico para o Rio de Janeiro. Desenho por Le Corbusier, 1929.

CONHECIMENTO DE LE CORBUSIER

Nada indicaria que, nos anos 1920, as ideias do autor de *Por uma arquitetura* viessem a ser fundamentais na conversão de Lucio Costa ao modernismo.

A primeira vez que o nome Le Corbusier lhe surgiu, em 1927, não foi muito auspiciosa. Tinha 25 anos quando Mary Houston,[8] futura esposa do crítico Mario Pedrosa,[9] foi também passageira da travessia Havre-Rio no navio *Bagé*. Assim a descreveu Costa: "[...] Era intelectualizada, Aragon e Breton *en tête*, seduzia-lhe o surrealismo que então grassava; mas, vez por outra, entremeava aquela sua obsessão de ultrapassagem do real com gratuitos passatempos."[10] E assim, no intervalo entre jogos de cartas, brincaram de forca. Mary lhe propôs "um nome começado por Le a coisa foi indo até que me enforcou: tratava-se, simplesmente, de Le Corbusier".

---

8   Ver Lucio Costa. "Mary Houston – registro de viagem". In: *Registro de uma vivência*, op. cit., p. 48.

9   Mario Pedrosa (1900-1981), o mais importante crítico brasileiro de arte e arquitetura no século xx.

10 Lucio Costa, op. cit., p. 48.

Em 1929, chegou à conferência já iniciada de Le Corbusier na Escola de Belas Artes, onde permaneceu por apenas poucos minutos. Episódio que relataria ao arquiteto na primeira carta a ele endereçada, citando o próprio exemplo para alertá-lo do conservadorismo vigente no meio arquitetônico local do qual ele fizera parte: "Por ocasião de sua visita fui escutá-lo: a conferência estava no meio, a sala repleta. Cinco minutos mais tarde saía escandalizado, acreditando sinceramente ter me deparado com um 'cabotino.'"[11]

BRASILEIRO, ARQUITETO E PENSADOR

Lucio foi o mais erudito de nossos arquitetos e o principal teórico de um modernismo original que se implantou nos trópicos. Nos campos da arquitetura e urbanismo todos reconhecem o seu papel fundamental no estabelecimento de um proveitoso diálogo entre o antigo e o novo. Poucos, todavia, dão-se conta de sua importância como um pensador mais amplo do Brasil infenso a fórmulas de um ideário já definido. Nas palavras de Maria Elisa Costa: "Como o norte fica *dentro*, não há rigidez: é lícito mudar de opinião, ou mesmo de convicção, sempre que esse norte apontar para a mudança."[12]

Um dos pontos centrais do ideário do futuro urbanista de Brasília foi a sua crença na tecnologia como elemento liberador do homem, por sua própria essência e escala. Em resumo, acreditava que a miséria seria abolida e a justiça social finalmente alcançada, não em termos facultativos de solidariedade humana e caridade, mas por imposição material da técnica moderna da produção em massa que forçarão – por bem ou por mal – distribuição na mesma escala.[13]

A arquitetura era para Lucio Costa um instrumento de acessar o mundo e transformá-lo, pelo engajamento claro de técnica e arte, na construção da modernidade do país. Tal operação pressupunha a redescoberta da melhor tradição cultural brasileira e a incorporação de uma agenda internacional que absorvesse os aspectos positivos locais e rejeitasse vícios subjacentes de privilégios e preconceitos, herdados da colonização predadora e hierárquica portuguesa, que estariam sempre ameaçando dominar.

---

11 Carta de 26 jun 1936, p. 37 deste livro.

12 Ver "O verbo é ser". In *Registro de uma vivência*, op. cit., p. 4.

13 Citação baseada no texto "O novo humanismo científico e tecnológico, 1961". In: *Registro de uma vivência*, op. cit., p. 392.

A tecnologia defendida por Lucio Costa era essencialmente humanista e ligada à vida social. Consciente da impossibilidade de transformação de mentalidades e práticas, de um dia para o outro, defendia *ações exemplares* que provariam as virtudes e exequibilidade do povo brasileiro. O seu pensamento era pragmático evitando, de um lado, o patriotismo exagerado expresso em *Porque me ufano do meu país*[14] e, por outro, o caráter fatalista presente em *O retrato do Brasil: ensaio sobre a tristeza brasileira*.[15] Uma dessas ações exemplares, por ele singelamente referida como "um flagrante despreocupado", foi a construção da sede do Ministério da Educação: "Entre as deformações para cima do sr. Conde de Afonso Celso e o retrato de corpo inteiro como de fato somos, mas de ângulo forçado para baixo, do sr. Paulo Prado, é igualmente possível colher, quando menos se espera, flagrantes despreocupados como este, capazes de revelarmo-nos como também sabemos ser."[16] Nesse episódio se inicia a colaboração e a correspondência com Le Corbusier.

CONVERSÃO A LE CORBUSIER

Getúlio Vargas resolveu renovar inteiramente o Centro do Rio para evidenciá-lo como a nova capital de seu regime. Aproveitou o desmonte do Morro do Castelo, realizado na década anterior, para criar o aeroporto Santos Dumont, rasgar avenidas e povoá-las de edifícios do Governo Federal. Coube a cada ministro decidir a feição das novas sedes. Surgiram, de meados dos anos 1930 aos 1940, entre outros, o edifício da Central do Brasil, o Ministério da Guerra, aquele da Fazenda, a sede do Trabalho e o Ministério da Educação.

O processo de construção desse último foi bastante atribulado. Organizou-se um concurso com normas estabelecidas por jurados tradicionalistas que desclassificaram *in limine* todos os projetos que não seguiram uma ocupação do perímetro do terreno para formar um grande pátio interno. O vencedor anunciado foi Archimedes Memória, cuja proposta mesclava estilo neoclássico e decoração

---

14 O livro, publicado em 1900, com o subtítulo em inglês, *Right or Wrong, My Country*, foi um sucesso editorial, havendo sido adotado nas escolas durante três décadas. O autor, Afonso Celso, petropolitano, monarquista e fundador da Academia Brasileira de Letras, louvava o tamanho, a beleza e a potencialidade futura do país.

15 Livro de um dos organizadores da Semana de Arte Moderna de 1922, Paulo Prado, apontava a inviabilidade do Brasil caso não se libertasse dos reflexos da autocrática e escravagista colonização portuguesa.

16 "Muita construção, alguma arquitetura e um milagre" (*Correio da Manhã*, 1951). In: Maria Elisa Costa (Org.). *Com a palavra, Lucio Costa*. Rio de Janeiro: Aeroplano, 2000.

alusiva a uma fictícia civilização que, numa remota Antiguidade, teria habitado a ilha de Marajó. O arquiteto pertencia à Câmara dos 40, órgão máximo do Partido Integralista, uma versão local do nazifascismo. A ditadura Vargas flertava com o chamado Eixo e, até decidir se posicionar ao lado dos Aliados, possuía intenso diálogo com os integralistas. Seu chefe máximo, Plínio Salgado, havia sido cogitado para ocupar o cargo de ministro da Educação. Os apoios políticos de Memória não eram, portanto, fracos. Os intelectuais assessores do ministro Capanema, liderados por Carlos Drummond de Andrade, convenceram-no do absurdo que seria a sede do órgão estatal, destinado a forjar o futuro homem brasileiro, assimilar-se às feições de um mau cenário de Hollywood. Numa hábil decisão de bastidores, que incluiu refutar as acusações de Capanema manter a seu redor um antro de comunistas, ficou resolvido pagar o prêmio mas não edificar o plano de Memória.

Em seguida Lucio Costa foi convidado por Capanema a executar o projeto, com a necessária anuência de Vargas. Costa decidiu formar um grupo com os outros modernos que haviam participado do concurso: Affonso Reidy, Carlos Leão e Jorge Moreira. A eles se juntaram Ernani Vasconcelos e Oscar Niemeyer. Costa e equipe, a partir de abril, durante um mês e meio, mantiveram a rotina de encontros todos os dias no edifício Nilomex, esquina da avenida Nilo Peçanha com a rua México, no Centro do Rio.

Numa das tardes da primeira semana, a pedido do chefe do grupo, Carlos Leão faltou ao escritório. Foi a Santa Teresa pedir a Alberto Monteiro de Carvalho[17] que fizesse uma sondagem a Le Corbusier sobre a possibilidade de sua consultoria para o projeto da jovem equipe. Além do desejo de realizar a melhor obra possível, Costa, bom estrategista que era, procurava se precaver, com um expoente internacional, contra as reações dos tradicionalistas que haviam tido como aliado, em sua estada brasileira, no ano anterior, o italiano Marcello Piacentini.[18]

De março a junho, seis cartas foram trocadas entre Le Corbusier e Monteiro de Carvalho enquanto, em tempo menor, nas pranchetas de um andar do edifício Nilomex, lapiseiras riscavam as feições da nova sede, assim descrita pelo próprio

---

17 A casa da mãe de Carlos Leão, sócio de Lucio Costa e integrante do grupo local, era uma espécie de "salão moderno" frequentado, entre outros, pelo engenheiro Alberto Monteiro de Carvalho. Homem de posses, dono de uma residência em Paris, aproximara-se de Le Corbusier desde a viagem ao Rio de 1929. Era, portanto, o intermediário perfeito para um convite ao mestre francês.

18 A vinda de Marcello Piacentini foi copatrocinada pelos governos italiano e brasileiro para orientar a edificação da Cidade Universitária no Rio de Janeiro. Era o mais destacado arquiteto italiano e autor do projeto da Universidade de Roma. Fora da esfera estatal, foi encarregado por Ciccillo Matarazzo da construção da sede de sua empresa no centro paulistano. Desinteressa-se do Brasil quando, nas graças de Benito Mussolini, tornou-se o principal arquiteto do fascismo italiano.

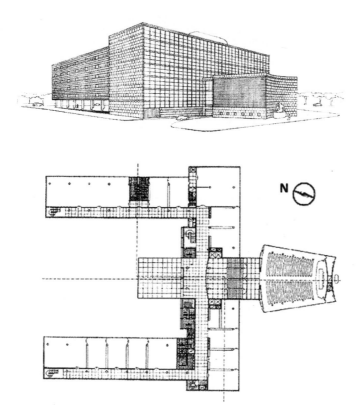

Projeto em "U" do grupo brasileiro para o edifício do Ministério da Educação e Saúde.

Lucio:

> um bloco mais alto [...] com a fachada sul envidraçada e quebra-sol na fachada norte, mas dispondo de pavimento térreo com saguão ligado ao auditório, construção esta solta do bloco principal ao qual se articulavam, do lado oposto, ou seja, norte, duas alas de menor altura, sobre pilotis baixos, enquadrando a entrada com um pórtico carroçável, precedido por um espelho d'água e pela escultura do Celso Antônio intitulada *Homem em pé* cujo modelo já estava pronto. Nas salas de trabalho dessas alas laterais, orientadas para leste, as janelas eram corridas, enquanto as galerias de acesso, voltadas para o poente, dispunham em cada tramo, de uma pequena janela quadrada, prevendo-se revestimento externo com granito rosa do Joá.[19]

---

19 Ver "Relato pessoal 1975". In: *Registro de uma vivência*, op. cit., p. 135.

Em meados de maio Lucio Costa, acompanhado por Carlos Drummond, comunicou ao ministro Capanema, que, embora satisfeito com o resultado alcançado, dada a magnitude da obra, considerava prudente e necessária a vinda de Le Corbusier como "'inseminador e parteiro' para ajudar a criança a nascer".[20] Percebia que, do resultado da empreitada, dependeria a disseminação do modernismo no país. Tratando-se de um prédio com escala inédita em termos mundiais, nada melhor que as "mãos talentosas mas inexperientes dos cariocas"[21] tivessem o respaldo do mestre no seu risco original. Costa desejava assegurar que o moderno não fosse exercido como um novo "ismo", tão superficial e inócuo quanto o ecletismo. "Que venha de dentro para fora e não de fora para dentro, pois o falso modernismo é mil vezes pior que todos os academicismos."[22]

Que outro jovem arquiteto com a oportunidade de realizar sozinho uma obra consagradora formaria um grupo para executá-la? Qual profissional, após o trabalho pronto do grupo que chefiava, retardaria o início da obra e pediria a consultoria de um expoente internacional? Qual jovem se disporia a acompanhar o ministro numa audiência com o todo-poderoso ditador para defender a vinda de Le Corbusier, com tanto vigor que Capanema o puxou pela aba do paletó para reduzir sua eloquência? Todas as perguntas são respondidas por sete palavras: Lucio Marçal Ferreira Ribeiro de Lima Costa.

Quem foi afinal Lucio Costa? Como se constituiu um homem com tamanha integridade?

COSMOPOLITA E BRASILEIRO

Dois aspectos, raros de estarem juntos num só indivíduo, eram marcantes em Lucio Costa: a brasilidade e o internacionalismo. Essas duas qualidades muito lhe ajudaram a estabelecer uma relação respeitosa mas nada subserviente com Le Corbusier, como acompanharemos na troca epistolar entre eles.

Sua infância foi cosmopolita. Filho de uma amazonense e de um baiano,[23] engenheiro naval, a serviço no exterior, Lucio nasceu em Toulon, França, no ano de 1902. Com poucos meses voltou para o Rio e, a partir de 1910, morou seis

---

20 Ver "Alerta, 1986". In: *Registro de uma vivência*, op. cit., p. 142.

21 Em depoimento de Lucio Costa. In: Lauro Cavalcanti. *Dezoito graus, a biografia do Palácio Capanema*. São Paulo: Olhares, 2018, p. 38.

22 Ver "Enba 1930-31". In: *Registro de uma vivência*, op. cit., p. 68.

23 Filho do engenheiro naval Joaquim Ribeiro Costa e de Alina Ferreira da Costa. (N.d.O.)

anos na Europa, mais especificamente na Inglaterra, França e Suíça. Na capital carioca, com 15 anos, "ainda vestido de menino inglês e muito mais moço que os outros, sempre fui respeitado porque desenhava melhor que eles",[24] iniciou os estudos e a prática de arquitetura. Em 1926, "por motivos sentimentais insolúveis",[25] aproveitou a bolsa que o Lloyd concedia aos melhores alunos de belas-artes para uma temporada de um ano entre a França, Inglaterra e Itália. Em 1927 embarcou no porto do Havre, de modo definitivo, para o Rio de Janeiro. A experiência europeia lhe valeu conhecimento e sofisticação, mas não lhe tirou, em nada, a brasilidade:

Retrato de Lucio Costa quando jovem.

> O fato de ter passado a infância fora do país faz com que *me sinta mais integralmente, mais "equilibradamente" brasileiro*, livre das baldas regionalistas daqueles outros, de filiação portuguesa, nativa ou africana, nascidos aqui e ali; ou daqueles brasileiros de outras ascendências: europeias – nórdicas ou mediterrâneas –, mulçumanas, israelenses ou asiáticas. Sinto-me assim *em casa*, das orlas do Atlântico à Chapada dos Guimarães, do Oiapoque ao Chuí, como se diz.[26] (grifos meus)

De 1922 a 1928, sua bem-sucedida prática profissional foi eclético-acadêmica. Na primeira tentativa de inovação aderiu à escola neocolonial que se propunha criar uma arquitetura nacional e pan-americana, inspirada na arquitetura portuguesa e espanhola do período colonial. Percebeu, contudo, a mesma artificialidade na mera troca de referência passadista: da Grécia e Europa antigas para a Ibero-América. Observou como, a partir do século XIX, os enfeites eram estandardizados e não mais realizados de modo individual, talhado por artistas. Com o avanço da técnica construtiva as decorações eram superpostas a uma estrutura que já tornava pronta a edificação. Por que a arquitetura devia ficar alheia aos novos tempos? Era-lhe necessário mais...

Um dos aspectos positivos ao longo de sua trajetória foi a capacidade de duvidar do próprio percurso, o que o levou a desacelerar a bem-sucedida carreira de seu escritório carioca: "Eu só era procurado por pessoas desejosas de morar em casas de 'estilo' [...] contrafações que, depois do meu batismo contemporâneo, já não conseguia perpetrar."[27]

---

24 Ver "À guisa de sumário". In: *Registro de uma vivência*, op. cit., p. 12.

25 Ibid., p. 15.

26 Ver "Bandeira". In: *Registro de uma vivência*, op. cit., p. 49.

27 Ver "Eva?". In: *Registro de uma vivência*, op. cit., p. 81.

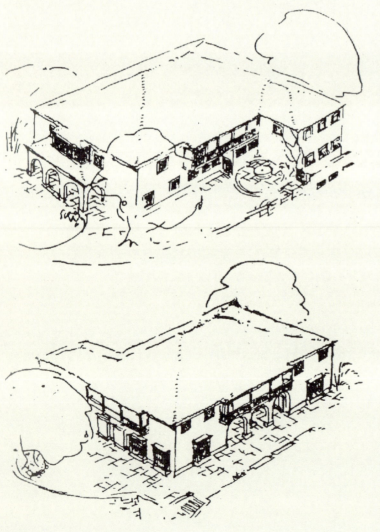

Casou-se, em 1929, com Julieta Guimarães, indo morar em Correias, Petrópolis, na casa de seu sogro. Foi um período de disponibilidade e estudo: na serra fluminense debruçou-se sobre o trabalho de Walter Gropius, assim como lhe fascinou a "obra verdadeiramente notável de Mies van der Rohe".[28] Sem novos clientes e com os antigos lhe encomendando casas tradicionais que não podia mais fazer, Costa se dedicou a ler em profundidade a obra de Le Corbusier:

> [...] é nessa obra grandiosa de abrir o caminho conveniente à indústria que, em todo o mundo, inúmeros arquitetos se empenham com fé, alguns com talento,

---

[28] Mies van der Rohe [Ludwig Mies van der Rohe] (1886-1969). Arquiteto alemão naturalizado americano, um dos principais nomes da arquitetura do século XX. [N.d.O.] Ver "Razões da nova arquitetura, 1934". In: *Registro de uma vivência*, op. cit., p. 115.

e um – com gênio. Todos, porém, de acordo com o seguinte princípio essencial: a arquitetura está além – a tecnologia é o ponto de partida.[29]

Num curto período trabalhou como arquiteto no Palácio do Itamaraty até que, após a Revolução de 1930, por sugestão de Manuel Bandeira e Rodrigo Melo Franco, foi nomeado diretor da Escola Nacional de Belas Artes, com a incumbência de modernizar o ensino de arte e arquitetura. Nas suas palavras: "[...] orientar o ensino artístico no sentido de uma perfeita harmonia com a construção. Os clássicos serão estudados como disciplina; os estilos históricos como orientação crítica e não para aplicação direta."[30] A maioria dos estudantes o apoiou mas a forte reação dos professores tradicionalistas ocasionou uma greve de seis meses e a subsequente demissão de Costa. Daí em diante sua atividade se resumiu ao escritório com Gregori Warchavchik, por ele convidado para dar aulas de projeto na Escola Nacional de Belas Artes e, com quem, a partir de 1932, manteve um escritório que, entre algumas casas de clientes prósperos, fez, em 1933, o emblemático prédio dos Apartamentos Econômicos da Gamboa. Colocava em prática um princípio do criador de *Por uma arquitetura* a mesma estética para a residência do pobre ou rico. Na primeira metade dos anos 1930, apesar de lhe faltarem clientes, Costa frequentava o círculo mais sofisticado de artistas e intelectuais modernos, tornando-se referência para uma nova arquitetura, havendo sido por três vezes citado no seminal *Casa-grande e senzala*, de Gilberto Freyre.

Apartamentos Econômicos da Gamboa (RJ), projeto de Lucio Costa e Gregori Warchavchik.

À esquerda, os dois projetos para Casa Fontes, de Lucio Costa.

EPÍSTOLAS EM TORNO DO MINISTÉRIO (1936-1950)

NA PELE DE UM TEÓRICO

Não foi para Monteiro de Carvalho uma tarefa árdua convencer Le Corbusier a passar uma nova temporada profissional no Brasil; a situação profissional não se mostrava muito favorável a ele no Velho Continente. O mercado estatal francês era muito hierarquizado, a começar pela École des Beaux Arts: aos

---

29 Ibid., p. 114.

30 Ver "Enba 1930-31". In: *Registro de uma vivência*, op. cit., p. 68.

catedráticos tocavam as obras públicas na capital, aos recém-formados, laureados com o Prix de Rome, cabiam obras no interior e aos demais arquitetos formados pela escola, os projetos governamentais nas colônias francesas noutros continentes. Le Corbusier, suíço de nascimento e formação, não recebia nenhuma encomenda oficial. Igualmente inférteis provaram-se suas tentativas de convencer industriais franceses a desenvolver uma produção em série de suas "máquinas de morar". Fizera algumas residências secundárias para milionários progressistas e colecionadores de arte moderna; construíra, não sem muita resistência local, em 1928, o Centrosoyuz na União Soviética, mas estava, praticamente, confinado ao papel de escritor de uma vanguarda arquitetônica. Considerava-se o cruzado de um novo lirismo que adviria do uso plástico e puro das novas tecnologias – mas tornava-se imprescindível demonstrar, na prática e em grande escala, a factibilidade de seus projetos.

Dentre os temas essenciais da correspondência entre Monteiro de Carvalho e Le Corbusier, destacam-se: apresentar Lucio Costa, "que para mim é o mais criativo dos arquitetos brasileiros",[31] chefe do grupo que se encarregava da nova sede do Ministério da Educação; propor a vinda de Le Corbusier por três meses para fazer conferências e atuar como consultor do projeto da Cidade Universitária. Acena com o fato de o Brasil ser, por "nunca ter tido arquitetura própria, o país ideal para uma arquitetura internacional", mas o alerta que "o nacionalismo está em moda", havendo uma proibição de arquitetos estrangeiros assinarem projetos em território nacional. Termina incentivando-lhe a viagem para "ao menos dirigir o projeto aproveitando os arquitetos brasileiros".[32]

Em sua resposta de 30 de março de 1936, Corbusier explicita: "O essencial é a minha eventual participação na construção do Ministério da Educação"[33] e se curva às exigências da legislação brasileira: "[...] ofereço a minha participação com a maior satisfação e, tendo em vista suas novas leis de proteção nacionalista, estou perfeitamente disposto a *guardar anonimato* se isso puder ser útil." (grifos meus)

Numa de suas cartas, o autor de *Por uma arquitetura*, então com 49 anos, disse que já havia passado da idade de viajar para fazer conferências, era-lhe essencial edificar no Brasil: "É necessário que eu construa, de qualquer jeito, senão morrerei na pele de um teórico, o que me desagrada." Suas crenças no país e nas

---

31 Carta de Monteiro de Carvalho a Le Corbusier. In: Cecília Santos et al. *Le Corbusier e o Brasil*. São Paulo: ProEditores, Tessela, 1987, p. 134.

32 Id.

33 Ibid., p. 135.

suas perspectivas profissionais não eram pequenas, pedindo para ser apresentado ao presidente do Brasil, o que não ocorreu.[34] Discutiram o tamanho da estada, a remuneração e o meio de transporte. Le Corbusier logrou diminuir de três meses para um mês a temporada carioca, mas teve frustrados a época preferida (agosto a setembro) e o navio como o meio do transporte: "Zeppelin? Não tenho a menor vontade de ir de Zeppelin – gostaria, pelo contrário, de tomar bem burguesamente o navio que demora 11 dias que podem se constituir em dias de repouso e meditação [...]"[35] Chegou no dia 13 de julho ao Rio, após escala no Recife, a bordo do dirigível Hindemburgo.

Durante quase quatro meses o serviço postal conectou o escritório parisiense no 35 rue de Sèvres à casa dos Monteiro de Carvalho em Santa Teresa e, finalmente, fez chegar ao 7º *Arrondissement* as palavras do poeta Carlos Drummond, assinadas pelo ministro Capanema, selando oficialmente a nova temporada brasileira.

Costa só escreveu a Le Corbusier no dia 26 de junho, dezessete dias antes de sua chegada, iniciando-a do modo mais direto possível: "Agora que sua viagem está certa, gostaria de relatar-lhe os antecedentes que permitiram sua realização, e onde o acaso teve o seu papel."[36]

O arquiteto francês, às voltas com organizar a rotina do escritório para o mês de sua ausência, não teve tempo de elaborar uma resposta. Por outro lado, a carta direta e sem rodeios de Costa, pode ter feito Le Corbusier pensar que a melhor resposta seria uma conversa presencial, a meia-voz. Não é fantasioso pensar que ele só tenha podido lê-la enquanto preparava a bagagem, no trem Paris-Frankfurt ou já a bordo do aeróstato. Não se sabe, ao certo...

O tom da escrita definiu e prenunciou o comportamento estável que Lucio Costa estabeleceu ao longo de toda a colaboração: reivindicação da iniciativa, respeito, admiração, demonstração de um entendimento intelectual sofisticado, além da descrição, sem rodeios, do nível cultural, social e político brasileiro. Continuou Costa: "Pois a sua vinda não é normal, quero dizer, não é a consequência lógica de um estado de espírito coletivo ou, mais modestamente, do estado de espírito de uma elite que estaria inclinada a compreender sua mensagem [...]"[37]

---

[34] Em 1929, por intermédio de Paulo Prado, Le Corbusier relatara seus planos a Júlio Prestes, eleito presidente, mas derrubado pela Revolução de 1930. In: Lauro Cavalcanti. *Dezoito graus*, op. cit., p. 16.

[35] *Post-scriptum* da carta de 15 jun 1936. In: Cecília Santos et al. *Le Corbusier e o Brasil*, op. cit., p. 140.

[36] Carta de Lucio Costa a Le Corbusier em 26 jun 1936, na p. 37 deste livro.

[37] Id.

A carta poderia ser definida como uma vacina para preparar o mestre contra as endemias intelectuais dos trópicos e prevenir-lhe para baixar suas expectativas contidas no início da primeira missiva que Le Corbusier endereçou a Monteiro de Carvalho: "Fico muito contente com sua carta de 21 de março. Teria chegado a hora em que as sementes plantadas (em 1929) na América do Sul começaram a germinar?"[38]

Lucio Costa qualificou o movimento de 1930 como "uma revolução à brasileira (com r minúsculo, não é preciso dizer)".[39] E sublinhou o conservadorismo ignorante da minúscula elite brasileira que só conhece o nome Le Corbusier pois leu alguma coisa aqui e acolá: "Máquina de morar, como você bem sabe, deu a volta ao mundo, sem que se tenha compreendido seu verdadeiro sentido (a ideia 'máquina' é candidamente ligada àquela de engrenagens, ruelas etc.)."[40] E acentuou que praticamente todos ignoravam que a nova plástica lírica estava intrinsecamente relacionada ao "futuro da realização de um equilíbrio social novo que se impõe".[41]

Explicitou o oásis de intelectuais progressistas reunidos no Ministério da Educação. Graças a eles,[42] seis anos antes, fora levado à direção da Escola de Belas Artes do Rio, baluarte dos arquitetos tradicionalistas cariocas, e assim descreve sua experiência: "Em estado de graça e com a fé intransigente própria aos convertidos, dediquei-me a salvar os jovens da escola; nove meses depois [...] colocaram-me no olho da rua, xingando-me dos piores nomes."[43]

Destacou o fato de o ministro Capanema ter como chefe de gabinete Carlos Drummond de Andrade: um poeta; isto é, uma pessoa que, tal Manuel Bandeira, possui o sentido profundo das realidades "verdadeiras" e sabe transmiti-las. Os dois perceberam que a proposta vencedora do concurso "era simplesmente banal". E Drummond convenceu o ministro a encomendar-lhe o projeto com um grupo de arquitetos.[44] Com fino humor, Costa recomendou que os nomes

---

38 Carta de Le Corbusier a Monteiro de Carvalho. In: Cecília Santos et al. *Le Corbusier e o Brasil*, op. cit., p. 135.

39 Carta a Le Corbusier de 26 jun 1936, na p. 38 deste livro.

40 Ibid., p. 37.

41 Id.

42 Rodrigo Melo Franco, Carlos Drummond e Manuel Bandeira. O ministro de Educação e Saúde era, a essa época, Francisco Campos.

43 Na definição de Costa, a sua conversão às ideias de Le Corbusier se deu "como uma coisa total, um bloco límpido" que envolvia mudança estética, psicológica e social. Ver pp. 37-38 deste livro.

44 A elegância abstém Costa de lhe informar que foi individualmente convidado e partiu dele a ideia e a composição do grupo.

de Drummond e Bandeira sejam memorizados observando, contudo, que Le Corbusier não devia deduzir que no Brasil abundavam poetas: "Daí não concluir que os poetas cresçam aqui como cogumelos; muito pelo contrário, temos apenas três ou quatro por 8.552.000 km². "[45]

Foi sucinta a reação de Costa à pergunta de Capanema sobre o convite que fizera a Piacentini para coordenar a construção da Cidade Universitária. "É lamentável, respondi. [...] Há centenas de Piacentinis, por toda parte e em todo momento, são necessários séculos de intervalo para que surja um Le Corbusier."[46]

Em outro parágrafo demonstrou a ousadia do discípulo que Le Corbusier havia arregimentado na América do Sul, ao descrever a engenhosidade da proposta para a localização da Cidade Universitária:

> [...] sobre a água como uma verdadeira cidade lacustre, na Lagoa Rodrigo de Freitas, de que talvez você ainda se lembre. [...] A inteligência muito lúcida do ministro Capanema parece-me inclinada a aceitar, em princípio, a ideia. Teme apenas o escândalo da imprensa, a reação da opinião pública [...] Nessas condições, sua viagem ao Rio parece-nos providencial.[47]

Contrastando com a ousadia do "*campus* lacustre", Costa reivindicou para os brasileiros a condição de seguidores: "a arquitetura é de todas as artes, aquela que menos se presta aos impulsos do individualismo. Se, excepcionalmente, arquitetos de gênio podem parecer de uma originalidade desconcertante aos olhos de seus contemporâneos (Brunelleschi, no começo do século XV, atualmente Le Corbusier). Para nós [...] que não temos gênio, nem talento – a tarefa é bem mais modesta: respeitar, adaptando-os a circunstâncias particulares e precisas, os novos princípios e as novas relações de ordem plástica genialmente estabelecidas pelos verdadeiros precursores."[48]

---

45 Nas contas de Lucio Costa, o Brasil teria, em 1936, um poeta a cada 2.000.000 km².

46 Ver p. 39 deste livro.

47 Ver p. 40 deste livro.

48 Essa posição seria relativizada quando despertou o talento de Oscar Niemeyer no desenvolvimento do projeto de Le Corbusier. Lucio Costa a explicitou na carta a Rodrigo Melo Franco situando Niemeyer no mesmo patamar de Aleijadinho, outro gênio que a historiografia moderna resgatou do esquecimento. Trazendo-o à tona, honrando-lhe a genialidade, a partir dos anos 1930. O texto seminal de Costa defendendo a construção moderna na cidade histórica mineira constitui, muito possivelmente, uma obra de arte de valor igual ou superior ao do próprio Grande Hotel de Ouro Preto. (Apud Lauro Cavalcanti. *Moderno e brasileiro: a história de uma nova linguagem na arquitetura (1930-60)*. Rio de Janeiro: Jorge Zahar, 2006, pp. 114-115).

Costa encerrou a carta de um modo tão direto quanto começou. Preveniu Le Corbusier que uma de suas tarefas com o ministro seria opinar sobre a qualidade do projeto dos brasileiros: "Se não gostar dele, diga-nos sem rodeios, mas peço-lhe: não diga bruscamente ao sr. Capanema: 'É feio... eles não me entenderam' – porque nesse caso estaríamos perdidos, uma vez que os 'outros' já o proclamaram e nós o estamos tomando como testemunha." O fecho da carta foi simpaticamente íntimo: "*Voilà et a bientôt.*"[49]

GUANABARA

Aos olhos de Le Corbusier a chegada pelo ar conseguiu superar a beleza da entrada de navio na baía de Guanabara que ele vivenciara em 1929: "Verde e rosa são as terras do Rio, verde sua vegetação, azul seu mar."[50] Ao desembarcar ficou alegre e, de certo modo, surpreso com a juventude do grupo de arquitetos que foi lhe acolher, dando a Costa impressão que os imaginou seus auxiliares.

Aos 34 anos, um profissional cônscio do próprio valor, havia enfrentado catedráticos de várias origens e sabido evitar uma relação de subserviência com Frank Lloyd Wright quando, seis anos antes, este aportou no Rio, com ares de prima-dona.[51] Por maior e mais genuína que fosse sua admiração por Le Corbusier, essa experiência só daria bons frutos se conduzida em termos de cooperação entre um companheiro mais velho, que estabeleceria as regras, mas permitiria que os mais novos desenvolvessem suas capacidades de jogar.

No dia seguinte, antes de iniciarem o primeiro encontro, com o exercício diplomático da franqueza, Costa reiterou a Le Corbusier o que já lhe havia escrito: ele mesmo havia sido o idealizador de sua vinda e aqueles que, por sua juventude, poderiam parecer meros auxiliares eram, na verdade, os parceiros de projeto. Apresentou-lhe cada integrante da equipe, com pequenas frases sobre cada um, e passou a palavra a Le Corbusier. A reunião foi bastante rápida, com elogios e críticas cuidadosas ao projeto do grupo e as linhas gerais do que iriam fazer. Propôs um passeio a pé para verem o terreno, a apenas centenas de metros de distância. Partindo da esquina da rua Nilo Peçanha com a rua

---

49 Ver pp. 40-41 deste livro.

50 Le Corbusier. *Precisões: sobre o estado presente da arquitetura e do urbanismo (1930)*. São Paulo: Cosac Naify, 2004, pp. 19-20.

51 Depoimento de Lucio Costa a Lauro Cavalcanti, em 1987.

México, desceram na direção do mar na recém-aberta avenida Graça Aranha; avistaram alguns poucos edifícios e a marcação das avenidas e lotes a serem construídos. Leão indicou-lhe o local do prédio da Associação Brasileira de Imprensa (ABI) e, imediatamente atrás do terreno da sede que iriam projetar, os lugares reservados aos Ministérios da Fazenda e do Trabalho.

Le Corbusier observou que o novo prédio seria tragado pelo desenvolvimento da cidade e dos prédios ao redor. Apontou a necessidade de maior destaque no conjunto urbano, de modo a constituir, verdadeiramente, um exemplo. Pensava que deveria estar voltado para o mar, com visibilidade destacada para todos que chegassem à cidade, de navio ou aeroplano. Sugeriu que, na manhã seguinte, antes de irem para o escritório, circulassem de carro na avenida Beira-Mar para estudar opções.

Pareceu-lhe ideal uma área, conhecida como Ponta do Calabouço,[52] que havia sido aterrada nas proximidades de onde seria o terminal de passageiros do aeroporto. Adorou o fato de o local estar completamente fora da trama da cidade antiga, de onde se avistava o tímido *skyline déco* e, na outra direção, o Pão de Açúcar. Para Le Corbusier era o sítio perfeito, restando saber qual o gabarito permitido, pela proximidade das pistas de pouso e decolagem. Como, no entanto, a área era enorme e sua intenção era um prédio predominante horizontal, não anteviram qualquer problema.

Acima e a seguir, montanhas do Rio de Janeiro, desenhadas por Le Corbusier.

---

52 Nas redondezas do local onde futuramente foi construído o Museu de Arte Moderna do Rio de Janeiro.

O PRIMEIRO PROJETO DE LE CORBUSIER

Aproximadamente duas semanas depois, Le Corbusier começou a mostrar-lhes seu plano do ministério à beira-mar. De modo elegante ou, no dizer de Lucio Costa, num generoso *understatement*, abriu a conversa dizendo-lhes que havia, simplesmente, "aberto as asas de vosso projeto". Propôs um edifício sobre pilotis, com perfil baixo e alongado. O térreo ficaria quase completamente livre de construção pois somente o auditório não estaria suspenso, graças às técnicas modernas, que possibilitavam usar em grande escala esse recurso milenar para desembaraçar o terreno. Em suas palavras: "Conservo esta esplanada natural e plana, de modo que o Palácio da Educação possa receber as multidões que, esperemos, sejam atraídas por espetáculos e concertos."[53]

No ar, solos horizontais de concreto armado se sucederiam, ancorados nos pilares que atravessariam verticalmente todos os pisos. Limitando-os, peles de vidro formariam límpidos prismas com as laterais menores cegas. No topo seria necessário colocar o teto-terraço ao abrigo do sol quente para que não houvesse fissuras pelas quais a água da chuva viesse a se infiltrar. Para tanto, jardins seriam criados no teto das construções, onde cresceriam árvores e plantas que protegeriam, termicamente, o último andar, criando o espaço agradável de um belvedere sobre a baía de Guanabara.

Os olhos dos jovens arquitetos brilharam com o modo, a um só tempo, sofisticado e simples, de apresentação da arquitetura. Uma cortina de vidro sustentada por um esqueleto estrutural que dispensava as paredes externas e internas; divisórias só para organizar o espaço, alvenaria para conter as instalações de água, e uma veneziana externa para proteger do sol inclemente da fachada norte.

RETORNO AO TERRENO ORIGINAL

O terreno à beira-mar era de propriedade da Prefeitura do Distrito Federal e o prefeito Henrique Dodsworth encontrava-se em viagem a Buenos Aires. O único modo de agilizar a transferência do terreno para o âmbito federal seria uma interveniência direta do ditador-presidente.

Com os protestos dos acadêmicos nos frequentes artigos que faziam publicar na imprensa carioca, levantar alguma questão sobre o prédio e convocar, de

---

53 Em Lauro Cavalcanti. *Dezoito graus, a biografia do Palácio Capanema*, op. cit., p. 103.

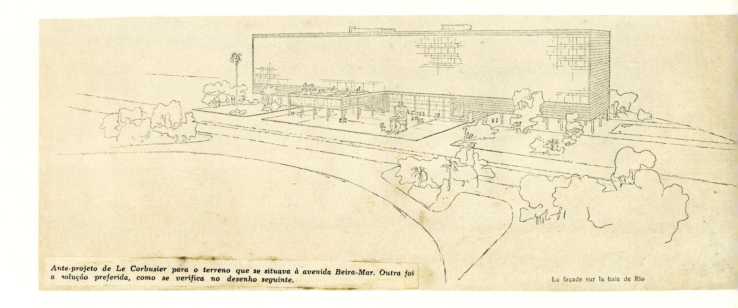

Ante-projeto de Le Corbusier para o terreno que se situava à avenida Beira-Mar. Outra foi a solução preferida, como se verifica no desenho seguinte.

La façade sur la baie de Rio

novo, Getúlio para o meio da cena arquitetônica seria mexer num vespeiro. Melhor se contentarem com o terreno já disponível do que abrirem um flanco e botarem tudo em risco.

Le Corbusier ficou muito decepcionado e aflito, pois embarcaria de volta para a Europa em poucos dias. Refeito do golpe, com Lucio e Oscar, recomeçou a examinar o terreno original, muito estreito para conter a lâmina, na orientação adequada norte-sul, respeitando o número de andares permitido. A única alternativa seria situá-lo paralelo à avenida Graça Aranha, provocando a sensação de "rua-corredor", tudo que desejava evitar. Trabalhou em ritmo acelerado para deixar o anteprojeto pronto antes de pegar o navio.

Elaborou outro esboço para o terreno de 71 x 91 metros na Esplanada do Castelo, onde o prédio seria finalmente construído. O desenho de Le Corbusier propôs uma longa lâmina de oito andares sobre pilotis com quatro metros de altura, paralela à avenida Graça Aranha. Um bloco baixo, perpendicular ao eixo desse elemento principal, com a mesma configuração do projeto anterior, conteria o auditório e a sala de exposições que, dessa feita, tocavam o elemento vertical, sem atravessá-lo.

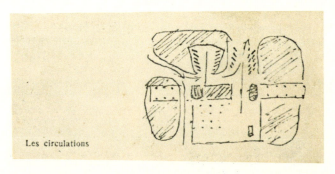

Les circulations

Recherche d'un terrain favorable. Un terrain était disponible au bord de l'aéroport

Acima e a seguir, plano do Ministério à beira-mar, desenho por Le Corbusier.

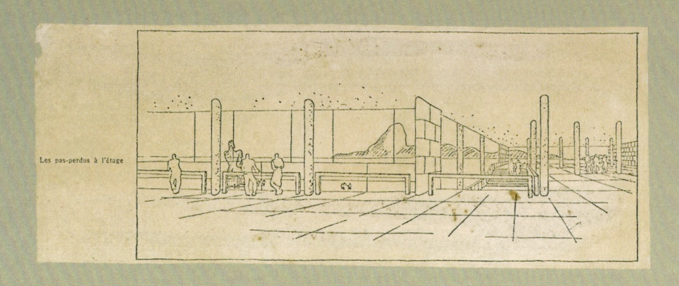

Les pas-perdus à l'étage

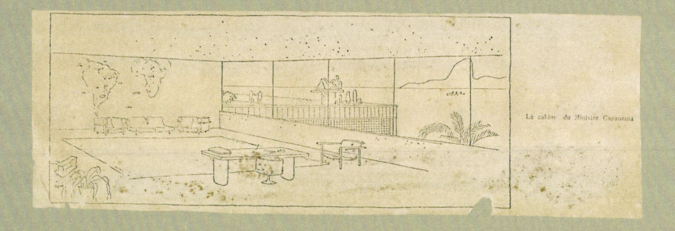

Le cabinet du Ministre Capanema

FACHADA PARA A R. DA IMPRENSA

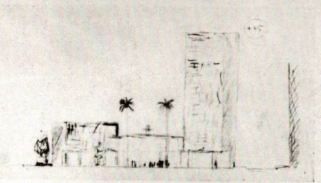

FACHADA PARA R. ARAUJO PORTO ALEGRE

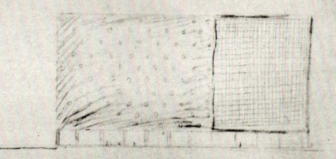

FACHADA PARA A AV. GRAÇA ARANHA

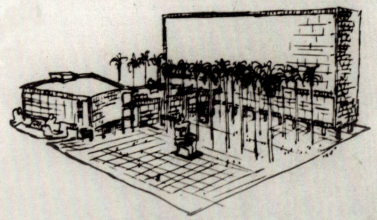

PERSPECTIVA

SOLUÇÃO DE OSCAR NIEMEYER

Depois da partida de Le Corbusier, o grupo nacional já havia girado o prédio de modo a torná-lo perpendicular em relação à avenida principal, criando uma praça pública. Para conseguir acomodar os metros quadrados necessários, cresceram o gabarito para 14 andares, por sugestão de Lucio Costa, uma vez que a construção estava fora do diâmetro de segurança do aeroporto.

Oscar Niemeyer imaginou como ficaria melhor se aumentasse a altura das colunas para o dobro ou mais, de modo a criar uma escala acolhedora, permitindo que o auditório e o bloco de exposições atravessassem por baixo da lâmina como um só bloco contínuo. Mais cedo que de hábito chegou ao escritório e colocou a ideia no papel. Mostrou o esboço aos companheiros, que se entusiasmaram com a solução. Deixado só, Oscar reexaminou seu desenho e pensou que era muita ousadia interferir tanto. Arrancou-o da prancheta e jogou-o na lata de lixo. Leão recuperou-o para mostrá-lo mais tarde a Costa.

Uma hora depois, Lucio se aproximou de Oscar para lhe dizer que adorara a sugestão pois trazia clareza maior aos volumes e convidava o público a atravessar a esplanada. E, com generoso sorriso, disse-lhe que seria nessa direção que o grupo iria trabalhar.

À esquerda, desenho de Le Corbusier para o Ministério da Educação e Saúde.

Abaixo, croquis do projeto do Ministério da Educação e Saúde construído.

OK DE JEOVÁ

Já no dia seguinte os jovens arquitetos se lançaram à tarefa de fazer novo projeto com 12 andares, orientado para o sul e perpendicular à avenida Graça Aranha, eliminando o efeito de "rua-corredor".[54] Costa determinou, desde logo, a Emilio Baumgart, engenheiro, que no cálculo estrutural considerasse 14 pavimentos. Em suas palavras, determina: "a previsão de fundações capazes de suportar a carga definitiva, isso porque eu, como bom carioca, entendia que, com o tempo, a coisa se resolveria. E assim de fato ocorreu."[55]

Oscar Niemeyer, do jovem que desenhava bem e ficava ao lado de Le Corbusier, passou a liderar os trabalhos. Em 12 de outubro o anteprojeto estava pronto e entregue a Gustavo Capanema que o submeteu às várias instâncias do governo encarregadas de aprovar o erguimento de um novo prédio público.

Lucio Costa enviara o plano completo para a aprovação de Corbusier. Como não obteve resposta aproveitou a viagem de Monteiro de Carvalho para fazê-lo chegar às mãos do mestre. Um simpático bilhete, datado de 3 de julho de 1937, acompanhou os desenhos de arquitetura:

> E agora o prédio do Ministério, reconhecida a impossibilidade de construí-lo no magnífico terreno que você escolheu – pois seria necessário fazê-lo muito mais baixo e sem poder ampliá-lo no futuro, por causa do aeroporto; e reconhecido, por outro lado, que a "múmia" já estava bem morta – fizemos *um novo projeto diretamente inspirado em seus estudos*. (grifos meus) Oscar, que após a sua partida tornou-se a estrela do grupo, é o principal responsável por ele e aguarda, emocionado sem dúvida – como todos nós, de resto – o ok de Jeová.[56]

A resposta de Le Corbusier, em 13 de setembro de 1937, foi muito acolhedora:

> O seu edifício do Ministério da Educação e Saúde Pública parece-me excelente. Diria mesmo: animado de um espírito clarividente, consciente dos objetivos; servir e emocionar. Ele não tem esses hiatos ou barbarismos que frequentemente, aliás em outras obras modernas, mostram que não se sabe o que é harmonia. Ele está sendo construído?

---

54 Um dos principais "inimigos" do urbanismo moderno: ruas sombreadas pelos prédios paralelos, formando um "desfiladeiro urbano".

55 Ver "Relato pessoal, 1975". In: *Registro de uma vivência*, op. cit., p. 136.

56 Carta de Lucio Costa a Le Corbusier de 3 jul 1937, na p. 50 deste livro.

Sim? Então tanto melhor, e estou certo de que será bonito. Será como uma pérola em meio ao lixo "agáchico". Meus cumprimentos, meu "Ok" (como você reclamava).[57]

NO CANTEIRO DE OBRAS

As obras do Ministério se arrastaram... Dificuldades burocráticas para aprovação atrasaram a cerimônia da pedra fundamental para 24 de abril de 1937. Tratando-se do primeiro prédio em grande altura com pele de vidro, as dificuldades técnicas não foram poucas... Oscar e Lucio relataram a ansiedade com que, do outro lado da rua, acompanharam a fixação dos primeiros panos de vidro. As verbas federais foram, algumas vezes, contingenciadas e tudo parava. O orçamento foi considerado elevado e Lucio Costa teve de redigir uma longa justificativa explicando a necessidade de boas obras de arte e materiais nobres, já que um palácio não podia ser feito com materiais de fácil e rápida deterioração. Artigos na imprensa atacavam o empreendimento como um capricho do ministro Capanema, induzido pelos intelectuais esquerdistas que o cercavam, tratando o prédio com desrespeito e incompreensão. A política no Brasil não estava nada amena: uma ditadura local, com simpatia pelos regimes totalitários italiano e alemão, estava em dúvida de permanecer neutra, lutar pelo Eixo ou unir-se aos Aliados para defender a democracia mundial.

A lembrança da Intentona Comunista, em novembro de 1935, encorajava os opositores que buscavam reduzir o modernismo a uma expressão do bolchevismo internacional. Em 21 de setembro de 1937, Lucio Costa anunciou seu afastamento da construção a Carlos Drummond e ao ministro Capanema. Na essência iguais, o bilhete ao poeta e chefe de gabinete foi mais longo e íntimo:

Gabinete do ministro Gustavo Capanema com Carlos Drummond de Andrade à esquerda e outros servidores.

---

57 Carta de Corbusier a Lucio Costa de 13 set 1937, citada por Lucio Costa em carta de 27 de novembro de 1949, na p. 78 deste livro.

> Carlos, sinto-me doente. Deixo, temporariamente, com o Reidy, o Niemeyer, o Moreira e o Leão a tarefa do ministério. Esta resolução não se prende ao caso da Cidade Universitária, que terá servido, quando muito, para me deixar mais à vontade, pois antes me teria sentido um pouco desertor – agora não.[58] [...] Você compreende, Carlos, devo tanto a você e ao dr. Capanema que não interromperia de forma alguma o serviço, sem motivo sério para o fazer. Aliás, o projeto pouca coisa tem de meu e muito mais dos amigos: ficará em boas mãos.

A resposta do ministro foi incisiva, liberando-o da fiscalização que poderia ser feita pelo serviço de obras, mas exigindo sua presença nas decisões mais significativas: "Carlos: diga ao Lucio o seguinte: 1º) que *só aceitei o projeto porque ele me disse de que o devia aceitar*. [...] 3º) que a parte importante, a realizar ainda, está na escolha das soluções de caráter artístico: revestimentos, pintura, escultura, jardins etc. e que para isto não posso dispensá-lo: *não darei um passo sem ele*."[59] (grifos meus)

O afastamento de Costa se deu no período entre duas cartas recebidas de Le Corbusier, às quais ele respondeu de uma só vez:

> Li com prazer sua carta de 13 de setembro e a de 7 de outubro que chegou esta manhã, *"aberta pela censura"*, *pois estamos em guerra contra os comunistas*. [...] Suas palavras simpáticas fizeram bem aos amigos. Deixei-lhes a tarefa de acompanhar a construção do edifício do Ministério, pois preciso de descanso. A construção avança bem, ainda que as dificuldades sejam incontáveis. Enviarei uma série de fotos.[60]

O conteúdo da carta do mestre da rue des Sèvres não era otimista, ainda que generosa: "Por enquanto (*pour l'instant*), a crise por aqui é negra. Suspiro com esse palácio do Ministério que vocês têm a oportunidade de realizar. Fico contente por vocês."[61]

---

58 O projeto para a Cidade Universitária foi triturado pela comissão de professores que o julgou. Tanto a versão inicial, em 1936, com a participação de Le Corbusier, quanto o plano posterior de 1937, encabeçado por Lucio Costa. Necessário dizer que a Escola de Belas Artes, da então Universidade do Brasil, tornou-se o reduto dos arquitetos tradicionalistas, após a tentativa fracassada de renovação em 1930-31 e da vitória "moderna" na edificação do Ministério da Educação. Após a derrota em 1937, Costa relata: "Lembro que, na volta para casa, estacionei a Lancia no Jardim Botânico e, com o sol a pino, fiquei a caminhar pelas alamedas dando assim vazão à minha revolta e ao meu desencanto." ("Cidade Universitária, 1936-37". In: *Registro de uma vivência*, op. cit., p. 189.)

59 Bilhete de Gustavo Capanema a Carlos Drummond, no livro de Maurício Lissovsky e Paulo Sérgio Moraes de Sá, *Colunas da educação: a construção do Ministério de Educação e Saúde*. Rio de Janeiro: CPDOC/Iphan; FGV, 1996, p. 152.

60 Carta de Lucio Costa a Le Corbusier, 24 out 1937, na p. 55 deste livro.

61 Carta de Le Corbusier a Lucio Costa de 7 out 1937, na p. 53 deste livro.

Museu de São Miguel das Missões (RS), projeto de Lucio Costa.

A pausa no compromisso diário na obra liberou Costa para o magnífico projeto do museu de São Miguel das Missões, com a consolidação das ruínas e o surgimento, em vidro, do espaço expositivo. Na lateral do alpendre, um rústico muro de pedras protege a casa do zelador, feita aproveitando pedras colhidas nos despojos do antigo povoado. Um marco da arquitetura moderna brasileira e uma demonstração concreta do diálogo entre a tradição e a vanguarda.

A obra do Ministério correu sério risco de ser interrompida para sempre, uma vez que Getúlio Vargas se encontrava às escondidas com Plínio Salgado negociando seu apoio em troca do Ministério da Educação e Saúde Pública.[62] O ataque de integralistas à residência presidencial, em 13 de março de 1938, suspendeu qualquer possibilidade de aliança com a extrema direita e as obras, finalmente, seguiram em paz.

Costa acompanhou a escolha das obras de arte, os painéis e azulejos de Portinari, assim como os locais onde as esculturas foram colocadas. Foi essencial a sua orientação no desenho dos jardins de Burle Marx; convocado para realizar os jardins do Ministério, seguiu, inicialmente, as diretrizes de Le Corbusier, que lhe recomendou canteiros retilíneos no andar do ministro e renques de palmeiras alinhadas na esplanada. Burle Marx trouxe os croquis para mostrar a Lucio, que lhe pediu que os substituísse por canteiros sinuosos já usuais em seu trabalho e necessários para "tropicalizar" o monumento moderno. No que toca às linhas de palmeiras, concordaram que elas banalizariam as verticais das belas colunas que o prédio já exibia. A derradeira contribuição de Lucio, já no final da obra, foi escolher a cor dos parapeitos da fachada norte, propondo-os cinza em vez do azul no mesmo tom da face interna dos *brise-soleils*. E o edifício, que se tornaria um marco da arquitetura moderna mundial, foi oficialmente inaugurado em 3 de outubro de 1945.

---

62 Ver diário de Getúlio Vargas, dia 6 dez 1937. *Diário de Getúlio Vargas*, vol. II. São Paulo: Siciliano; Rio de Janeiro: FGV, 1995, p. 90.

Lucio Costa nas escadas do Ministério da Educação e Saúde, o Palácio Capanema.

Vale citar o comentário de Lucio Costa em 1984:

> [...] o gênio nativo é capaz de absorver e assimilar a inventiva alheia, não só lhe atribuindo conotação própria, inconfundível, como antecipando-se a ela na realização [...] num país ainda subdesenvolvido e distante, por arquitetos moços e inexperientes, mas possuídos de convicta paixão e de fé, quando o mundo, enlouquecido, apurava a sua tecnologia de ponta para arrasar, destruir e matar, com o máximo de precisão.[63]

PALAVRAS QUE ATRAVESSARAM O ATLÂNTICO

A troca de cartas entre 1936 e 1939 girou em torno de notícias da construção do Ministério da Educação, do processo frustrado da Cidade Universitária, da lerdeza burocrática, de perspectivas futuras de atuação do mestre francês no Brasil, breves relatos dos tempos sombrios europeus no pré-guerra e da ditadura do Estado Novo. Pode-se acompanhar a decepção do europeu com o terreno, sua

---

63 Em "Ministério da Educação e Saúde, 1936". In: *Registro de uma vivência*, op. cit., p. 128.

constante cobrança dos honorários, o veto dos professores acadêmicos ao projeto para a Cidade Universitária e seus pedidos de nova atuação no Brasil. Percebe-se, na maioria delas, que a viagem de 1936 despertara no mestre uma visão, talvez, muito otimista no que toca às possibilidades de construções modernas estatais no país. As suas esperanças transformam-se em incertezas... Apesar da impaciência angustiante, o mestre insistia na tentativa brasileira, pois estava profissionalmente estrangulado com a iminência da nova guerra europeia.

Reproduzo aqui, sem ordem cronológica "rígida", a título de exemplo, alguns trechos dos assuntos recorrentes que o leitor encontrará ao percorrer os originais desta edição.

MUDANÇA DE TERRENO

Corbu a Costa em 2 de outubro de 1936[64]

> Capanema ficou de me dar uma resposta sobre o terreno definitivo para o Ministério. [...] Telegrafei a Capanema há oito dias nos seguintes termos: "Sem notícias, dinheiro nem conclusão do projeto".

Costa a Corbu em 31 de dezembro de 1936[65]

> Capanema rejeita a ideia de mudar aquele terreno "porcaria", e isso por razões que, no fundo, podem ser assim resumidas: também ele não entendeu toda a excepcional beleza do seu edifício. E, em razão desse estado de espírito, os inconvenientes de ordem geral e as dificuldades de ordem prática para levar a coisa a bom termo, tomam a seus olhos o aspecto de obstáculos intransponíveis.

Percebendo o agastamento de Le Corbusier, assim Lucio terminou a sua carta:

> Faço o possível para lhe ser útil. Se, na sua opinião, nem sempre sou bem-sucedido, tenha a gentileza de me desculpar.

Corbu a Costa em 21 de novembro de 1936[66]

> Isto me desespera diante de todos os empreendimentos contemporâneos, pois enfim, pela primeira vez, parecia que o negócio do Rio estava seriamente ancorado e apoiado tanto por sua simpatia (dos arquitetos) quanto pela do próprio Ministro.

---

64 Ver p. 43 deste livro.

65 Ver p. 47 deste livro.

66 Ver p. 45 deste livro.

MINISTÉRIO

Corbu a Costa em 22 de novembro de 1938[67]

> Realmente você não me dá notícia nenhuma. Isso não é nada simpático. Gostaria de saber como anda o edifício do Ministério.

CIDADE UNIVERSITÁRIA

Corbu a Costa em 21 de novembro de 1936[68]

> E a Cidade Universitária, a quantas anda? O ministro disse-me que os arquitetos apresentaram um projeto e que foi convocada a Comissão de Professores para julgar o trabalho dos arquitetos. Será que nesse projeto levaram em conta meu trabalho? [...] Deem-me, portanto, algumas notícias, algumas precisões. Vocês me deixam na expectativa, isso não é correto. Escrevam-me, você ou Carlos Leão, por favor!!!

Costa a Corbu em 31 de dezembro de 1936[69]
Lucio relatou-lhe que a

> Comissão de Professores apresentou a Capanema um relatório desfavorável ao seu plano: [...] como verdadeiras mulas não entenderam nada, nem é preciso dizer da grandiosidade de seu projeto – em suma: uma lamentável mistura de besteira e má-fé [...] No dia 12 de outubro apresentamos a Capanema nosso anteprojeto que, em consequência do seu, adotava, entretanto, um partido por assim dizer oposto [...] Dentro dos nossos limites e na "nossa escala", o projeto está bom. Incorporamos desde agora [...] a fim de tornar possível, mais tarde, uma "encomenda" – *o seu auditório*.

Submetido, igualmente, à mesma Comissão de Professores, o segundo projeto foi também vetado.

Importante lembrar que o regime de Vargas era o de uma "ditadura plural": abrigava políticos e intelectuais de todos os matizes ideológicos. O Ministério da Educação e Saúde Pública não era diferente: no gabinete preponderavam

---

67 Ver p. 61 deste livro.

68 Ver p. 45 deste livro.

69 Ver p. 47 deste livro.

progressistas; o setor de museus era dirigido por Gustavo Barroso, membro da cúpula do Partido Integralista; a universidade era um reduto de profissionais tradicionalistas, de vários credos, que formavam uma trincheira contra renovação e modernismo.[70]

CAMARADAGEM

Nem só de trabalho se ocupavam as cartas entre ambos. Em alguns momentos eram evocados os bons momentos de lazer passados no Rio de Janeiro.

Cartão-postal assinado por Lucio, Portinari, Oscar, Reidy, Reis, Moreira e Leão.[71]

Costa a Corbusier em 24 de outubro de 1937[72]

Aceite as "saudades" de todo mundo, o "abraço" de seu amigo L. e, também, a simpatia dos tesouros desconhecidos de Conde Lage.[73]

QUESTÃO DOS HONORÁRIOS

A questão dos honorários foi tocada em cartas de 1936 e 1937. Em 1938, o assunto pecuniário retornou, dessa feita no que toca à publicação de um livro de Le Corbusier, acordado com Gustavo Capanema. Onze anos depois, em 1949, por ocasião de uma troca áspera de cartas, em torno da atribuição da autoria da sede ministerial carioca, a extemporânea queixa financeira voltou a ser abordada pelo mestre europeu.

Corbu a Costa em 2 de outubro de 1936[74]

Meus honorários ainda não foram pagos. O silêncio é completo e isso me aborrece bastante. [...] Telegrafei a Capanema.

---

70 Affonso Reidy e Sergio Bernardes foram rejeitados como professores de Projeto. Mario Pedrosa foi derrotado por Carlos Flexa Ribeiro no concurso para titular de História da Arte.

71 Ver p. 62 deste livro.

72 Ver p. 55 deste livro.

73 A rua Conde Lage, na fronteira dos bairros da Glória e Lapa, era conhecida, na época, por seus bordéis "de luxo".

74 Ver p. 43 deste livro.

Corbu a Costa 21 de novembro de 1936[75]

> Ainda não fui pago (desde o 14 de agosto!). O que pensar, o que fazer? Diga-o a Drummond, pois isso não pode durar mais.

Costa a Corbu em 31 de dezembro de 1936[76]

> Quanto a seus honorários, você os recebeu alguns dias após a chegada de sua carta, portanto não falemos mais nisso. Como já lhe dissera: sua visita custou-me um ano de diligências junto a Capanema, avanços e recuos, em suma, um verdadeiro "milagre". Você está tendo a prova agora. O fato é que todas as coisas que dependem do governo são muito difíceis entre nós.

Costa a Corbu em 27 de novembro de 1949[77]

> Mas se é de honorários que se trata, permita-me informá-lo que durante os três meses de sua estada aqui, você recebeu mais que todos nós durante os seis anos de duração do trabalho, pois éramos seis arquitetos e, conquanto as contribuições individuais fossem desiguais, os honorários foram sempre divididos igualmente entre nós.

SITUAÇÃO POLÍTICA

Corbu a Costa em 2 de outubro de 1936[78]

> Não me alongo mais hoje [...] porque lhe escrevo do escritório e a atmosfera geral aqui na França é bastante desagradável e não dá ensejo a grandes efusões. Atesto-lhe minha grande amizade, que você bem conhece.

Costa a Corbu em 24 de outubro de 1937[79]

> [...] este querido Brasil, transformado do dia para a noite em uma espécie de ku-klux-klan "caótico-fascista", onde a polícia joga na cadeia aqueles que têm a audácia de pensar livremente – o paraíso de meu "comodismo".

---

75 Ver p. 45 deste livro.

76 Ver p. 47 deste livro.

77 Ver p. 78 deste livro.

78 Ver p. 43 deste livro.

79 Ver p. 55 deste livro.

TENTATIVAS DE NOVOS PROJETOS BRASILEIROS

Corbu a Costa em 22 de novembro de 1938[80]

> Completei meio século. Logo sou um personagem. Não acha você que seria de certo modo benéfico para seu país chamar-me como consultor para problemas de conjunto, em particular para a urbanização do Rio, que deveria ser retomada, ou para qualquer outra coisa?

Corbu a Costa em 1º de abril de 1939[81]

> [...] não haveria meio de organizar um trabalho em comum entre mim e seu grupo nos moldes daquele feito para o edifício do Ministério [...]?

Costa a Corbu em 14 de abril de 1939[82]

> Sugeriram-me a possibilidade de encarregá-lo do estudo para o novo edifício do Museu Nacional que Capanema quer tirar da Quinta, mas o assunto ainda é problemático.

DESCOMPASSO

A correspondência foi interrompida de 1940 a 1945. E retomada com um tom mais áspero em relação à autoria do Ministério e, sobretudo, no que toca a uma questão bem mais séria: Le Corbusier reivindicava que a arquitetura brasileira era a mera aplicação de seus princípios, ignorando outras fontes de influência ou, no caso de Niemeyer, Reidy e Irmãos Roberto, o despertar de talentos específicos. Costa, por seu turno, reconhecia a paternidade do autor da Villa Savoye, mas defendia o sotaque brasileiro no espaço fluido e nas características "jônicas"[83] próprias das novas construções, em sua maioria, cariocas.[84]

---

80 Ver p. 61 deste livro.

81 Ver p. 65 deste livro.

82 Impressiona como o estado precário do palácio da Quinta da Boa Vista já requeria cuidados na preservação de prédio e acervo. Infelizmente, Le Corbusier não foi convidado e o Museu Nacional ali permaneceu até ser tragado pelo fogo em 2018. Ver p. 67 deste livro.

83 A ordem dórica, mais antiga, surgiu quando a pedra passou a imperar nas construções, em substituição à madeira. A ordem jônica surgiu à beira-mar num território, Anatólia, que hoje integra a Turquia. O jônico migrou para a Grécia continental por volta do século v a.C. As colunas dóricas são mais sóbrias, enquanto a coluna jônica possui um perfil mais delgado. O arquiteto e historiador romano Vitrúvio comparou o dórico a um corpo masculino robusto, enquanto o jônico possuía proporções mais graciosas, femininas.

84 A comparação feita por Costa é uma didática analogia da vinda do moderno da Europa para o Brasil, de acordo com a prática usual e milenar da migração de estilos.

Além do francês ser 15 anos mais velho, havia outra diferença entre ambos: Costa era um cruzado moderno do que denominava "Guerra Santa", ao passo que Le Corbusier acreditava ser, ele próprio, a "única" encarnação dessa luta. O último cuidava de seus discípulos, como na indicação do próprio Costa para ser delegado dos CIAM;[85] era-lhe, contudo, insuportável vê-los crescer e transformar em tijolos e concreto idealizações que, no seu caso, haviam permanecido no papel.[86]

Indiscutível para Lucio a genialidade de Le Corbusier, várias vezes reiterada em textos e cartas. Acreditava que a aplicação das ideias corbusianas permitiriam "um novo equilíbrio" para o ser humano

> [...] liberado desta espécie de especulação permanente e imoral que é o *struggle* pela vida, esta coisa que absorve o melhor de nossas energias e faz fenecer o que há de mais puro em nossos corações. Sem dúvida a grande maioria dos homens será sempre, faça o que se fizer, "medíocre", incapaz de compreender "certas coisas" – assim como *crianças grandes*, tipo muito em voga nos Estados Unidos. [...] Mas, ao lado destes, há uma massa quase tão grande de indivíduos mais ou menos dotados, com o "gosto por certas coisas" – e isso em toda gama de atividades, das mais humildes às mais nobres. [...] Quanto aos gênios, não é preciso se preocupar, eles não ligam a mínima para o que quer que seja [...].[87]

A condição de soldado "moderno" permitiu-lhe a generosidade de abdicar o protagonismo sempre que outro lhe parecesse mais útil ao movimento. Afastou-se do grupo do Ministério, de modo a permitir plena liberdade a Niemeyer na execução por ele concebida. Vencedor em 1937 do concurso para a concepção do Pavilhão brasileiro na Feira Mundial de Nova York, Lucio Costa percebeu a maior liberdade do segundo colocado, Niemeyer, na implantação do edifício. Não hesitou em convidá-lo "para juntos elaborarem, em Nova York, um terceiro projeto, que revelou ao mundo que ao sul do Equador alguma coisa inesperadamente rica estava acontecendo".[88] Na própria Feira de 1938-39, en-

---

85 Congressos Internacionais de Arquitetura Moderna.

86 Segundo dados recolhidos no *site* da Fondation Le Corbusier, em 29 jun 2020, há uma relação de quase 1 para 3 entre a arquitetura projetada e aquela realizada.

87 Ver a íntegra da carta de Lucio Costa, 24 out 1937, na p. 55 deste livro.

88 Trecho de texto inédito de Maria Elisa Costa.

Pavilhão do Brasil na Feira Mundial de Nova York, projeto de Lucio Costa e Oscar Niemeyer, 1939.

traram em contato com arquitetos escandinavos – Alvar Aalto e Sven Markelius – que exerciam uma fluidez similar na arquitetura dos pavilhões finlandês e sueco. Se considerarmos o trabalho com Le Corbusier a graduação dos cariocas, Nova York lhes forneceu a pós-graduação. Tal fato não escapou a Sigfried Giedion, duas décadas depois: "É um bom sinal para a nossa civilização o fato de ela se estar desenvolvendo a partir de mais um centro. Obras criativas têm surgido subitamente em países que em períodos anteriores teriam permanecido provincianos como a Finlândia ou o Brasil."[89]

Lucio Costa, sempre que necessário, liderava a defesa de um projeto moderno de qualidade sob ataque. Foi assim em 1939 ao sustentar, contra os tradicionalistas, o plano de Oscar Niemeyer para o Grande Hotel de Ouro Preto. Reproduzo aqui um pequeno excerto do texto:

---

89 Prefácio ao livro *Arquitetura moderna no Brasil*, de Henrique Mindlin. Rio de Janeiro: Aeroplano, 1999, p. 17.

> [...] sei, por experiência própria, que a reprodução do estilo das casas de Ouro Preto só é possível, hoje em dia, à custa de muito artifício [...] e o turista desprecavido correria o risco de, à primeira vista, tomar por um dos principais monumentos de uma cidade uma contrafação [...] Ora o projeto de ONS[90] tem pelo menos duas coisas de comum entre elas: beleza e verdade... (a boa arquitetura de um determinado período vai sempre bem com a de qualquer período anterior).[91]

Depois do fechamento de seu escritório parisiense em junho de 1940, refúgio em Ozon, nos Pirineus, e de sua longa e malfadada experiência nos anos de 1941 e 1942 em Vichy,[92] Le Corbusier voltou a Paris no pós-guerra. Malfadada em dois sentidos: o arquiteto não conseguiu realizar nenhuma de suas propostas no plano de reconstrução da França do marechal Pétain e granjeou a má vontade da intelectualidade que o acusava de colaboracionista ou, pior, de fascista. Muito complexo tentar etiquetar uma ideologia a Le Corbusier considerando seus clientes e livros: fizera o Palácio dos Sovietes em Moscou; cortejara o governo socialista de Léon Blum, buscou emplacar projetos com grandes empresários capitalistas franceses, escrevera ensaios em órgãos de esquerda e de extrema direita. No Brasil, o emissário francês, Charles Ofaire, chefe do Centro de Edições Francesas no Brasil e amigo de Le Corbusier, um ano após a decretação do Estado Novo, pediu-lhe um prefácio para uma publicação governamental, com foco em grandes personalidades que havia conhecido no setor cultural do governo brasileiro, no intuito de amenizar a visão negativa provocada pela inclinação francamente direitista da ditadura varguista. Era a transmissão de um recado de Gustavo Capanema: "Disse-me saber que você não é comunista, mas que pode ser considerado um homem de esquerda. [...] haveria interesse que um homem como você dê, por assim dizer, sua aprovação à situação atual do Brasil."[93]

Le Corbusier, assim como alguns arquitetos de sua geração, considerava-se portador de verdades que trariam grande benefício à raça humana, colocando-se acima de correntes de ideologias, conquanto que o ajudassem a transformar o homem e a sociedade. Algumas biografias citam que uma das leituras que mais o

---

90 Durante algum tempo Costa se referia em textos a Oscar pelo seu prenome seguido do último sobrenome, Soares, autenticamente português, deixando de lado o germânico Niemeyer. Aqui, ele escreve as três iniciais de seu nome completo: Oscar Niemeyer Soares.

91 Lauro Cavalcanti. *Moderno e brasileiro: a história de uma nova linguagem na arquitetura (1930-60)*. Rio de Janeiro: Jorge Zahar, 2006, pp. 109-120.

92 *Le Corbusier, une encyclopédie*. Paris: Centre George Pompidou, 1987, pp. 455-459.

93 Carta de Charles Ofaire para Le Corbusier, de 12 fev 1938. In: Cecília Santos et al. *Le Corbusier e o Brasil*, op. cit., pp. 185-186.

influenciou foi *Assim falou Zaratrusta*, de Friedrich Nietzsche, o que parece muito plausível. Em certa medida não lamentava as bombas que destruíam algumas cidades pois seria o meio de dar oportunidade aos novos planos de urbanismo que, a seu ver, a França tanto necessitava.[94]

No pós-guerra, aconteceu o primeiro contato de Le Corbusier com uma profissional brasileira, a engenheira Carmen Portinho, companheira de Affonso Reidy, na visita que ela fez à 35 rue de Sèvres, presenteando-lhe com uma fotografia do prédio executado. Segundo a engenheira a sua reação inicial foi de espanto, "então vocês conseguiram realizá-lo", seguida do impulso de assiná-la, em sua presença, como para garantir a sua autoria.[95]

Le Corbusier insistiu, durante um bom tempo, que a arquitetura produzida no Brasil nada mais era que a aplicação de princípios seus. Se dele dependesse o livro e a mostra Brazil Builds, organizados pelo Museu de Arte Moderna (MoMA), de Nova York, em 1943, deveria ter se chamado "Le Corbusier's Ideas Built in Brazil". Em suas palavras: "[...] parece até que essa arquitetura, que foi aplicada, depois de 1936, em várias construções no Rio e em outras cidades, é a manifestação da arquitetura brasileira!!!"[96]

Em 1946, respondendo a uma carta do autor da capela de Ronchamp se lamentando de várias oportunidades perdidas, assim como o desejo de "ter um pezinho no Rio, cidade que sempre amei e admirei",[97] Lucio Costa se solidarizou com o mestre, mas lhe chamou à razão com extrema franqueza:

> O prazer tão raro de receber notícias suas, desaparece pouco a pouco, à medida que prosseguimos, item por item, a leitura de sua carta. E uma penosa sensação de mal-estar abate-se sobre nossos corações quando imaginamos o gênio de uma época deslocando-se de um continente a outro e batendo de porta em porta a reclamar o que lhe é devido.[98]

---

94 Depoimento de Jean-Louis Cohen no filme *Le Corbusier: Modern, Absolutely Modern*, direção de Nicolas Valode e Pauline Cathala, 2013.

95 Depoimento a Lauro Cavalcanti em 7 de maio de 1988, na entrevista para a realização da tese *Casas para o povo: arquitetura moderna e habitação popular*. Essa mesma história, sem o detalhe da assinatura, é relatada por Roberto Segre no artigo "Carmen Portinho (1903-2001). Sufragista da arquitetura brasileira". *Arquitextos* 015.00, ano 02, ago 2001.

96 Carta a Pietro Maria Bardi de 28 nov 1949. In: Cecília Santos et al. *Le Corbusier e o Brasil*, op. cit., p. 201.

97 Carta a Lucio Costa em 18 fev 1946, na p. 73 deste livro.

98 Carta a Le Corbusier de 18 jun 1946, na p. 75 deste livro.

As relações de Le Corbusier com os arquitetos cariocas tornaram-se amargas e ambíguas. Por um lado, os desqualificava e, por outro, oferecia-se para novas cooperações. Em duas ocasiões, abordou o arquiteto do Museu de Arte Moderna do Rio de Janeiro: "Caro Reidy, falo-lhe francamente, tenho vontade de trabalhar no Rio. [...] Envio-lhe algumas fotografias do canteiro de Marselha: você verá que é um trabalho de uma técnica infinitamente mais delicada e sutil que a do seu canteiro de Pedregulho."[99] Em nova missiva insiste: "Verá que não hesito um minuto sequer em ajudar os jovens do Brasil [...] Estas obras são a cópia por demais exata de minhas próprias e mereciam tornar-se mais leves, através de uma colaboração útil entre os mais velhos e os caçulas..."[100]

ESCALA EM NOVA YORK

Le Corbusier na carta a Costa de 1949 assim descreveu seu estado de espírito: "[...] Passei 18 meses em Nova York para elaborar o projeto da sede das Nações Unidas: ele me foi roubado."[101]

Não foi bem assim... O depoimento de Max Abramovitz,[102] coordenador dos trabalhos junto com Wallace Harrison, relata a sua impressão de que o autor do plano piloto de Chandigarh tinha a expectativa de que os dez arquitetos de todos os cantos do planeta teriam a função de o auxiliarem no projeto. E a realidade foi bem diversa, sendo dado um prazo para que cada um, separadamente, fizesse uma proposta. Todas examinadas, sobressaíram-se as de Le Corbusier, de Oscar Niemeyer – similares nos volumes, mas diferentes na disposição no terreno – e aquela de Sven Markelius. O plano do arquiteto sueco previa uma torre em Manhattan rodeada de um parque dos dois lados do East River, sendo descartada pelo grande número de demolições que acarretaria.

Segundo Abramovitz houve uma preferência maciça a favor do plano do brasileiro que, na data estipulada, seria anunciado vencedor. Na noite anterior,

---

99 Carta a Affonso Eduardo Reidy em 14 abr 1949. In: Cecília Santos et al. *Le Corbusier e o Brasil*, op. cit., p. 195.

100 Carta a Affonso Eduardo Reidy em 13 jun 1949. In: Cecília Santos et al. *Le Corbusier e o Brasil*, op.cit., p. 196.

101 Carta a Lucio Costa de 23 dez 1949. Ver p. 87 nesta edição. O sujeito indeterminado se refere a Max Abramovitz e Wallace Harrison que, além de conduzirem o processo, encarregaram-se da construção da sede da ONU. No que toca a Oscar Niemeyer, segundo relato do brasileiro, ele reconhecia a sua generosidade no episódio.

102 Depoimento a Lauro Cavalcanti, em 14 abr 1996.

Le Corbusier procurou Oscar Niemeyer em seu quarto de hotel e lhe propôs fundirem os dois projetos. Segundo o arquiteto brasileiro, Corbusier lhe disse que seria uma humilhação não ser o escolhido e o lembrou da dívida que sua trajetória havia tido a partir da cooperação no prédio carioca do Ministério. Niemeyer aquiesceu e trabalharam numa nova proposta que buscou juntar o melhor de cada um. Numa entrevista, no ano de 1992, Oscar me disse que, do ponto de vista pessoal, não se arrependia; com o ar um tanto matreiro, comentou que, do ângulo arquitetural, julgava seu projeto muito superior ao *aggiornamento* obtido. Para que não se pense que é uma visão nacionalista, essa mesma versão foi reproduzida numa pequena exposição no Museu de Arte Moderna de Nova York.[103]

O desempenho de Oscar Niemeyer na ONU lançou-o na elite da arquitetura mundial. Em 1955, no texto do catálogo da exposição Latin American since 1945, Henry Russell-Hitchcock Jr. aponta que, diversamente de outros países da América do Sul que se aproximavam da arquitetura impessoal e anônima, preconizada por Walter Gropius, o Brasil era "o centro de atividade do mais intenso e singular talento em arquitetura: Oscar Niemeyer". Faltou ao historiador completar que o dono dessa aptidão teve uma origem corbusiana e possuía interlocutores à sua altura no país, com destaque para Lucio Costa.[104]

Para Oscar Niemeyer o modernismo brasileiro, em grande escala, teve início com os Irmãos Roberto no prédio da ABI. Creditava o Ministério da Educação a Le Corbusier. E considerava que sua linguagem autônoma e independente começou na capela e casa de bailes da Pampulha. Nelas a forma ganhou protagonismo, ainda que articulada a uma função derivada da estrutura; desse ponto de vista, atendia aos princípios modernistas mas oferecia-lhe uma alternativa, antecipando-se ao cansaço do racional funcionalismo, que viria à tona décadas após. Nas palavras de Maria Elisa, Lucio Costa definia que "Le Corbusier era a força; Mies van der Rohe, a elegância, e que o Oscar introduziu a graça".[105] Zaha Hadid[106]

---

103 The United Nations in Perspective. Exposição apresentada em 1995, com curadoria e texto de Peter Reed. Ver também George A. Dudley. *A Workshop for Peace: Designing the United Nations Headquarters*. New York: Architectural History Foundation; Cambridge: MIT Press, 1994.

104 Para citar alguns arquitetos excepcionais já ativos nessa época, no Rio de Janeiro, além de Lucio Costa: Affonso Reidy, Alcides da Rocha Miranda, Carlos Leão, Henrique Mindlin, Irmãos Roberto, Jorge Moreira, Sergio Bernardes e o paisagista Roberto Burle Marx. Em São Paulo: João Vilanova Artigas, Lina Bo Bardi, Oswaldo Brahtke e Rino Levi. Em Pernambuco: Luís Nunes.

105 Maria Elisa Costa, em entrevista ao jornal *O Globo*, em 7 dez 2012. Publicado também na *MDC Revista de Arquitetura e Urbanismo*, 20 dez 2012. Disponível em: <https://mdc.arq.br/2012/12/20/oscar-lucio/>.

106 Zaha Hadid (1950 – 2016). Arquiteta iraquiana-britânica identificada com a corrente desconstrutivista da arquitetura. [N.d.O.]

apontava como, seguindo uma tendência brasileira da mistura heterogênea de contrários, Niemeyer conseguira reunir Mies van der Rohe e Le Corbusier em alguns de seus projetos.[107]

PARQUE GUINLE E EUROPA – 1948

O ano de 1948 foi bem atribulado para Lucio Costa. Projetou os três prédios do Parque Guinle e empreendeu uma viagem à Europa, detendo-se em Portugal e Paris, onde teve alguns encontros com Le Corbusier.

Nova Cintra, Bristol e Caledônia são obras-primas da arquitetura brasileira, demonstrando o potencial que o moderno ganhou em sua aclimatação ao país. A implantação deixando o terreno praticamente intocado, as diversas soluções de plantas baixas e os elementos vazados para proteger as fachadas ensolaradas muito impressionaram o crítico Russell-Hitchcock Jr.[108] que os viu como raros exemplos de singularidade, em projetos de grande escala. O conjunto conquistou o prêmio de melhor projeto para prédios residenciais na I Bienal de Arquitetura, em 1951, em júri presidido por Sigfried Giedion.

Paralelamente à sua brilhante trajetória individual de arquiteto, Lucio Costa foi diretor do Setor de Tombamentos do Serviço do Patrimônio Histórico e Artístico Nacional, responsável pela palavra final do que devia ou não ser preservado na qualidade de monumento nacional. Interessava-lhe estabelecer uma tipologia em parâmetros baseados na correlação entre nossa arquitetura e o que fora construído originalmente em Portugal ao longo dos séculos.

Nesse sentido, percorreu terras lusitanas para um reconhecimento inicial do que viria a detalhar quatro anos mais tarde em cinco deliciosos blocos de desenhos.[109] Sua hipótese inicial era reconhecer as raízes da nossa arquitetura que "veio já pronta e, embora beneficiada pela experimentação africana e oriental do colonizador, teve de ser adaptada como roupa feita, ou de meia-confecção, ao corpo da nova terra".[110] Ao cabo da segunda excursão em 1952, com mentalidade

---

107 Depoimento a Lauro Cavalcanti por ocasião do evento Arquifuturo, realizado no Rio de Janeiro, em 30 mar 2012.

108 Henry Russell-Hitchcock Jr. *Latin American Architecture Since 1945*. New York: MoMA, 1955, p. 154.

109 A íntegra pode ser vista no livro *A arquitetura portuguesa no traço de Lucio Costa. Bloquinhos de Portugal*. Maria Elisa Costa; José Pessoa (Orgs.). Rio de Janeiro: Funarte, 2012.

110 Lucio Costa. "Tradição local". In: *Registro de uma vivência*, op. cit., p. 451.

de arguto antropólogo, olhar de arquiteto, tempo e mãos de exímio desenhista, Costa realizou saborosos riscos da arquitetura popular lusitana[111] que lhe permitem constatar a falsa premissa da qual partira:

> Há certa tendência a considerar imitações de obras reinóis as obras e peças realizadas na colônia. Na verdade, porém, são obras tão legítimas quanto as de lá, porquanto o colono, *par droit de conquête*, estava *em casa*, e o que fazia aqui, de semelhante ou já diferenciado, era o que lhe apetecia fazer – assim como ao falar português não estava a imitar ninguém, senão a falar, com sotaque ou não, a própria língua.[112]

Acompanharemos nas páginas a seguir, a coerência de seu raciocínio ao afirmar, contra ataques do mestre francês, que a arquitetura carioca era genuinamente original, tendo assimilado as influências corbusianas às próprias circunstâncias.

ANO TURBULENTO – 1949

O final de 1949 trouxe a maior tensão na correspondência entre ambos. A polêmica girava em torno dos créditos de autoria do Ministério e, mais grave, sobre a identidade singular e renome internacional que adquirira a arquitetura brasileira.

Carta *"mise au point"*
Lucio Costa a Le Corbusier em 27 de novembro de 1949[113]

> Falaram-me ontem à noite de sua atitude insólita para com um jornalista [...] e gostaria muito de saber de que se trata pois, segundo dizem, sua interpretação atual dos fatos não é mais a mesma que a de 1937.

Lucio Costa historiou todo o processo de elaboração do Ministério, citando trechos de cartas do próprio Le Corbusier corroborando a sua narrativa. Anexa a foto da inscrição gravada na parede de pedra na entrada do edifício e completa:

> De resto, nunca deixamos de vincular sua obra ao admirável desenvolvimento da arquitetura brasileira; se a ramagem é bela, você deveria se regozijar, pois o tronco e as raízes são seus.

---

111 Maria Elisa Costa; José Pessoa (Orgs.). *A arquitetura portuguesa no traço de Lucio Costa. Bloquinhos de Portugal*, op. cit.

112 Em "Tradição local". In: *Registro de uma vivência*, op. cit., p. 454.

113 Ver p. 78 deste livro.

Incisivamente duros foram os dois adendos à carta. No primeiro pós-escrito:

> O esboço feito *a posteriori*, baseado em fotos do edifício construído, e que você publica como se tratasse de uma proposição original, nos causou, a todos, uma triste impressão.

No segundo, lembrou-lhe a carta que recebera do mestre francês, em abril de 1939, com o pedido:

> [...] não haveria meio de organizar um trabalho em comum entre mim e seu grupo, nos moldes daquele feito para o edifício do Ministério da Educação Nacional, para outro problema qualquer?[114]

E findou a missiva desculpando-se pela "insistência, mas nosso respeito e admiração por você não admitem mal-entendidos".

Resposta em 23 de dezembro de 1949
Le Corbusier a Lucio Costa[115]

Você me conhece o suficiente para saber que não gosto de intrigas, nem sou ranheta por natureza. Mas você me concederá o direito de nem sempre me mostrar entusiasmado. Um pequeno exemplo: ontem à noite, os anfitriões de um banquete na Casa da América Latina [...] resolveram anunciar que o número especial de *L´Architecture d´Aujourd'hui* sobre o Brasil teve um sucesso esmagador no mundo inteiro: 11 mil exemplares franceses e 5 mil em português foram vendidos. [...] Com efeito, Le Corbusier passa por dificuldades enquanto os outros tocam seus negócios, admitindo-se como corolário natural que ele é um belo de um imbecil.

"Escolhi fazer o Palácio em comprimento e o agrupei em altura." Você parece dizer que não fui o autor dessa operação porque publiquei um pequeno esboço dele no terceiro volume de minhas *Obras completas*. Parece, então, que eu teria cometido um abuso ao me arrogar a invenção da ideia. Conhecendo a mim e a você, é impossível emitir um julgamento sobre essa questão. Os croquis

Inscrição gravada na entrada do edifício do Ministério da Educação e Saúde Pública.

SENDO PRESIDENTE DA REPÚBLICA GETÚLIO VARGAS E MINISTRO DE ESTADO DA EDUCAÇÃO E SAÚDE GUSTAVO CAPANEMA, FOI MANDADO CONSTRUIR ÊSTE EDIFÍCIO PARA SEDE DO MINISTÉRIO DA EDUCAÇÃO E SAÚDE, PROJETADO PELOS ARQUITETOS OSCAR NIEMEYER, AFONSO REIDY, JORGE MOREIRA, CARLOS LEÃO, LUCIO COSTA E HERNANI VASCONCELOS, SEGUNDO RISCO ORIGINAL DE LE CORBUSIER. 1937-1945

---

114 Ver p. 65 deste livro.
115 Ver p. 87 deste livro.

demonstram a tese da livre disposição do solo em função da altura dos prédios. Não me é possível concluir que meus esboços foram baseados na maquete, como você parece dizer; sem sombra de dúvida não me lembro de haver tido a intenção de traçar o caminho para uma polêmica nesse caso.

A resposta de Le Corbusier também possui dois pós-escritos, separados por um intervalo de tempo:

> Meu caro Lucio Costa, você não deve sugerir num pós-escrito tão curto que cometi um furto. Isto não faz parte de meus hábitos. Saiba que o livro de Girsberger foi feito por Willy Boesiger em 1937-1938 e que, no momento em que as provas da obra chegaram a mim, eu estava num hospital de Saint Tropez horrivelmente ferido por um iate de motor de 200 CV que pegou minha coxa, deixando dois metros de costura. Essas lembranças aqui evocadas lhe permitirão apagar seu P.S. – espero.[116]

O segundo pós-escrito demonstra como o assunto lhe tocou:

> *O instinto da verdade guia minha mão no momento em que releio esta página,* me veio à ideia a publicação do número especial Brasil de *Arquitetura de Hoje* – na página 13 encontro o "croquis" referido em sua carta? Não tenho nada a ver com essa reprodução: as páginas 12 e 13 foram criadas pelos redatores de *L´Architecture d´Aujourd'hui*. Eles utilizaram, é evidente, o 3º volume da *Obra completa* de LC. Penso que desta vez a questão está esclarecida. (grifos meus)

No ano seguinte, recebeu um exemplar do livro *Modulor* a ele dedicado: "Para Lucio Costa, o homem de coração e o homem de espírito, com a minha amizade. Le Corbusier, ano 1950." Costa considerou o assunto findo e fez publicar a dedicatória de Le Corbusier, na sua autobiografia, sucedendo a carta "*Mise au point*" e na página vizinha à foto da inscrição no vestíbulo do Ministério carioca.[117]

Uma vez que esse foi o mais coruscante debate entre os dois, torna-se irresistível transcrever aqui o relato de Lucio Costa, 35 anos depois. Demonstra o lastro da relação que lhes permitiu superar a tempestade, em nome da colaboração intelectual e amizade.

---

116 Ver p. 89 deste livro.

117 Em "*Mise au point*". In: *Registro de uma vivência*, op. cit., pp. 139-140.

RELATO PESSOAL DE LUCIO COSTA EM 1975
A pedido de Maria Luiza Carvalho para o n° 40 da revista Módulo[118]

Com o início da guerra os contatos eventuais se interromperam de todo, e Le Corbusier só teve notícias da obra concluída quando, terminado o pesadelo, revistas especializadas em todos os países começaram a divulgar, como revelação, a chamada arquitetura brasileira, despertando assim o interesse de arquitetos que aqui vinham unicamente para conhecer o Ministério, a ABI, a Pampulha, o Parque Guinle etc., enquanto que daqui partiam grupos de estudantes, orientados por professores nem sempre suficientemente informados mas que faziam palestras sobre o assunto.

E como tanto as revistas como os improvisados divulgadores omitissem os pormenores da participação pessoal de Le Corbusier no caso

> [...] e os contatos diretos conosco ainda não houvessem sido restabelecidos, ele passou a interpretar tais ocorrências como usurpação da parte que, de direito, lhe cabia, estado de espírito que o levou, numa espécie de revide, à *défaillance* de publicar como risco original seu para o edifício efetivamente executado um *croqui* calcado sobre aquela fotografia da maquete que lhe havíamos em tempo enviado junto com o projeto, desenho este feito sem muita convicção e sem data (ele sempre datava todo e qualquer risco que fizesse). Evidentemente a sua intenção fora evidenciar o vínculo – melhor, a filiação – de uma coisa com a outra.
>
> [...]
>
> Informado do que ocorria, escrevi-lhe então precisando os fatos e as circunstâncias e remetendo, inclusive, fotografia da inscrição gravada na própria parede do saguão do edifício [...], pois já estava prevendo as possíveis consequências do caso. E a coisa assim se desfez, tanto mais que nos sucessivos encontros em Paris passou a me conhecer melhor e logo compreendeu que o empenho de todos nós fora unicamente contribuir para a consolidação de sua obra e fazer, tanto quanto possível, na sua ausência, o que fosse do seu agrado.[119]

---

118 *Registro de uma vivência*, op. cit., pp. 135-138.

119 Em "Relato pessoal, 1975". In: *Registro de uma vivência*, op. cit., p. 137.

PRESTÍGIO INTERNACIONAL DE LUCIO COSTA

ARCHITECTURAL REVIEW

O prestígio internacional de Lucio Costa se expandiu nos anos 1950, muito além de suas relações com Le Corbusier. O primeiro sinal evidente foi no término da década anterior, em 1948, a sua inclusão no restrito grupo que a revista *Architectural Review* reuniu para escrever ensaios no simpósio "Em busca de uma nova monumentalidade".[120] Organizada por Sigfried Giedion,[121] cinco autores discutiram o desafio de grandes escalas para o modernismo em paisagismo, arquitetura, locais públicos, edifícios para habitação popular. Para o historiador, todas essas qualidades estavam presentes na sede carioca do Ministério da Educação motivando o convite a seu mentor original, Lucio Costa.

Giedion tinha como alvo principal rebater a afirmação de Lewis Mumford:[122] "Se é um monumento não é moderno, se é moderno não é um monumento." De acordo com o norte-americano, ligado a Frank Lloyd Wright, "as civilizações clássicas do mundo foram orientadas em direção à morte e fixidez: a cidade, com seus edifícios mortos, seus volumes de pedra sem vida, se tornaram cemitérios".[123] Em "Nove pontos sobre a monumentalidade",[124] de 1943, Sert, Léger e Giedion defendiam que

> o declínio e mau uso da monumentalidade foram as principais razões pelas quais os arquitetos modernos deliberadamente se revoltaram e ignoraram o monumento. A arquitetura moderna, assim como a pintura e a escultura modernas, teve que iniciar pelo caminho mais duro. Começou

---

120 Além de Lucio Costa, figuraram Gregor Paulsson, sueco; Henry Russell-Hitchcock Jr., norte-americano; William Holford, britânico; Sigfried Giedion, tcheco-suíço; Walter Gropius, alemão e Alfred Roth, suíço.

121 Sigfried Giedion (1888-1968). Crítico e historiador, autor do clássico *Espaço, tempo e arquitetura*, publicado pela primeira vez em 1941.

122 Lewis Mumford (1895-1990) foi, durante trinta anos, crítico de arquitetura da revista *New Yorker*. Dada a variedade de seus interesses e escritos preferia definir-se como escritor em vez de acadêmico, historiador ou filósofo. Esse texto apareceu primeiramente na *International Survey of Constructive Art*. London: Faber & Faber, 1937, pp. 263-270.

123 Lewis Mumford. "A morte do monumento". In: *Circle: International Survey of Constructive Art*, op. cit., pp. 263-270.

124 Giedion, em parceria com J. L. Sert e Fernand Léger, assina, em 1943, "Nove pontos sobre monumentalidade", apud S. Giedion. *Architecture You and Me: The Diary of a Development*. Cambridge: Harvard University Press, 1958. (Tradução livre do autor)

abordando os problemas mais simples, os edifícios mais utilitários como casas populares, escolas, prédios de escritório, hospitais e estruturas similares. Hoje, os arquitetos modernos sabem que as construções não podem ser concebidas como unidades isoladas pois não há fronteiras entre arquitetura e urbanismo, assim como entre a cidade e a região. [...] As pessoas desejam que os prédios, que representam sua vida social e comunitária, expressem mais que funcionalidade. Aspiram que sejam satisfeitos seus desejos de monumentalidade, alegria, orgulho e excitação.

VENEZA

A Conferência da Unesco reuniu, em Veneza, no ano de 1952, a nata da arquitetura para discutir dois assuntos: a unidade habitacional e o arquiteto e a sociedade contemporânea.

Em sua apresentação Lucio Costa reafirmou o episódio singular da

> qualidade plástica da arquitetura brasileira e de seu conceito lírico e passional da obra arquitetônica, aquilo que deverá sobreviver no tempo quando funcionalmente já não for mais útil.[125]

Definiu o arquiteto como "técnico, sociólogo e artista [...] capaz de prever e antecipar as soluções desejáveis e plasticamente válidas à vista dos fatores físicos e econômico-sociais que se impõe". E terminou a palestra com a proposta da "Teoria das Resultantes Convergentes", com vistas a obter um novo ciclo histórico verdadeiramente humano ao reunir o melhor de cada cultura para obter uma nova síntese de amplitude universal:

> [...] o gênio empreendedor norte-americano, o imenso esforço soviético, o zelo da Igreja em defesa das suas prerrogativas espirituais, a experiência e o senso comum dos britânicos, o discernimento francês, o lastro cultural e a acuidade dos povos latinos, a extraordinária capacidade germânica de recuperação e o natural equilíbrio dos nórdicos, o ressurgimento islâmico e oriental, todos estes lugares comuns por que se podem definir os vários "isolacionismos".[126]

Em Veneza, por ocasião do encontro do "Grupo dos Cinco" para escolha do projeto da Unesco: Lucio Costa é o terceiro da esquerda para direita, e Le Corbusier está à direita, de óculos, 1952.

---

125 Em "O arquiteto e a sociedade contemporânea, 1952". In: *Registro de uma vivência*, op. cit., pp. 268-275.

126 Id.

UNESCO

Na Posta Restante da Beira, em Portugal, um envelope escrito CONFIDENCIAL aguardava seu destinatário. Era uma correspondência vinda de Paris, datada de 6 de março de 1952. O mesmo carimbo CONFIDENCIAL, no alto da página, abria o assunto da futura sede da Unesco: "Tive uma resposta positiva de Gropius, Markelius e Rogers, todos do CIAM, e eu ficarei feliz que você queira se juntar a nós para constituir um comitê homogêneo."[127]

Em carta de 1º de setembro de 1952, Costa relatou a Corbu: "recebi em Lisboa dois telegramas de Gropius sobre o caso da Unesco e respondi que estaria de acordo com qualquer solução que conte com a sua aprovação e a dele, embora pessoalmente prefira Niemeyer."[128]

O assunto começara muito antes, em 1946, quando a Unesco se estabeleceu em Paris, nos espaços abandonados do Hotel Majestic, um dos últimos redutos dos militares alemães, antes de serem definitivamente expulsos da cidade. O prédio passou a ser chamado "Casa da Unesco" ou "Kleber" em referência a seu endereço. Sempre incomodou o então secretário geral, Julian Huxley,[129] o fato de ocupar o antigo escritório do general von Stülpnagel, comandante da Ocupação Alemã na França. Desde o último lustro dos anos 1940, a construção de uma sede própria passou a ser objetivamente discutida.

Era consenso o desejo de exprimir os novos tempos de paz, e o foco no indivíduo em vez da demonstração do poderio dos países. Nada muito monumental, pois queriam expressar uma casa de paz onde arquitetura e arte dialogassem com o ambiente. A recente construção nova-iorquina da ONU era uma referência inevitável nas conversas: admirava-se a arquitetura mas temia-se as turbulências do processo de sua elaboração. Em 1927, Le Corbusier ganhara o concurso para o Palácio da Sociedade das Nações, em Genebra, mas teve rejeitada a construção por conta das formas demasiado arrojadas na visão da maioria das representações nacionais. Havia essa memória entre alguns delegados dos países, no meio arquitetônico moderno e, sobretudo, no ressentimento

---

127 Ver carta na p. 91 desta edição.

128 Lucio sugere que, em vez dele, convidem Oscar Niemeyer. Ver carta na p. 93 desta edição.

129 Julian Huxley (1887-1975), inglês e biólogo de formação, foi o primeiro secretário geral da Unesco, um dos principais responsáveis pelo perfil cultural e humanista da instituição. Seu mandato de seis anos foi encurtado para apenas dois, por imposição norte-americana que, provavelmente, o achava excessivamente liberal.

de Le Corbusier. Ele e todos pensavam ser o momento de reparação, pois a sua arquitetura era precisamente o que a Unesco pretendia: uma integração total das artes.

Muito se passou até o ano que Lucio Costa entrasse em cena: a dificuldade de se encontrar um terreno, a aprovação dos integrantes do Serviço de Monumentos Históricos, apoio das esferas políticas, levantamento de fundos e muito mais.[130]

Voltemos ao ano de 1951, quando o alto comissariado da Unesco decidira fazer a sua sede no 7º *Arrondissement* em Paris. Paulo Carneiro (1901-1982), embaixador brasileiro na entidade, sugeriu Le Corbusier como arquiteto da obra, mas o nome do autor de Ronchamp foi vetado pelo comissário norte-americano Kenneth Holland (1899-1955), cujo país era o principal financiador da construção.[131] Os protestos do órgão moderno, o CIAM, então dirigido por Jose Luis Sert,[132] foram ignorados e, em novembro de 1951, foi entregue o trabalho ao arquiteto francês, "pré-moderno", Eugène Beaudoin.[133]

Como uma espécie de compensação aos "modernos" foi constituído um Painel Internacional de Consultantes, presidido por Walter Gropius. O criador da Bauhaus convidou Ernesto Rogers, Lucio Costa e Sven Markelius. Paulo Carneiro exigiu que Le Corbusier fosse incluído no grupo consultor. "Os americanos resolveram botar um representante deles, independente, com livre acesso

---

130 *Designing Unesco. Art, Architecture and International Politics at Mid-century*, de Christopher Pearson, é um livro referencial de todo o processo. Recomendo, também, *Architecture as Civil Commitment: Lucio Costa's Modernist Project for Brazil*, de Gaia Piccarolo, cujo relato se estrutura, mais detalhadamente, no papel desempenhado por Lucio Costa.

131 Holland justificou o veto pelas numerosas altercações que Le Corbusier tivera no processo de construção da sede da ONU, incluindo suas constantes reivindicações de maior pagamento.

132 Jose Luis Sert (1902-1983). Catalão, nacionalizado norte-americano em 1951, para onde migrara em 1939. Trabalhou em 1929 com Le Corbusier e de 1930 a 1937 teve escritório próprio em Barcelona. Em 1937, projetou o Pavilhão Espanhol na Feira Mundial em Paris, em colaboração com Joan Miró, Alexander Calder e Pablo Picasso. A partir de 1940, abre escritório de arquitetura em Nova York associado a Paul Lester Wiener, responsável por vários planos urbanísticos na América Latina, inclusive a irrealizada Cidade dos Motores, com a participação de Attilio Corrêa Lima, em Xerém, estado do Rio de Janeiro. De 1947 a 1956 presidiu o CIAM (Congrès Internationaux d'Architecture Moderne). Em 1953 foi nomeado diretor da Graduate School of Design e professor de arquitetura na Universidade de Harvard, aposentando-se em 1969.

133 Eugène Beaudoin (1898-1983). Foi um arquiteto e urbanista francês. Considerado precursor do modernismo na França, no período entreguerras. Não era, contudo, filiado ao CIAM, nem considerado "moderno" por seus integrantes, por conta dos resquícios estilísticos, próprios de sua formação na tradicional École des Beaux Arts. Foi responsável por muitos projetos arquitetônicos e autor do plano urbanístico de Havana em 1928, um projeto para o desenvolvimento da região parisiense em 1934. Participou de grupo de arquitetos (Urbain Cassan, Louis de Hoÿm de Marien e Jean Saubot) que projetou, em 1966, a Torre de Montparnasse, inaugurada em 1973.

à equipe. Esse representante foi Eero Saarinen."[134] Assim se formou, com seis integrantes, o chamado Grupo dos Cinco. A exemplo dos "três mosqueteiros" de Alexandre Dumas que, na realidade, eram quatro...[135]

O processo foi traumático, no relato de três deles: Costa o definiu como "um martírio coletivo"; Rogers intitulou-o "drama" e Le Corbusier se referiu ao período como "uma das mais tristes experiências de sua vida".[136] A primeira etapa foi fácil por conta da rejeição unânime ao projeto de Beaudoin. A delicadeza surgiu diante da possibilidade, defendida por Gropius, Costa e Rogers, de se entregar o trabalho a Le Corbusier. A principal argumentação contrária foi a falta de ética decorrente da incompatibilidade de Le Corbusier desempenhar, a um só tempo, o papel de jurado e arquiteto escolhido.[137]

Não haviam sido poucas as tentativas de Gropius para integrar o autor de *Por uma arquitetura*. No momento em que se esgotara a possibilidade de Corbu protagonizar a cena,[138] convenceu-lhe a permanecer no Grupo dos Cinco que orientaria os esboços daqueles, finalmente encarregados, em julho de 1952, da tarefa: Marcel Breuer, Pier Luigi Nervi e Bernard Zehrfuss.

Costa deixou assinalado que "o precedente da exclusão de Le Corbusier e o enorme débito dos arquitetos do mundo inteiro com a sua excepcional personalidade forçam-nos a reconhecer, precisamente em nome da ética, que as circunstâncias do caso em questão transcendem a estrita observância de códigos profissionais". Sete anos depois, em artigo na *Casabella*, Rogers se referiu ao episódio como "um caso claro de manter as aparências democráticas para condenar a qualidade e defender a mediocridade".[139]

---

134 O norte-americano Eero Saarinen (1910-1961), nasceu na Finlândia e migrou para os Estados Unidos aos 13 anos, acompanhando seu pai, Eliel Saarinen (1873-1950), arquiteto com uma bem-sucedida carreira. Eero formou-se em Yale, com uma trajetória brilhante como arquiteto e designer.

135 Os seis arquitetos do Grupo dos Cinco: Gropius, Rogers, Costa, Markelius, Le Corbusier e Saarinen.

136 Em Christopher Pearson. *Designing Unesco. Art, Architecture and International Politics at Mid-Century*. London: Taylor and Francis; New York: Routledge, 2010, pp. 199-200.

137 O principal opositor foi o inglês Robertson que fizera parte da equipe de Beaudoin. Howard Robertson (1888-1963), nascido nos EUA, era radicado na Inglaterra. De 1952 a 1954 exerceu o cargo de presidente da Riba (Royal Institute of Architecture).

138 Wallace Harrison, líder do *workshop* internacional e arquiteto geral da construção da ONU deu-se ao trabalho de ir a Paris para municiar o novo delegado norte-americano, W. Leland King, no veto definitivo a Le Corbusier como arquiteto principal.

139 Apud Gaia Piccarolo. *Architecture as Civil Commitment: Lucio Costa's Modernist Project for Brazil*, op. cit., p. 147.

O grupo de consultores acompanhou a fase de anteprojeto e, de acordo com vários depoimentos,[140] a participação de Lucio Costa foi crucial na cooperação, diálogo, análise dos melhores esboços produzidos pela equipe de Breuer e, sobretudo, no desenho de soluções que foram incorporados no projeto final. De acordo com Rogers, foi o brasileiro que sugeriu quebrar a simetria estendendo uma das alas do Secretariado numa longa e menos pronunciada curva; a localização do anfiteatro na parte sul do terreno foi também uma sugestão do futuro urbanista de Brasília.

Costa, sempre tão discreto, reconheceu a sua contribuição: "Tive a ideia que, em vez de manter a rigidez das curvas uniformes, poder-se-ia adotar uma inflexão mais suave na fachada principal, para dar graça e nobreza ao conjunto arquitetônico."[141] Foi, igualmente, ideia sua modificar a oval do auditório, proposta por Breuer, em benefício de uma forma prismática regular para "criar contraste com o bloco principal e se relacionar melhor com uma escultura monumental a ser posteriormente colocada no jardim".[142]

Um saboroso relato de Costa a respeito de uma das últimas reuniões, desta feita realizada no 35 rue de Sèvres: "Nesse dia da visita eu cheguei atrasado. Já estavam todos lá reunidos e na porta de entrada havia várias fotografias pregadas – inclusive do Ministério, que tinha um cartão preso com uma tacha: *Vive Costá*. Então, quando entrei, Gropius me perguntou: *"Have you seen the card?"*[143]

Marcel Breuer era um excelente arquiteto; Nervi, um talentoso e original engenheiro e Bernard Zehrfuss, um experiente executor construtivo. Le Corbusier permanecia ironicamente distante ou, quando se integrava ao grupo, deixava transparecer a clara intenção de liderar o processo. Costa se manteve cooperativo e solícito com a trinca dos projetistas. Não escondia, contudo, que seu voto sempre seguiria aquele de Le Corbusier.

Em carta de outubro de 1953, Gropius lhe propôs que, devido a um acidente sofrido por Sven Markelius, e pela distância longa entre Rio e Paris,[144] continu-

---

140 Le Corbusier, Zehrfuss e Rogers. Para maiores detalhes ver os livros de Christopher Pearson, *Designing Unesco*, op. cit., e o de Gaia Piccarolo, *Architecture as Civil Commitment*, op. cit.

141 Ver *Architecture as Civil Commitment*, op. cit., pp. 147-148.

142 Id.

143 Em "Presença de Le Corbusier". In: *Registro de uma vivência*, op. cit., p. 154.

144 Walter Gropius presidiu o júri com serena autoridade, aconselhou Le Corbusier a baixar o tom em suas declarações negativas sobre a Unesco em público e nas reuniões. Quando o mestre francês exagerava a sua acidez, Gropius a ele se dirigia: "*Tais-toi, Corbu*" [cale-se, Corbu], na p. 151 do livro *Designing Unesco*, de Christopher Pearson, op. cit.

assem o trabalho apenas Rogers, Le Corbusier e ele próprio. Seria um modo de colocar Le Corbusier em minoria. Manobra astuta de um já exausto Gropius que apoiara Le Corbusier até o limite possível.

Costa intuiu a manobra do criador da Bauhaus e assim lhe respondeu: "Por mim você pode *sempre contar duas vezes o voto de Le Corbusier*, pois estarei com ele em qualquer circunstância."[145] No parágrafo seguinte comenta: "Lamento o acidente de Markelius, pensei que na Suécia tais coisas não aconteciam." Agradece as recomendações a mulher e filhas, adicionando: "O Rio, antes um lugar charmoso e agradável, apesar do calor, foi transformado numa imensa 'máquina de tortura diária' sem água, luz e energia [...] transporte lotado, política insana – somente o calor permanece imutável..."[146]

O CASO BILL

A Mario Pedrosa não passou despercebida a contribuição brasileira para amainar o prosaísmo de um racional funcionalismo exacerbado que, para ele, só se justificara nos primórdios, como modo de combater excessos decorativos do ecletismo. Apontava como fatores positivos desse novo sotaque a articulação entre os espaços internos e externos e a liberdade formal propiciada a partir das curvas do conjunto da Pampulha:[147]

> [...] a entrada na fase da arquitetura como obra de arte é relativamente recente. E os brasileiros, não fôssemos nós homens dos trópicos meridionais banhados pelas águas macias do Atlântico Sul, foram dos primeiros a mandar a dieta funcional às favas. Desde então, o nosso terrível, o nosso grande Oscar Niemeyer desembestou. Graças a Deus.[148]

---

145 Resposta a Walter Gropius.

146 Interessante notar que Lucio usa certa ironia em relação à Suécia, habilmente amenizada por uma descrição devastadora do Rio de Janeiro.

147 Inaugurado em 1943, o Conjunto Arquitetônico da Pampulha (projeto de Oscar Niemeyer, paisagismo de Roberto Burle Marx, murais de Candido Portinari e painéis externos de Paulo Werneck) é formado por um conjunto de edifícios ao redor da lagoa artificial da Pampulha, no qual se destaca a Igreja de São Francisco de Assis; completam o grupo o Cassino (atual Museu de Arte da Pampulha); a Casa do Baile (atual Centro de Arquitetura, Urbanismo e Design) e o Iate Tênis Clube.

148 Ver "Architectural and Art Criticism I", no livro *Mario Pedrosa: Primary Documents*. Glória Ferreira, Paulo Herkenhoff (Ed.). New York: MoMA, 2015, p. 355. Originalmente publicado como "Arquitetura e crítica de arte I". *Jornal do Brasil* (Rio de Janeiro), 22 fev 1957.

Max Bill, em 1953, por ocasião de sua vinda para o júri da II Bienal de São Paulo, declarou não lhe agradar o Ministério da Educação e que a arquitetura brasileira, sobretudo aquela de Oscar Niemeyer, estava se perdendo pelo excesso de individualismo criativo.[149]

O ambiente arquitetônico brasileiro foi colhido de surpresa pela crítica de Max Bill. Curioso, entretanto, teria sido ele se afeiçoar às construções brasileiras, pois considerava Walter Gropius o mais importante arquiteto moderno, a quem premiou na II Bienal de São Paulo,[150] "uma vez que, em arquitetura, tudo deve ter sua lógica, sua função imediata".[151] Discípulos de Le Corbusier que aprofundavam as liberdades formais só poderiam ter o seu repúdio pois padeceriam "um pouco deste amor ao inútil".[152]

Concedeu Bill que suas críticas à arquitetura brasileira foram feitas "porque ela me fornece matéria para tal, o que significa dizer que ela é importante". Mas sua generosidade não se estendeu quando examinou o projeto do grupo brasileiro com Le Corbusier:

> Quanto ao edifício do Ministério da Educação, não me agradou de todo. Falta-lhe sentido e proporção humana; ante aquela massa imensa o pedestre sente-se esmagado. Não concordo, tão pouco, com o partido adotado no projeto, que preferiu condenar o pátio interno construindo o prédio sobre pilotis.[153]

Curiosamente, em outro trecho da entrevista, entrevê-se que suas apreciações foram feitas a partir da leitura de publicações, sem haver entrado no ministério: "Conheço apenas a decoração externa: os azulejos de Portinari, a estátua da juventude e os jardins. [...], embora conheça quase tudo o que até agora se publicou no estrangeiro sobre a arquitetura brasileira."[154] Julgar um edifício apenas pela visão de suas fotos ou fachadas era anacrônico e inusitado num artista rigorosamente racional e moderno como Bill. De acordo com Mario Pedrosa, as novas edificações demandavam um novo olhar crítico que ultrapassasse o enfoque exclusivo dos historiadores de arte. Pedrosa propunha um julgamento plás-

---

149 *Manchete*, nº 60, Rio de Janeiro, 13 jun 1953, pp. 38-39.

150 Max Bill, premiado na primeira Bienal de 1951, foi presidente do júri da Bienal de 1953, conhecida como "Bienal da Guernica", pois abrigou a estupenda obra de Pablo Picasso.

151 *Manchete*, op. cit.

152 Id.

153 *Manchete*, op. cit., pp. 38-39.

154 Id.

tico, sem esquecer os aspectos técnicos; ironizava aqueles que achavam que um crivo estético constituiria um exame estático das fachadas, pois a percepção dos espaços, com o observador em movimento, era central na análise que propunha. Para Pedrosa "a famosa integração das artes não existirá, enquanto aquela impressão unificada, de efeito único, não for encontrada".[155]

Lucio Costa viu certa leviandade nas opiniões apressadas do artista da Escola de Ulm: "As reações externadas por Max Bill ou melhor os seus preconceitos, pois já os trazia consigo quando embarcou, são típicos desse estado de espírito prevenido."[156] Surpreendeu-se com o fato de um edifício que, ao elevar-se sobre colunas devolveu o chão que ocupou à cidade e lhe oferece um jardim público, possa ser percebido como "esmagador para o pedestre".

Max Bill só demonstrou entusiasmo pelo conjunto do Pedregulho, de Affonso Reidy, nos arrabaldes do Rio, um monumental conjunto habitacional com serviços de saúde, esporte e educação para camadas populares. Para ele, em contraste com os prédios da Pampulha, o uso da forma curva no Pedregulho atendia à topografia e a um propósito social. Essa mesma comparação foi utilizada por Mario Pedrosa: "Pampulha não podia senão ser um fruto da ditadura, ao passo que Pedregulho é a obra de uma época já democrática."[157]

Costa se pôs de pleno acordo com o entusiasmo de ambos a respeito do conjunto arquitetônico de Reidy mas discordou fazê-lo em detrimento da realização de Niemeyer em Belo Horizonte: "Sem Pampulha a arquitetura brasileira na sua feição atual – o Pedregulho inclusive – não existiria." Pareceu-lhe muito simplista julgar os projetos pelos seus programas e não pelo modo como os arquitetos o realizaram, independentemente de destinados a burgueses ou operários.

Max Bill não se agradou com o Rio de Janeiro: a seu ver uma cidade cheia de buracos, semeada por precárias favelas, que não tinha condições, nem vontade, pelas contradições sociais e acomodação política, de formular uma política habitacional em grande escala. Max Bill tinha razão. Aqui só era possível plantar exemplos.

Uma arquitetura uniforme também não teria sentido. O Brasil era um país periférico com uma esparsa tecnologia de construção e ainda engatinhava no aço. Tivemos algumas vantagens, oriundas da desigualdade social, que permitiram,

---

155 Apud Lauro Cavalcanti. "Naturally Modern: Mario Pedrosa and Architectural Criticism". In: *Mario Pedrosa: Primary Documents*. New York: MoMA, 2015, pp. 43-46.

156 Lucio Costa. "Desencontro, 1953". In: *Registro de uma vivência*, op. cit., p. 201.

157 Mario Pedrosa. "A arquitetura moderna no Brasil". Conferência proferida em Paris e publicada na revista *L'Architecture d'Aujourd'hui*, nº 50-51, set 1953, op. cit.

com a baixa remuneração dos operários, moldar, em concreto armado, a obra no próprio canteiro. Nosso clima convidava à fluidez dos espaços internos e externos, assim como o concreto estimulava a experimentação formal das estruturas.

A arquitetura individualista, denunciada por Max Bill, primava por alguns talentos singulares e uma estética da precariedade – não é de se estranhar que nossos acabamentos não fossem perfeitos. Os brasileiros escolheram a inspiração de Le Corbusier justo por ele privilegiar a natureza artística da arquitetura, fornecer ao arquiteto um papel propositivo de reforma social e comportar a feitura de projetos-piloto de variadas escalas.

As argumentações de Le Corbusier entusiasmaram Lucio Costa:

> O desejo de dar ao homem – a todos os homens – condições materiais igualitárias de vida e de tempo disponível para permitir-lhes, individualmente, desenvolvimento multiforme segundo a índole, vocação e capacidade de cada. [...] Com o correr do tempo, porém, tudo mudou: o capitalismo mostrando-se por demais dinâmico e sempre insatisfeito e o socialismo revelando-se estático demais [...].[158]

Ficara para trás "a crença de que a nova arquitetura e as transformações sociais faziam parte de um mesmo processo geral de renovação ética do mundo".[159] Lucio Costa, Oscar Niemeyer e Affonso Reidy não permaneceram na ilusão de transformar o Brasil arcaico apenas com seus planos e obras. Nunca foram ingênuos para tanto.[160] Os três arquitetos cariocas sabiam, no entanto, da possibilidade de construir exemplos. E, cada um, a seu modo, os fez.

O italiano Ernesto Rogers, importante arquiteto, crítico e editor da revista *Casabella*, visitou, em 1953, o Rio de Janeiro. Teve Lucio Costa como cicerone à Casa das Canoas, pela qual se encantou com o contexto e a inserção na paisagem, criticando, apenas, o andar inferior. Vale transcrever a sua opinião sobre o futuro urbanista de Brasília: "Quando a visitei, estava conosco Lucio Costa, aquele que, depois de ser reconhecido Alá dos arquitetos brasileiros, teve um ato de inusitada e – em minha opinião – excessiva modéstia, até tornar-se o Maomé de Oscar: o seu afetuoso e generosíssimo poeta."[161]

---

158 Maria Elisa Costa (Org.). *Com a palavra Lucio Costa*. Rio de Janeiro: Aeroplano, 2000, p. 105.

159 Id.

160 "O Brasil negativo sempre prevalece" comentou Lucio quando houve uma grande deterioração do Pedregulho, durante os anos 1980.

161 Apud Aline Coelho Sanchez em "Ernesto Nathan Rogers e a polêmica da arquitetura brasileira". *Risco – Revista de Pesquisa em Arquitetura e Urbanismo*, nº 16, 2012. Disponível em: <http://www.revistas.usp.br/risco/article/view/73487>.

Viu mais virtudes que defeitos na produção brasileira, identificando fontes diversas em Niemeyer e Costa: o primeiro ligado à paisagem e o segundo à história e tradição.[162] Em 1954 publicou o ensaio "Pretexto por uma crítica não formalista", no qual inverte a acusação de formalismo a Max Bill:

> Se a crítica deve ser justamente severa em tachar de formalismo aquelas obras cuja aparência não seja motivada por razões internas e circunstanciadas, do mesmo modo *deve ser considerada formalística aquela crítica que, influenciada por informações* a priori, *não seja capaz de penetrar o significado das obras* para além da crosta do gosto subjetivo. (grifos meus)[163]

O casal Ise e Walter Gropius[164] também veio ao Rio em 1953. As opiniões do arquiteto foram elogiosas sem entusiasmo, contudo.[165] É conhecida a história da visita do casal a Canoas: recebidos por Oscar Niemeyer, o ex-diretor da Harvard Architectural School, a tudo olhou com interesse e, concedamos, admiração. Ao se despedir do anfitrião, solenemente lhe falou: "Sua casa é bela, só não é multiplicável." Ao que Oscar retrucou: "Nem esta paisagem, eu ou a minha família..."[166] Ise Gropius, escritora e pensadora, emitiu uma sintética opinião, plena de sensatez: "não se pode medir a arquitetura brasileira com a régua suíça", quando algum jornalista a indagou sobre as críticas de Bill. Ela, conhecida no meio como Fraü Bauhaus, adorou o Rio de Janeiro. Na viagem ao Japão, um ano depois, em 1954, o casal fez questão de ir a Hiroshima, pagar seus tributos às vítimas da bomba atômica. No alto da montanha, divisando a baía, os rios e o porto da cidade nipônica arrasada, declarou que "só é *suplantada em beleza pelo Rio de Janeiro*. Se o mundo soubesse que um dos pontos mais lindos do planeta havia sido erradicado da face do planeta, o choque teria sido maior ainda".[167] (grifos meus)

---

162 Aponto, novamente, o texto de Sanchez para quem desejar se aprofundar no tema.

163 Aline Coelho Sanchez. "Ernesto Nathan Rogers e a polêmica da arquitetura brasileira". *Risco*, op. cit.

164 Gropius havia se aposentado há um ano do cargo de diretor da Universidade de Harvard, posição exercida de 1938 a 1952.

165 Alguns historiadores veem-nas, apenas, como respeitosamente diplomáticas, ver Rodrigo Otávio da Silva Paiva no seu livro *Max Bill no Brasil*, Joinville: Clube de Autores, 2017.

166 Depoimento de Oscar Niemeyer a Lauro Cavalcanti em 1992, publicado em *Quando o Brasil era moderno: guia de arquitetura 1928-1960*.

167 In: Fiona McCarty. *Gropius: The Man Who Built the Bauhaus*. Cambridge: The Belknap of Harvard University Press, 2019, p. 446.

O próspero vizinho norte-americano teve, em seu modernismo tardio, uma influência marcadamente germânica. Mies van der Rohe, Walter Gropius, Marcel Breuer e outros, egressos da Bauhaus, somando o rigor trazido da Alemanha com a tecnologia dos EUA, conseguiram realizar seus visionários projetos de torres de vidro. Constituíram o que se convencionou chamar de "estilo internacional", não devotado a moradias populares, mas aplicado nas sedes das grandes corporações que se estabeleceram com base na fartura norte-americana do pós-guerra. Max Bill não deve, tampouco, ter ficado feliz.

Cinco anos após sua visita ao Brasil, em 1958, Gropius abordou a contradição entre os propósitos modernos iniciais e seus desvios em "The Curse of Conformity" [A maldição da conformidade] da prestigiosa série *Adventures of the Mind*:

> Ainda que a técnica americana seja a inveja do mundo, o *american way of life* não recebe o mesmo respeito incondicional no exterior. Nós provamos a todos os povos da Terra que é possível uma nação enérgica elevar seus padrões cívicos e materiais a uma altura inimaginável. [...] O exemplo foi estudado zelosamente. Outras nações estão ansiosas por adotar a nossa fórmula mágica. No entanto, ainda estão relutantes em aceitar a ideia de que a marca da tecnologia americana fornece realmente um modelo ideal para viver bem. Com razão, pois inclusive nós mesmos estamos começando a suspeitar que a abundância econômica e liberdade cívica talvez não sejam suficientes. *Onde erramos?*[168]

Julieta Guimarães Costa, a Leleta.

A década de 1950 trouxe a Lucio Costa renome e prestígio profissional mas também a pior tragédia de sua vida. Numa quarta-feira chuvosa, dia 10 de março de 1954, em sua Lancia com toda a família, o carro derrapou espatifando-se numa árvore da serra fluminense. A única vítima fatal foi sua mulher que, impulsionada para a frente pelo choque, teve o peito transpassado pela alavanca de marchas lateral, perpendicular ao volante. Essa morte marcou, profundamente, os seus 44 anos restantes de vida.

Um desenho de Le Corbusier, entregue a Lucio em 1952 e oferecido à Leleta, adquiriu, depois do acidente, um incômodo caráter premonitório aziago. O destaque da composição

---

168 "The Curse of Conformity". In: *Adventures of the Mind from the Saturday Evening Post*. New York: Alfred A. Knopf, 1960, p. 263.

era um punhal manchado de sangue, acima do que poderia ser um espelho d'água e, abaixo de tudo, um ser humano em pose desesperada pairava sobre um texto manuscrito: "A vida é sem piedade."

Julieta Costa era uma pessoa solar. Culta, era não apenas mulher e parceira, mas uma "impulsionadora" da vida de Lucio. Vale citar uma carta à sogra que Lucio escreveu num raro momento vago na estada com Niemeyer em Nova York, na tarefa de colocar em pé o Pavilhão do Brasil:

> Quanto a mim, não sei como foi, sei é que acertei em cheio – porque sua filha tem sido a boa companheira que eu esperava. Até me deu, de quebra, Maria Elisa.[169] E agora que também estou do lado dos pais, vou ver se ensino bem direitinho as "minhas" regras... Mas deixarei, se possível, ela sentir que existem outras maneiras de jogar. E se mais tarde ela cismar de jogar diferente, à moda dela, torcerei (caso ainda não tenha caído da arquibancada) do mesmo jeito para que ela ganhe a partida.[170]

Rio de Janeiro, Petrópolis e Paris eram as cidades preferidas de Costa. Depois do acidente, a cidade serrana jamais voltou a ser a mesma:

> O ar era puro e lavado, luminoso e azul. Nas manhãs ou noites era o nosso caminho, na Lancia aberta, para Correias. Petrópolis era o Piabanha 109, a cidade onde dr. Modesto clinicava e Leleta nasceu. Agora está desfigurado, tudo mudou [...] para mim Petrópolis ficou sendo a cidade de nosso destino, para onde íamos quando, esvaída de sangue [sic], Leleta morreu.[171]

Paris não perdeu o encanto mas adquiriu um tom melancólico pois lhe recordava, com enorme insistência, os bons e frequentes momentos ali passados com a esposa.

Lucio Costa foi o último arquiteto a entregar seu plano e somente participou do concurso para a nova capital porque sua falecida mulher o teria incentivado a concorrer. Visitou a construção uma única vez para verificar a locação dos eixos, mas somente em 1974 foi persuadido a conhecer a cidade em funcionamento. Até então, recusava-se, pois queria homenagear Leleta, com ela compartilhando a impossibilidade de ir a Brasília.[172]

---

169 Helena, a filha caçula, ainda não havia nascido.

170 Carta caseira, em 18 set 1938. In: *Registro de uma vivência*, op. cit., p. 194.

171 Em "Premonição". In: *Registro de uma vivência*, op. cit., p. 579.

172 "Tribú Costá". Depoimento de Maria Elisa Costa. Ver p. 17 neste livro.

CASA DO BRASIL (1953-1959)

A parisiense Casa do Brasil foi uma paródia, espelhada e reduzida, da saga do Ministério da Educação carioca. Aqui inverteram-se os papéis: anteprojeto de Lucio Costa e projeto definitivo de Le Corbusier. Valho-me do enxuto depoimento de Maria Elisa Costa para compor os dois parágrafos seguintes.

Foi confiada ao arquiteto do primoroso conjunto do Parque Guinle, a responsabilidade de erigir a Casa do Brasil, na Cidade Universitária. Depois da fase inicial do anteprojeto, era necessário envolver arquitetos franceses. Lucio escolheu entregar o desenvolvimento dos pormenores da edificação ao Ateliê Le Corbusier; para esse efeito contatou o arquiteto André Wogenscky, chefe do escritório da 35 rue de Sèvres. "Pouco depois, recebe um telefonema de Corbu: "Que história é essa de '*mon atelier*'? *Mon atelier, c'est MOI!!!*"[173]

E do anteprojeto apenas a implantação, a volumetria e a participação de Charlotte Perriand foram respeitadas. Lucio imaginara a linguagem arquitetônica similar a do pavilhão suíço, projetado por Le Corbusier em 1930. A Casa do Brasil, entretanto, seguiu o "brutalismo" da Unidade de Habitação de Marseille, sua contemporânea. Nas exatas palavras de Maria Elisa Costa: "No final da década de 1950, a Casa do Brasil ficou pronta – minha irmã e eu representamos meu pai na inauguração. Ele não foi."[174]

A leitura das mensagens trocadas para esse projeto nos permite ver as diferenças e a habilidade mútua de esgrima entre amigos. O tratamento inicial e as despedidas, por vezes, amenizavam a contrariedade que as demais palavras trariam ao outro. A carta de Corbusier para Lucio, em 14 de outubro de 1960, iniciava com "Meu querido amigo" e findava com o seu desejo de conhecer Brasília, recomendações especiais às filhas e "aperto sua mão amigavelmente". O penúltimo parágrafo trazia a sua terminante recusa de fazer qualquer alteração que seja. "Espero que você compartilhe o meu ponto de vista. Meu prédio envolve minha responsabilidade e não quero que ele seja massacrado."[175]

Em sua carta de 6 de fevereiro, Costa lhe faz sugestões sobre o projeto, a maioria rechaçada. Corbu lhe escreveu:

---

173 Id.

174 Id.

175 Ver a carta na p. 123 desta edição.

> Caro Lucio, você é um sujeito chique. Sabe que eu gosto de você de maneira muito particular e estou certo de que reina entre nós a mais total confiança. Agora praticamente esgotei as fontes de minha invenção arquitetônica para responder ao programa brasileiro. [...] Acredite, meu caro amigo, em toda a minha devoção e *disposição para receber todas as suas sugestões*."[176] (grifos meus)

Pode-se notar o antagonismo entre o texto e a despedida: propostas negadas, recursos esgotados, ainda que disposto a receber todas as sugestões...

Contrariara, em particular, Corbu, sem que ele entendesse o real sentido, a sugestão que ele doasse um mural para ser colocado no salão do térreo: O Brasil é pobre mas eu o sou ainda mais.[177] Lucio lhe esclareceu que não havia levado em conta o aspecto pecuniário; pensara em prevenir problemas futuros para os dois, evitando que um artista brasileiro, não inteiramente do agrado de ambos, fosse encarregado do painel: "Eis porque me permiti fazer-lhe essa sugestão. Seu amigo, Lucio."[178]

Costa cedeu graciosamente o anteprojeto de sua autoria, não sem antes enviar-lhe uma recomendação de cores, explicitar sua restrição ao brutalismo, então presente na obra de Corbu, e recomendar uma série de elementos que seriam típicos da cultura arquitetônica brasileira.

Pela enésima vez Le Corbusier se referiu ao "calote" brasileiro que teria levado nos anos 1930. Lucio teve a deferência de enumerar inúmeros fatos que desacreditavam a história e escreveu uma das desistências mais elegantes da qual se tem conhecimento:

> E se hoje, quase vinte anos depois, ainda confio ao seu ateliê o assunto da Casa do Brasil na Cidade Universitária, é precisamente em vista desses antecedentes, e para que você se considere, de uma vez por todas, compensado no que diz respeito a nós: compensado do ponto de vista dos negócios, porque o que nós, arquitetos do mundo inteiro, devemos a você, não tem preço.[179]

---

176 Ver a carta na p. 107 desta edição.

177 Id.

178 Ver a carta na p. 115 desta edição.

179 Id.

Pavilhão da Suíça na Cidade
Universitária de Paris

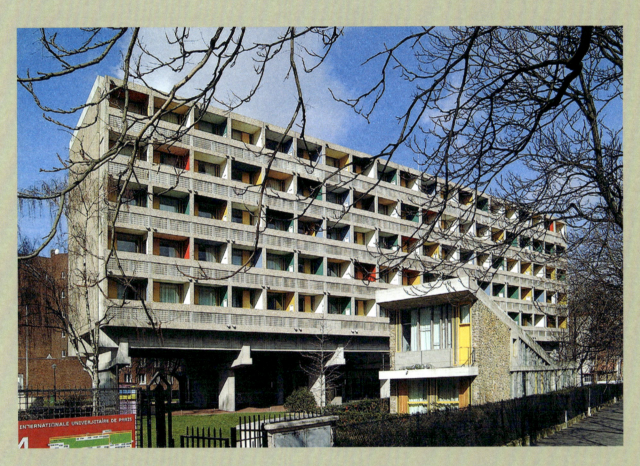

Casa do Brasil na Cidade
Universitária de Paris

DE NOVO O BRASIL (1962)

RIO E BRASÍLIA

Lucio Costa e Oscar Niemeyer dispenderam muito empenho para que a nova capital abrigasse um edifício de Le Corbusier. A primeira iniciativa foi, através dos canais oficiais, sugerir ao governo francês que o encarregasse da embaixada gaulesa no Planalto Central. Tudo parecia caminhar bem.

Em 29 de novembro de 1960, mal chegando da Índia, Le Corbusier escreveu a Costa: "...recebi um telefonema da Air France querendo saber se eu aceitaria participar de uma excursão em grupo a Brasília. Não pude aceitar porque ando atulhado de trabalho, sobretudo na minha volta."[180]

O ano de 1960 foi atribulado para o arquiteto. Em 15 de fevereiro faleceu a sua mãe, aos 101 anos, Marie-Charlotte Jeanneret-Perret.[181] Sua arquitetura, finalmente, virava realidade em vários lugares e escalas: foi construído o projeto da torre e edifício de controle, no Alto Reno, da eclusa de Kembs Niffer. Inaugurou-se o Convento de la Tourette, em outubro, às vésperas de sua viagem à Índia, no processo de completar a nova capital do Punjab, Chandigarh. Envolveu-se em vários empreendimentos na cidade de mineração e siderurgia de Firminy, no Alto Loire, onde o prefeito, seu amigo, Eugène Claudius-Petit[182] fez surgir Firminy-Vert, "minicidade radiosa" – um novo setor com unidades de habitação, centro cultural, estádio de esportes, uma igreja em meio a espaços gramados, vegetação, luz e sol. Por fim, o 35 da rue de Sèvres fervia no trabalho à distância, com Jose Luis Sert, em Nova York, para aquele que seria o seu único prédio norte-americano construído: o Carpenter Visual Arts Center, na Universidade de Harvard, inaugurado em 1963.

Le Corbusier, aos 73 anos, não tinha a mesma saúde, disponibilidade, anseio ou premência de projetos. Ao receber outro convite para vir a Brasília, em

---

180 Ver a íntegra na p. 125 desta edição.

181 "Marie-Charlotte Jeanneret-Perret foi o amor da vida de Le Corbusier", depoimento de Jean-Louis Cohen em *Le Corbusier: Modern, Absolutely Modern* (direção de Nicolas Valode e Pauline Cathala). No mesmo filme, Nicholas Fox Weber relata o esforço que o arquiteto empenhou, na vida inteira, para conquistar a admiração materna.

182 Herói da Resistência Francesa, ministro do Trabalho e Habitação Popular (1951-1954), Eugène Claudius-Petit, eleito em 1953 prefeito da cinzenta e sombria Firminy, mandato que exerceu até 1971, quis transformá-la numa "cidade exemplar do século xx", convocando os serviços de Le Corbusier em 1955.

setembro de 1961, dessa feita pelo governo brasileiro, relatou ao embaixador seu enorme desejo de aceitar mas que a prudência o fazia pedir para adiarem a viagem, por conta de excesso de trabalho e de sua saúde. Enviou a Lucio e Oscar uma cópia da resposta, adicionando:

> Teria ficado bem feliz de passar algumas horas com vocês em Brasília. Penso que isso será possível em breve, mas a minha saúde requer cuidados (calor, clima etc.). Faço questão de reiterar-lhes minha sincera e sólida amizade, a um como ao outro.[183]

Prosseguiu reassegurando aos arquitetos brasileiros:

> [...] desejo muito ir a Brasília na primeira oportunidade que surgir. No que se refere à Embaixada da França em Brasília, tenho certeza de ser o escolhido para construí-la pelo governo francês. Em suma, trata-se de inventar o dia de 48 horas e o ano com 400 dias![184]

A correspondência de Costa e Corbu não tratava apenas de assuntos profissionais; a amizade pessoal entre ambos havia se consolidado, como demonstra esse trecho do arquiteto francês: "Penso com frequência em você. Tive o prazer de estar com sua filha Helena, cheia de vigor e entusiasmo, de volta a Paris, vinda de Pequim, prestes a voltar ao Rio (os transportes funcionam bem!). Com amizade e saudações amigas a Oscar."[185]

O assunto da embaixada parecia seguir seu curso normal. Para demonstrar a concretude de sua certeza, adicionou um pós-escrito: "Recebi esta manhã uma carta do Ministro de Assuntos Culturais (Malraux) e localizei no terceiro parágrafo informação precisa em relação à Embaixada da França. Fotocópia em anexo."[186]

Em janeiro de 1962, acendeu-se o primeiro sinal vermelho, entrando em cena um novo personagem, o arquiteto Jacques Pilon, francês radicado em São Paulo, que fizera, em 1950, a Maison de France carioca. Assim Corbu relatou a Lucio e Oscar: "Recebi a visita de um funcionário do Ministério das Relações Exteriores que me trouxe... 'os dados' sobre a Embaixada da França em Brasília. Pude perceber que uma das plantas, na escala de 1/300 tinha o carimbo do sr. Jacques Pilon.

---

183 Ver a íntegra das cartas nas pp. 127-129 desta edição.

184 Carta de 29 nov 1960, p. 125 desta edição.

185 Ver p. 125 desta edição.

186 Id.

Aquela que me entregaram está completamente vazia (240 x 100 m), salvo no canto sudoeste, uma chancelaria de 24 x15 m e uma garagem de 7,50 x 3,60 m. Creio que a residência do embaixador ficaria ao lado..."[187]

"À minha pergunta responderam-me que os prédios do pessoal da embaixada caberiam ao sr. Pilon. Pedem-me para fazer a residência do embaixador e a chancelaria." Dirigindo-se a Lucio e Oscar, pergunta-lhes "se ficariam satisfeitos, caso aceitasse a tarefa que parecem querer me confiar..."[188]

O fundamental Corbu reservou ao pós-escrito: planejam um grande conjunto arquitetônico com vários arquitetos, o que romperia a unidade arquitetônica. Em suas palavras: "[...] é um fragmento, um pedaço onde minhas pesquisas e qualidades não serão de nenhuma maneira empregadas. Eis o fundo do meu pensamento a respeito."[189]

Em nova carta, de 15 de fevereiro de 1962, na qual anexa a anterior, de janeiro, ainda não respondida, Le Corbusier descreveu a necessidade de externar sua resposta ao Ministério das Relações Exteriores, pedindo conselho a Lucio e Oscar: "Respondam por telegrama "sim" ou "não" e me deem explicações na carta de resposta."[190]

No intervalo entre as duas missivas encontrara o embaixador francês no Brasil que lhe assegurara que o terreno inteiro de 24.000 m² estava destinado à residência e chancelaria, apagando seu receio anterior de convívio com uma arquitetura de outra procedência. Expressa, porém, uma nova dúvida por considerar o "programa de uma banalidade total".[191]

O seu foco parecia haver mudado para uma possível Maison de France em Brasília, segundo planos relatados pelo mesmo diplomata: "É aí que se deveria empreender uma iniciativa dos tempos modernos e por um arquiteto conhecedor da França moderna e das potencialidades de Paris."[192]

A resposta, em 23 de fevereiro de 1962 de Lucio Costa é, a um só tempo, pragmática e sonhadora.

---

[187] Carta de 22 jan 1962, na p. 131 desta edição.

[188] Ver p. 131 desta edição.

[189] Ver p. 132 desta edição.

[190] Ver p. 134 desta edição.

[191] Carta de 15 fev 1962. Ver carta original na p. 134 desta edição.

[192] Ver carta original de 15 fev 1962, na p. 134 desta edição.

Voltando de viagem, acabo de receber suas cartas, a visita de Carneiro[193] e um bilhete de Oscar, de Brasília, pedindo-me que lhe responda assinalando a importância que atribuímos em ter uma obra original sua na nova capital, resultado lógico de sua fecunda intervenção de 1936 entre nós. Acredito que o programa da Embaixada, tal como lhe foi apresentado, subentende todo o conjunto previsto, isto é, Embaixada, residência e chancelaria.[194]

Outro problema é a Maison de France a ser feita noutro lugar, próximo à universidade, tendo salas de aula da Aliança Francesa, administração e um centro cultural. "Não sei lhe dizer por onde o governo francês pensa começar,[195] e eu concordo com você se uma escolha se impõe, o programa da Casa é mais atual."[196]

Costa reafirmou que era fora de questão aproximar a Embaixada da Casa de Cultura, como sugerira o autor do Modulor. A representação diplomática será construída junto as de outros 100 países, enquanto o centro cultural deveria estar contíguo à universidade, para melhor servir aos estudantes, como previsto no plano de zoneamento da cidade.

Seis de setembro de 1962, à tardinha, o *concierge* do Hotel d'Isly entregou, junto com a chave de seu quarto, uma carta de Le Corbusier, prontamente reconhecida por Costa. Anunciava-lhe a decisão de fazer a embaixada e a chancelaria, ainda que preferisse a Casa da França, pois "sei o que colocar dentro dela".[197] Pedia, o mais rápido possível, as plantas de nível e fotos do terreno da embaixada, assinalando a importância das últimas.

Endereçada aos caros amigos Lucio Costa e Oscar Niemeyer, em 9 de novembro de 1962, propõe-lhes datas de sua rápida vinda ao Brasil, saindo de Orly dia 21, às 23h, e lá desembarcando no dia 26, às 11h. Dois dias no Rio e três em Brasília, onde passaria o Natal.

---

193 O carioca Paulo Carneiro (1901-1982), ex-embaixador brasileiro na Unesco, cogitado a ocupar a presidência do órgão. Foi um dos fundadores e o primeiro presidente da Casa de Lucio Costa.

194 Ver carta original de 23 fev 1962, na p. 137 desta edição.

195 Até 2020 inexiste a Maison de France em Brasília.

196 Ver carta original de 23 fev 1962, na p. 137 desta edição.

197 Ver a íntegra da carta na p. 141 desta edição.

FINALMENTE BRASIL

Lucio Costa, Maria Elisa e Ítalo Campofiorito foram recebê-lo no Aeroporto Santos Dumont. Com a palavra, Maria Elisa:

> No caminho para o hotel (o Glória), uma "escala". Onde? No Ministério, claro!!! Saíram os dois do carro e começaram a caminhar pelos pilotis... Ítalo e eu nos mantivemos à distância, aquele momento pertencia exclusivamente aos dois. De repente, Corbu deu uns tapinhas numa das colunas, como se fosse no ombro de uma pessoa! Inesquecível.[198]

Houve um quase banquete no MAM, com Lucio Costa e Carmen Portinho a seu lado. Visitou e almoçou no Sítio Burle Marx, num sábado, experimentando a essência da relaxada sofisticação carioca. Numa foto coletiva aparecem, em destaque, sentados Roberto Burle Marx, Le Corbusier, Lucio Costa e Affonso Reidy. De acordo com Carmen Portinho: "Le Corbusier fez-lhe os maiores elogios: 'Fiquei admiradíssimo, nunca tive ocasião de realizar obra tão completa, dentro de meus princípios, como vocês realizaram.'"[199]

Ítalo Campofiorito o acompanhou na visita a Brasília, que o encantou, e provocou seu comentário, ao pisar as pedras portuguesas na Praça dos Três Poderes:

Almoço oferecido a Le Corbusier no Museu de Arte Moderna do Rio de Janeiro, 1962. Lucio Costa é o primeiro da esquerda para direita, e Le Corbusier o terceiro.

> Não faria assim porque sou duro, sou pesado. É engraçado, vocês brasileiros. Vocês são delicados, vocês são quase femininos. O Rodrigo [Melo Franco de Andrade] o Lucio [Costa], o Oscar [Niemeyer]. Até você, Ítalo, é muito delicado. Eu sou bruto; aqui: eu não teria feito dessa forma, não teria feito tão delicado, as colunas do Oscar são muito delicadas, o chão é muito delicado. Eu teria feito a Praça dos Três Poderes com grandes placas de concreto armado e juntas de asfalto, como dos aeroportos.[200]

---

198 "Tribú Costá". Depoimento de Maria Elisa Costa. Ver p. 30 deste livro.

199 Em Lauro Cavalcanti. *Moderno e brasileiro*, op. cit., p. 141.

200 Relato de Ítalo Campofiorito, utilizado por Carlos Comas em "Le Corbusier e a Embaixada da França em Brasília". In: *Arquitextos*, Vitruvius. Disponível em: <https://www.vitruvius.com.br/revistas/read/arquitextos/17.195/6178>.

Almoço no Sítio Burle Marx (RJ), 1962. Em destaque, à esquerda, de pé, o arquiteto Ary Garcia Roza, e sentados da direita para esquerda: Roberto Burle Marx, Le Corbusier, Lucio Costa e Affonso E. Reidy.

A Oscar Niemeyer, Le Corbusier não ousou tocar em questões de gênero ou delicadeza. Espantou-se com a sua coragem para desenhar as cúpulas do Congresso Nacional, afirmando-lhe: "Aqui há invenção."[201]

Antes de voltar para a França, deixou este bonito recado aos brasileiros:

Uma palavra aos meus amigos do Brasil

Despeço-me hoje dos meus amigos do Brasil. E, para começar, do próprio Brasil, país que conheço desde 1929.

Para o grande viajante que sou, há no planisfério áreas privilegiadas, entre as montanhas, sobre planaltos e planícies onde os grandes rios correm para o mar, o Brasil é um desses lugares acolhedores e generosos que se gosta de chamar amigo.

Brasília está construída; vi a cidade apenas nascida. É magnífica de invenção, de coragem, de otimismo; e fala ao coração. É obra dos meus dois grandes amigos e (através dos anos) companheiros de luta – Lucio Costa e Oscar Niemeyer. No mundo moderno, Brasília é única. No Rio

---

201 Em Oscar Niemeyer. "Conversa de arquiteto", publicado na *Folha de S. Paulo*, em 16 jul 2006.

há o Ministério de 1936-45 (Educação e Saúde), há as obras de Reidy, há o Monumento aos Mortos da Guerra. Há muitos outros testemunhos. Minha voz é a de um viajante da terra e da vida. Meus amigos do Brasil, deixem-me que lhes diga obrigado!

Le Corbusier

29 de dezembro de 1962, Rio de Janeiro.[202]

AINDA O BRASIL

Jânio Quadros sucedeu a Juscelino Kubitschek na Presidência da República. A eleição para vice-presidência foi independente e levou ao cargo João Goulart. O Brasil passou a ter dois políticos antagônicos no Poder Executivo: o primeiro da UDN (União Democrática Nacional), opositora de Vargas, num espectro de centro-direita. Jango, por seu turno, havia sido ministro do Trabalho do último governo varguista pertencendo ao PTB (Partido Trabalhista Brasileiro), de centro-esquerda. Caberia a Jânio restaurar a economia pois herdara uma significativa dívida da gestão desenvolvimentista anterior; constituiu um ministério com bons nomes, manteve a independência de nossa política externa, condecorando Ernesto Che Guevara. Excentricidades não lhe faltaram tampouco: inventou um substituto para o terno em nosso clima tropical, "roupa safari", opôs-se a concurso de misses, proibiu briga de galos, mas ninguém poderia supor que só governaria sete meses. Renunciou, no exato momento que seu vice visitava a China comunista.[203] Temia-se que o reingresso de Goulart fosse vetado pelas Forças Armadas. O país, dividido, encontrou na mudança do regime para o parlamentarismo uma solução ou talvez uma trégua provisória. De 1961 a 1963 sucederam-se três chanceleres: Tancredo Neves (1961-1962), Brochado da Rocha (1962) e Hermes Lima (1962-1963). Um plebiscito foi convocado para o dia 6 de janeiro e, durante quinze meses, João Goulart passou a ser chefe do executivo presidencialista. Em 1964 foi deposto por um regime militar, com rodízio de presidentes, que perdurou vinte anos.

---

202 Ver nesta edição na p. 151.

203 Jânio mencionou "forças ocultas" como a causa de sua desistência. Consta que já houvera tentativas anteriores, não encaminhadas ao plenário pelo presidente da Câmara. Outros falam em uma tentativa sua de fortalecer o Executivo, aproveitando a estada de Goulart, na temível China comunista, fiando-se na popularidade da grande vitória eleitoral, de modo a forçar o Congresso a lhe conferir maiores poderes, uma vez que algumas de suas ações pretendidas eram inviabilizadas pela Câmara de Deputados e Senadores.

Em meio a essa instabilidade tudo indicava que a França demoraria a construir sua embaixada e mais remota, ainda, ficou a Casa da França no Planalto Central. Oscar preocupava-se com a idade de Le Corbusier e a lentidão do processo. A proximidade do poder voltou por intermédio de seu amigo Darcy Ribeiro que, entre janeiro de 1961 e março de 1964 foi, sucessivamente, reitor da UnB, ministro da Educação e chefe da Casa Civil Presidencial.[204] Juntos decidiram criar um Centro Nacional de Cultura e encomendar o projeto a Le Corbusier.

O arquiteto da Villa Savoye escreveu a Costa e Niemeyer em 25 de abril de 1963. Pede-lhes auxílio para responder ao ministro da Educação.[205] Solicitou-lhes "uma redação aceitável, nas condições brasileiras, para oficializar a designação da tarefa de Le Corbusier, explicitação do órgão supervisor do canteiro de obras, indicação dos honorários brasileiros correspondendo a esse trabalho, acrescentando uma percentagem remunerando Le Corbusier (criação e nome)".[206]

A resposta de Lucio não poderia ter sido mais direta: "A iniciativa da proposta que lhe foi feita é de exclusiva responsabilidade de Oscar e do ministro Darcy Ribeiro. Suas intenções foram as melhores em vista das circunstâncias: sua visita, a significação da obra de sua vida, sua idade."[207]

A seguir descreveu a impossibilidade de tal empreitada em meio à enorme crise – inflação brutal e grave crise política e social, que "torna impraticável a aprovação pelas autoridades atuais de um plano de trabalho como previsto".[208]

Aconselhou-o, ainda, a dividir sua proposta em três fases: anteprojeto, desenvolvimento e execução. "Para que se possa, ao menos, tentar a aprovação da primeira em vista de uma eventual realização num futuro indeterminado."[209]

---

204 Reitor da UnB, de abril a agosto de 1962; ministro da Educação, de setembro de 1962 a janeiro de 1963; e chefe da Casa Civil, de janeiro de 1963 até a queda do presidente em março de 1964.

205 A volatilidade de cargos era grande. Até a derrubada de João Goulart, a pasta da Educação e Cultura teve três titulares, subsequentes a Darcy Ribeiro: Theotônio Barros Filho (de 23 jan a 18 jun 1963), Paulo de Tarso (18 jun a 21 out 1963) e Júlio Furquim Sambaquy (21 out 1963 a 06 abr 1964). Estima-se pela data da carta que Le Corbusier deveria ter escrito a Theotônio Barros Filho.

206 Ver a íntegra da carta na p. 157 desta edição.

207 Ver a íntegra da carta na p. 159 desta edição.

208 Id.

209 Id.

Encontro de velhos amigos na terceira e última visita de Le Corbusier ao Brasil em 1962. Da esquerda para a direita: Affonso Eduardo Reidy, Ernani Vasconcelos, Olavo Redig de Campos, Gustavo Capanema, Alberto Monteiro de Carvalho, Le Corbusier, Lucio Costa e Mario Pedrosa.

Terminou a carta de um modo pessoal: "Espero que esteja bem de saúde e que o casaco comprado na 'Tour Eiffel'[210] vá lhe servir na Índia, e peço-lhe que tenha a bondade de receber Helena que ainda está na Europa e pensa fazer-lhe uma visita no mês que vem e abraçá-lo antes de voltar."[211]

"Que 1964-65 seja o ano da França em Brasília", terminou seu bilhete de 22 de dezembro de 1963, entregue à portadora especial, Charlotte Perriand, reiterando a Corbu "o quanto sua proposta para a embaixada me agradou".[212]

Le Corbusier consta da lista de cinco melhores arquitetos do século XX a não ser por aguda idiossincrasia pessoal de um historiador. O pós-guerra trouxe-lhe um grande volume de obras realizadas, em várias escalas, que orgulhariam qualquer excelente arquiteto. O seu temperamento, contudo, parece não lhe ter permitido usufruir do reconhecimento, finalmente obtido, pois se fixara no papel de jovem herói incompreendido. Alguns atribuem a esse incômodo o permanente afã de criar. Sejam quais tenham sido os motivos, sua última fase nos legou obras-primas entre as quais, infelizmente, não se incluiu a irrealizada Embaixada da França no Brasil.[213]

---

210 Loja refinada de roupas masculinas, aberta até meados dos anos 1970, no Posto 5, em Copacabana.

211 Ver a íntegra da carta na p. 159 desta edição.

212 Ver a íntegra da carta na p. 160 desta edição.

213 Projetada por Guillermo Juan de la Fuente (1931-2008), arquiteto chileno que, por sete anos, de 1958 a 1965, havia trabalhado no 35 rue de Sèvres.

NUNGESSER-ET-COLI

A rua Nungesser-et-Coli[214] começa no Boulevard d'Auteuil e finda na rue Claude Ferrère. Está na fronteira entre Paris e Boulogne-Billancourt: as construções do lado ímpar são do 16º *Arrondissement* parisiense, ao passo que aquelas do lado par, como o prédio Molitor de Le Corbusier, pertencem a Boulogne-Billancourt, tendo o código postal de 92100. Lucio Costa frequentou, a partir de 1948, muitas vezes o apartamento de Le Corbusier.

> Era muito simpático. [...] Era muito sensível, carinhoso. A começar pela mulher, era carinhosíssimo, com a Yvonne, moça muito bonita quando se casaram. [...] Eu tomei um susto quando a conheci. Ele gostava muito dela, mas parece que já era assim meio *détraquée* [...]. Fazia umas piadas, gostava de brincar. [...] Uma vez nós estivemos lá com o Gropius e havia uma porção de coisas que ela arranjava, assim de pregar peças. Então aquilo me chocou, uma figura tão respeitável, tão densa, casado com uma criatura assim meio... [...] Ele estava com ela todos os dias. Foi de um apego tocante. Ele sempre a tratava como se fosse normal, a deixava livre.[215]

Em 1958, um ano após a morte de Yvonne, Lucio, Maria Elisa e Helena jantaram com Corbu em seu apartamento. Foi a primeira vez que, ambos viúvos, cearam juntos. No dia seguinte, Costa lhe escreveu um bilhete: "Obrigado por nos ter recebido mais uma vez em sua casa. Sobretudo agora que você está sozinho – a sós com seu gênio."[216]

Quase sete anos depois, Costa e suas filhas foram novamente convidados para uma refeição noturna com Le Corbusier no dia 27 de julho de 1965.

A tribú Costá[217] não havia, nessa viagem, ido ao Museu do Louvre. O patriarca desejava levar as filhas para familiarizá-las com suas galerias pois sabia, por experiência própria, aos 24 anos, que o acúmulo monumental de obras podia intimidar visitantes jovens:

---

214 A rua homenageia os pilotos Charles Nungesser e François Coli que, decolando de Paris, num bimotor, em 8 mai 1927, desapareceram na tentativa de chegar a Nova York.

215 Excerto de uma entrevista concedida em 1987 a Jorge Czajkowski, Maria Cristina Burlamaqui e Ronaldo Brito. In: *Registro de uma vivência*, op. cit., pp. 145-146.

216 Carta de 25 set 1958. Ver a íntegra na p. 121 desta edição.

217 Como carinhosamente Le Corbusier se referia a eles.

> Por maior que seja o prazer que se tenha de ver cada quadro *per se*, o conjunto, assim em massa, amontoados, cansa, aborrece. A vizinhança destrói, a quantidade desvaloriza. As diferentes escolas e os diferentes mestres como que se devoram uns aos outros, brigando e se criticando numa eterna e silenciosa polêmica, entre as paredes frias e solenes das infindáveis galerias.[218]

Ainda no hotel estudou o mapa do metrô, certificando-se que o trajeto do Louvre à casa de Le Corbusier não duraria mais que uma hora: linha 1, com uma só baldeação, na estação Franklin Roosevelt para a linha 9, até atingir a estação Michel-Ange Molitor, de onde uma breve caminhada os faria chegar ao 24 rue Nungesser-et-Coli. Tiveram a precaução de só verem as pinturas belgas e holandesas dos séculos XVII e XVIII, possibilitando-lhes pegar o metrô uma hora e meia antes da hora aprazada para a viagem.

O imóvel fora construído entre 1931 e 1932, mas a sua aparência não denunciava os 33 anos de uso. O elevador os conduziu ao 6º andar de onde uma escada levava à grande porta pivotante do duplex do mestre que ocupava, com a casa e o ateliê, 240 metros quadrados nos 7º e 8º andares.

Le Corbusier os recebeu de modo muito carinhoso, e o jantar foi encantador na longa mesa retangular e descentralizada que propiciava uma bela vista das cintilantes luzes da cidade. Ninguém poderia suspeitar que seu estado de saúde não era bom e que, dali a exato um mês, no dia 27 de agosto, o anfitrião faleceria.

A caminho da estação de metrô, o vento frio fez uma das meninas perceber que havia esquecido o cachecol. Retornaram ao prédio e interfonaram. Le Corbusier, visivelmente agastado, desceu para entregar-lhes o xale.

Chegando ao hotel, Costa redigiu um bilhete: "Caro Le Corbusier, desculpe-me por tê-lo feito descer. Que diferença faz em nossa idade, alguns minutos ou alguns francos a mais ou a menos. Sua aspereza nos entristece. Nós gostamos muito de você. Lucio Costa."[219] Na própria carta, guardada na Fondation Le Corbusier, há no canto inferior o registro, escrito a mão: "Telefonei a Costa. Ele tranquilizou-se." Foi o derradeiro contato entre os dois.

Lucio, Maria Elisa e Helena voltaram na noite seguinte para o Rio. Costa, junto com Charlotte Perriand,[220] um mês após, fizeram a rota inversa para o doloroso dever de acompanhar as exéquias de Charles Jeanneret.

---

218 Carta de 1926 aos pais em Maria Elisa Costa (Org.). *Com a palavra Lucio Costa*, op. cit., p. 138.

219 Ver a integra da carta na p. 169 desta edição.

220 Charlotte Perriand ainda habitava o Rio.

TODOS OS VENTOS

Lucio Costa, aos 65 anos, não era muito afeito a entrevistas; tinha, entretanto, uma infinita paciência com os raros pesquisadores que aceitava receber em seu apartamento na praia do Leblon. Havia os que desejavam obter fatos inéditos da construção do Ministério, outros pediam detalhes do seu período tradicionalista, Brasília suscitava não poucos pesquisadores estrangeiros, alguns queriam levantar fatos pessoais sobre os quais mantinha recato, o Park Hotel igualmente merecia muitos visitantes... Ele mantinha sempre um ar cortês, interessava-se sobre a experiência do entrevistador, fazia-lhes perguntas e tinha sempre a delicadeza, quando percebia os olhos brilhantes do interlocutor se levantarem das anotações, de avisar que a recém-proferida resposta não era inédita, deixando subentendido que não seria um grande feito para pesquisas, nem "furos" para jornalistas.

Não foi o caso naquela tarde do outono carioca de 1967. O pesquisador, não muito simpático ainda que expansivo, insistia em debulhar críticas ao modernismo, criticar arquitetos de renome do círculo carioca, falar mal de monumentalidade e procurar dar-lhe quase aulas sobre antiarquitetura. Lucio manteve o ar afável, deu tempo para acabarem o cafezinho, respirou e, com leveza, sugeriu que encerrassem o encontro pois ele sentia que ficaria gripado. Levantou-se, conduziu o professor até a porta, esperou que o preguiçoso elevador chegasse, explicou-lhe como fechar a porta pantográfica manual e voltou à casa. Foi à janela, olhou o mar do Leblon, lembrou-se de Le Corbusier e de algumas críticas revisionistas a seu trabalho... Abriu a gaveta, pegou papel e um toco de lápis para escrever o seguinte texto:[221]

> Há mesmo os pretensiosos da arte dita prospectiva que pretendem enterrar desde já, junto com seu corpo, a obra de Le Corbusier. Eles esquecem sua bela estrutura (gótica) da cobertura suspensa da grande sala do Palácio dos Sovietes, o pavilhão improvisado do L'Esprit Nouveau (1927), o pavilhão Philips de Bruxelas e, sobretudo, Ronchamp. Le Corbusier tinha o espírito aberto a todos os ventos [...].[222]

---

221 O texto de Lucio Costa a respeito de Le Corbusier pode ser encontrado no texto "Formas e funções", no livro *Registro de uma vivência*, op. cit., p. 261.

222 O relato do momento no qual o escreveu é ficcional, porém baseado em dezenas de visitas que fiz a seu apartamento entre 1986 a 1994. E da minha observação de como tratava polidamente as pessoas, mesmo aquelas com quem não tinha empatia. "Sinto que estarei gripado" era uma frase usual quando desejava escapar de compromissos aborrecidos. Encerro esta nota com uma frase de Maria Elisa que a meu ver o define do modo mais exato: "Lucio Costa acreditava que todo ser humano encerrava, em si, a totalidade da raça humana."

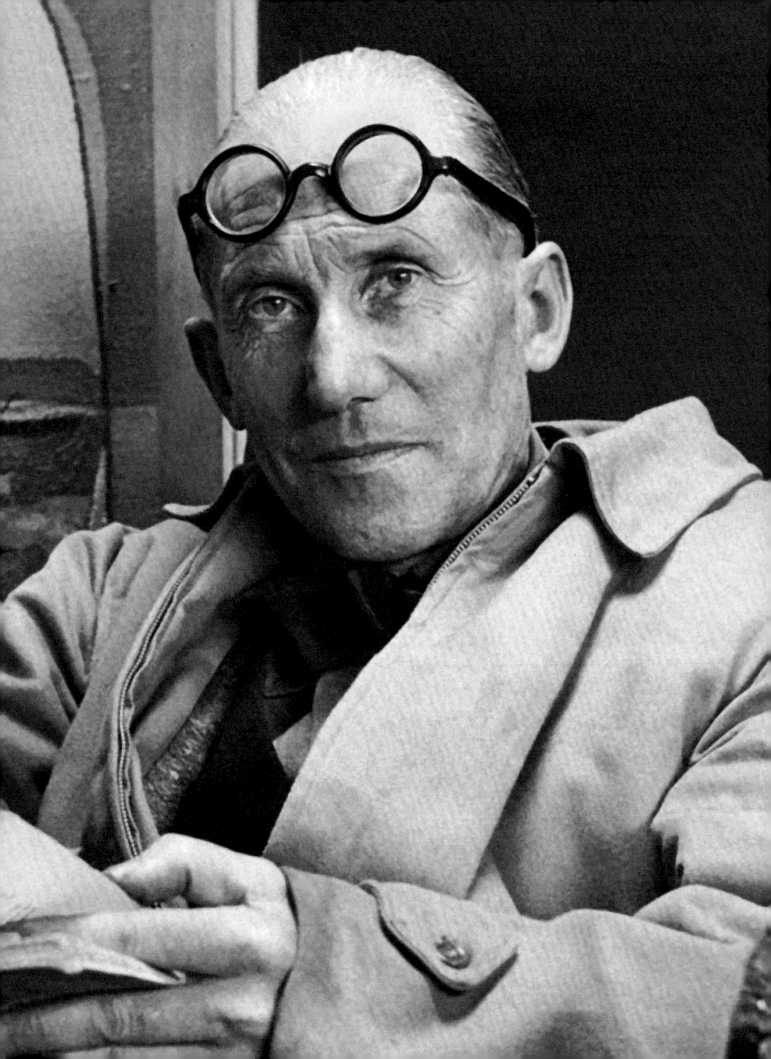

LUCIO COSTA-LE CORBUSIER: A FABRICAÇÃO LITERÁRIA E CONCRETA DO MUNDO

MARGARETH DA SILVA PEREIRA

Carimbos de correio, papéis timbrados, telegramas, folhas de papel ordinárias com carbono, rascunhos, anotações feitas claramente nas margens ou escritas às pressas em garranchos para não se perder uma ideia; esses são parte dos vestígios das trocas de mensagens entre Le Corbusier e Lucio Costa, de sua amizade, de sua obra, ao longo de quase trinta anos de suas vidas.

O exame desses rastros solicita tempos longos e certa intimidade com modos de escrita, vocabulários, rabugices, rudezas, hesitações, fraquezas. Só pouco a pouco, de comparação em comparação, dimensiona-se e depreende-se o sentido do que partilham com liberdade e franqueza, revelando um respeito mútuo que entretém e sedimenta essas relações.

Nem correspondência puramente profissional, nem troca de notícias cotidianas entre amigos próximos, as cartas entre Lucio Costa e Le Corbusier se acumulam em alguns períodos, tornam-se rarefeitas em outros, e têm um perfil híbrido que foge, em um primeiro momento, a classificações.

O que dá coerência a esse conjunto parece ser a forma como ambos interpretam os sentidos de suas ações no interior de uma série de outros acontecimentos. Maiores que eles próprios, os rumos da arquitetura, e seus significados para a vida social e coletiva, não são alheios a seus combates e iniciativas. Todavia, a coincidência de visões não esconde os diferentes significados que as

À esquerda, Le Corbusier lendo em sua casa em Paris, 1946.

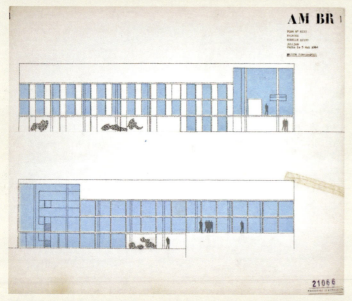

Estudo Preliminar da Embaixada da França em Brasília, Brasil. Le Corbusier, 1964.

No alto, projeto de Lucio Costa e equipe para Cidade Universitária na Quinta da Boa Vista de 1939.

movem e que, para cada um, justifica a própria história que buscam construir, de início separadamente, e mais tarde juntos.

Com seus acertos e desacertos, comparecem na correspondência projetos de arquitetura e urbanismo nos quais se engajaram – como os edifícios do Ministério de Educação e Saúde Pública (Mesp) e a Maison du Brésil – ou os que buscaram realizar – como a Cidade Universitária do Brasil. Outros, realizados em separado, também são referidos, como o Museu das Missões, de Lucio Costa, ou a Embaixada da França, a Maison de France e o Museu de Arte Contemporânea em Brasília, encomendados a Le Corbusier.

Para além do sentido público do gesto de construir, o mais difícil, talvez, seja pontuar suas outras afinidades, começando por sublinhar a potência desestabilizadora que ambos atribuem à palavra, capaz de evocar imagens e de erguer a própria arquitetura. O mundo técnico e sensível de Lucio Costa, regido pela fluidez e quase naturalidade da palavra escrita e falada, não prescinde de uma busca de precisão e rigor. Já os escritos de Le Corbusier oscilam. Ora automáticos, livres e até mais poéticos do que os de Lucio, ora em árdua batalha com a língua e a linguagem.

Outro aspecto que os conecta e individualiza é a ideia de que a imagem é também uma forma de escrita. Le Corbusier e Lucio Costa foram exímios desenhistas e de fato, para ambos, todo desenho possui, como a palavra, a potência de tornar visível aquilo que só a imaginação conhece. E como pensam e escrevem por imagens, é com imagens – textuais e iconográficas – que interpelam o próprio pensamento visual e espacial do leitor.

Ora, aquele que adentra o universo particular das mensagens trocadas desde 1936 até 1965, um mês antes da morte de Le Corbusier, dá-se conta que uma obra é feita de colaborações construtivas, encontros intelectuais e existenciais. Mas o ritmo das descobertas que fazem Lucio Costa e Le Corbusier, um do outro, não foi sincrônico. O misto de afeição e amizade que passaram a nutrir mutuamente não foi imediato. No início, devido a diferentes percursos profissionais e posições sociais distantes, havia entre eles pouquíssimas possibilidades de *co--respondência*,[1] isto é, dificilmente coincidiriam em suas percepções de natureza histórica, estética, social, tecnológica, construtiva. Assim também a recepção de um e outro foram singulares.

Le Corbusier, desde os anos 1920, tinha uma escuta significativa nas camadas da burguesia industrial, mas as encomendas públicas que recebia na França não se equiparavam ao papel e ao reconhecimento governamental que Lucio Costa alcançaria no Brasil desde 1936, a despeito das alternâncias de regime.

As páginas que se seguem são uma espécie de cartografia biográfica dos autores, dividida em cinco partes. A primeira se dedica a situar o perfil de Charles-Édouard Jeanneret-Gris: seus primeiros mestres e, em grandes linhas, a consolidação de sua visão de mundo e de certos traços de comportamento ou temas em suas obras. A segunda explora o processo de construção da *persona* Le Corbusier, a qual se afirmará exatamente nos anos em que vem pela primeira vez ao Brasil. A terceira pontua figuras que o levam a se consolidar como Le Corbusier e a ampliação que faz das ideias de América e de Novo Mundo. A quarta parte enfoca o movimento que chamamos de desvios para o Sul, quando seus contatos favorecem suas primeiras viagens imaginárias à América da colonização, dos negros, dos índios, do exotismo, dos nacionalismos e as resistências a preconceitos e estereótipos. Por fim, a quinta parte faz uma espécie de balanço de temas que perpassam uma América à qual Le Corbusier foi lentamente iniciado desde a infância e na qual Costa já está imerso. São eles que desenham suas grandes "correspondências" que fazem com que suas trocas, após aparadas algumas arestas, prescindam de muitas palavras ou até mesmo de cartas. O entendimento que mantiveram foi profundo; a afeição e respeitos, recíprocos e inapagáveis.

---

1 Daniela Ortiz dos Santos, por ocasião do Seminário do Laboratório de Estudos Urbanos/Prourb/UFRJ, 2013, levantou excelente debate sobre as possibilidades de exploração do termo "correspondência/ *co-respondência*".

PARTE I

O QUE DIZEM CARTAS E DESTINATÁRIOS

Em *Registro de uma vivência*, Lucio Costa julgou oportuno protestar contra o sentido pejorativo da expressão inglesa, *Words, words, words...*, como se palavras não construíssem cidades ou mundos. Em outro contexto, ele sublinhava o mesmo que Marie-Jeanne Dumont viria a apontar: a desconsideração que sofriam até recentemente as cartas de Le Corbusier ou seu viés literário.[2] O primeiro livro de Dumont, que sistematizou a correspondência entre Le Corbusier e Auguste Perret, abriria caminho para importantes contribuições nessa direção como a de Jean Jenger[3] e, mais tarde, pelo monumental trabalho de Rémi Baudouï e Arnaud Dercelles,[4] entre outros.

Em que pese o número expressivo de trabalhos dedicados a Le Corbusier ou a Lucio Costa,[5] forçoso é, ainda hoje, reconhecer com Dumont que, por diferentes razões, esse conjunto de documentos não está interpretado em sua totalidade e continua sendo visto, muitas vezes, como homogêneo. Tratando de Le Corbusier, é como se a escrita fosse uma atividade "natural e evidente" e o texto continuasse a ser um "meio transparente" nas suas relações interpessoais.[6]

---

[2] Dumont é uma das grandes especialistas sobre a correspondência de Le Corbusier. Marie-Jeanne Dumont (Org.). *Le Corbusier. Lettres à Auguste Perret*. Paris: Du Linteau, 2002; *Le Corbusier. Lettres à Charles L'Éplattenier*. Paris: Du Linteau, 2006 e *Le Corbusier, William Ritter. Correspondance croisée*, 1910-1955. Paris: Du Linteau, 2014.

[3] Jean Jenger. *Le Corbusier: choix de lettres*. Basel: Birkhaüser, 2002.

[4] Rémi Baudouï; Arnaud Dercelles (Orgs.). *Le Corbusier correspondence*, op. cit.; *Le Corbusier correspondance. Lettres à la famille, 1926-1946*. Paris: Fondation Le Corbusier; In Folio, 2013; *Le Corbusier correspondance. Lettres à la famille, 1947-1965*. Paris: Fondation Le Corbusier; In Folio, 2016.

[5] Por ocasião do centenário de nascimento de Le Corbusier, o livro *Le Corbusier e o Brasil* trouxe a público um volume importante de suas cartas, trocadas com Lucio Costa e outros interlocutores. Como ainda não era usual à época, a publicação sublinha a importância de fontes primárias, arquivísticas estrangeiras para a história da arquitetura no Brasil. No plano internacional, eram raros naquele período os esforços em se cruzar interpretações sobre a vida e a obra do arquiteto francês com base em seus documentos de arquivo e sua correspondência. Uma análise da bibliografia da obra coletiva *Le Corbusier, une encyclopédie* (1987), organizada por Jacques Lucan, serve de indício. Obras com o perfil da *encyclopédie* começaram a se multiplicar justamente a partir da efeméride do centenário. No caso de Lucio Costa, o esforço de sistematização de seu percurso intelectual havia sido pontual e começado a ser realizado por Alberto Xavier em *Sobre arquitetura*, de 1962, mas permanecera solitário e quase clandestino.

[6] Marie-Jeanne Dumont (Org.). *Le Corbusier. Lettres à Auguste Perret*, op. cit., p. 5.

Entretanto, cartas fazem pulsar o tempo e ajudam a perceber os indivíduos em suas ações, em seus reveses e são fundamentais no sentido de trazer insumos para interpretar as facetas, hesitações e conflitos da biografia, privada, de Édouard e, aquela, da própria figura pública que ele criou – *Le Corbusier*. Os limiares do jogo biográfico de um e de outro diante de diferentes circunstâncias políticas, econômicas, sociais, domésticas se dobram e se desdobram entre a esfera pública e a intimidade – e é entre elas que se situam suas relações em diferentes escalas e dimensões com um certo Brasil, com alguns brasileiros, com Lucio Costa.

As relações de trabalho e afetivas que o diálogo de Le Corbusier com seus correspondentes deixa entrever ainda exigem pesquisas sobre diferentes temas: o papel que clientes, colaboradores e interlocutores assumem no processo de encomenda ou de criação da obra do próprio arquiteto; o peso relativo que tiveram na concepção e desenho no ateliê; as contribuições na viabilidade construtiva, tecnológica, política e financeira dos projetos ou nas soluções no detalhamento ou no canteiro de obras. Enfim, a sistematização de sua correspondência torna-se central ao permitir avaliações críticas mais situadas e mais complexas sobre muitas questões de ordem ética, moral, estética, política e que fundam o próprio exercício da arquitetura e do urbanismo.

Evidentemente, o mesmo pode-se dizer sobre a correspondência de Lucio Costa. As cartas não nos deixam esquecer as condições que permitem que iniciativas individuais se transformem em novas arquiteturas. Em outras palavras, elas permitem ver o que não se revela à luz da vida pública.

Torna-se assim desejável um trabalho lento de visita às formas de pensar, de dizer, de construir, de destruir, de conservar e, ainda, de se relacionar de Le Corbusier e de Lucio Costa com ambientes culturais e sociais específicos.

Carta a carta, ano a ano, década a década, projeto a projeto: deter-se nessa busca é como um convite a interpretar como foi possível que essas obras arquiteturais se tornassem uma espécie de suspensão no ritmo frenético das cidades e da vida, como na capela de Ronchamp, no *hall* do edifício de apartamentos de Marselha, na colunata do Mesp, nas treliças e cobogós do Parque Guinle, sob os pilotis flutuantes das superquadras de Brasília.

Dentre as mais de 5 mil cartas de Le Corbusier, sabe-se que mais da metade são ordens de serviço sobre obras, cobranças, esclarecimentos técnicos ou pedidos de esclarecimentos, mensagens sobre possibilidades de aplicação de inventos ou materiais, entre outras.

As cartas do universo *costa-corbusiano* não se enquadram no perfil dessa correspondência mais pragmática. Em muitas delas, Le Corbusier dirigiu-se aos seus destinatários como *cher ami* [caro amigo], embora não se tratasse necessariamente de um amigo.[7] Por outro lado, frequentemente, dirigiu-se a amigos próximos pelo sobrenome, como fez com Lucio Costa, a quem sempre chamou de *Costá*.[8] De modo afetuoso, Le Corbusier tratou a família Costa como fazia com seus grandes amigos, oferecendo desenhos e pinturas de presente, como receberam Leleta e Maria Elisa, esposa e filha de Costa, e o próprio Lucio.

Se comparada à correspondência que manteve com colegas de profissão, a missiva com Lucio Costa não é volumosa como aquela que Le Corbusier entreteve por exemplo com Giedion ou Sert[9] – ambos secretários dos Congressos Internacionais de Arquitetura Moderna – CIAMS. No caso de Lucio Costa é interessante notar que, embora as relações com Le Corbusier também sejam de respeito, fidelidade e amizade, não há gradações ou evolução em seus contatos. Parece que não se devem nem a formalidades,[10] a pessoalidades e tampouco a uma questão de "amizade" propriamente dita, mas a um campo, mais geral e mais absoluto, da ética e de certa visão estética e de mundo.

Embora para Costa a obra de Le Corbusier tenha sempre sido de grande ensinamento, desde a sua primeira carta a Le Corbusier em 1936, ele dá mostra – apesar de bem mais novo e sem sequer o conhecer pessoalmente – de autonomia existencial e capacidade de reconhecer complementariedades e diferenças. Em outras palavras, mostra uma capacidade em dar sentido histórico às suas iniciativas.

---

[7] Depoimento de Arnaud Dercelles à autora. Fondation Le Corbusier, 18 fev 2020.

[8] Note-se, por exemplo, que Oscar Niemeyer será sempre Oscar para Le Corbusier – o que, à primeira vista, poderia indicar uma maior intimidade entre eles. Contudo, e embora Le Corbusier tenha recebido Niemeyer para jantar em sua casa quando este começa a frequentar Paris nos anos de exílio, contam-se nos dedos as cartas trocadas entre eles, talvez pelo fato de Niemeyer não escrever em francês com tanta facilidade como Costá, que dominava plenamente o idioma. Além disso, e em que pese a deferência de Niemeyer em relação ao arquiteto francês durante a construção de Brasília, suas relações, desde 1947, foram marcadas por certa mágoa em decorrência da difícil negociação que travaram – justificável de uma parte e de outra – na entrega do projeto final, assinado por ambos para a sede da ONU em Nova York. Projeto no qual não se reconhece a potência espacial nem de um nem de outro.

[9] Nascido e criado em Barcelona, Sert, recém-formado foi trabalhar com Le Corbusier em 1929. Este o considerava "o mais legal dentre os caras que passaram pelo 35 rue de Sèvres", como se referia ao ateliê de arquitetura que criou e manteve nesse endereço com Pierre Jeanneret – seu primo arquiteto e colaborador desde 1921 e, a partir de 1924, seu sócio. Após 1939, com o crescimento do franquismo e com a guerra, Sert acaba se mudando para os Estados Unidos onde substitui Giedion como secretário geral dos CIAMS, entre 1947 e 1956, o que foi fundamental na divulgação e defesa do movimento moderno na Europa.

[10] Desde a construção do Ministério de Educação e Saúde Pública (Mesp), Le Corbusier vê Lucio Costa como um membro dos CIAMS, embora este nunca tenha participado de nenhuma reunião do grupo.

Essa questão permite falar, rapidamente, de um grupo de correspondentes que Le Corbusier considerou como mestres (ou foram considerados por seus especialistas), no período que vem sendo chamado de *anos de formação*, de 1902 até 1917, quando se instala em Paris. O percurso intelectual de Édouard e o campo estético em que se move dão pistas sobre o diálogo que travou com Costa, a partir de 1936.

DE ÉDOUARD A JEANNERET, A EXPANSÃO DO MUNDO SENSÍVEL

Édouard, como era tratado em família, passou por um processo de construção de si sobre o qual teve consciência desde muito cedo e que marcará sua personalidade. Sua mãe, Marie-Charlotte Amélie – a quem dedicará centenas de cartas – teve um peso importante nesse processo de *educação*, seu e de seu irmão, o músico e compositor Albert Jeanneret. Como mostra a extraordinária correspondência familiar reunida por Baudouï e Dercelles,[11] foi profunda conhecedora de música erudita e dos compositores mais ativos na cena contemporânea suíça-alemã. Extremamente exigente consigo mesma e com seus filhos, aos quais também estimula a sensibilidade, matriculou Édouard em uma escola experimental pautada na pedagogia de Friedrich Fröbel (1782-1852) de observação da geometria das figuras da natureza, em um aprendizado da formulação de um pensamento abstrato que o iniciou na busca de invariantes formais.[12]

Sem saber, com o método pedagógico de Fröbel de iniciação da criança ao conceito harmônico de "unidade vital" entre homem e meio ambiente, Édouard manipulava esferas, cilindros, triângulos, desenvolvendo o conhecimento da geometria elementar da natureza, antes mesmo do aprendizado de letras ou números.

Para Fröbel o processo de formação se apoiava em uma ideia "panteísta" de que todo homem faz parte e está em unidade com todas as coisas do universo, embora essa unidade se manifeste em uma diversidade de formas e de individuações. Essas ideias, desenvolvidas fortemente no romantismo alemão, deixaram vestígios fortes no modo como Jeanneret-Le Corbusier perceberá e conceberá toda forma, a partir de um tripé indissociável que vai do físico ao metafísico:

---

11 Rémi Baudouï; Arnaud Dercelles. *Le Corbusier correspondance*, op. cit., tomos I, II e III.

12 Olivier Cinqualbre; Frederic Migayrou. *Le Corbusier. Mesures de l'homme*. Paris: Centre Pompidou, 2015, pp. 27-31.

individuação, diversidade e unidade. São esses aspectos que guiam suas avaliações sobre o que é percebido; sobre o que parece não ser mais suficiente, adequado ou conveniente e, ainda, sobre o que virá a ser proposto.

A educação de Édouard foi, assim, calcada, em casa e com seus primeiros mentores, em um conceito de autonomia, responsabilidade e até certo ponto de livre-arbítrio, resumida na ideia romântica de *bildung,* em que cada homem é o arquiteto de si próprio. Isto é, cada qual constrói sua vida com base em um paradoxo que é o de ser o que se é, começando por buscar realizar o que se tem em germe. Aqui estão presentes as ideias de individuação e de multiplicidade, mas que se unem, portanto, a uma visão cosmológica de fusão, em suas colisões e desvios, com a unidade do mundo. São esses aspectos que tecem também e para além de cartas sua profunda *co-respondência* com Costa, ambos "co-implicados" com o mundo que os cercam.

Três figuras são consideradas os principais mestres ou mentores de Le Corbusier: seu professor na École des Arts Appliqués de La Chaux-de-Fonds (onde nasceu), Charles L'Éplattenier; o escritor, ensaísta e crítico de arte suíço William Ritter; e o arquiteto e construtor parisiense Auguste Perret.[13] Com todos eles Édouard manteve longa correspondência, chegando a até mais de duas décadas.[14]

Édouard jamais frequentou o ginásio ou estudos literários. Do ponto de vista estético e filosófico é L'Éplattenier que o inicia no cultivo da história da arte e na observação de uma ordem geométrica na natureza, posteriormente aplicada às questões decorativas. De todo modo, desenha com frequência ao ar livre com seus colegas de classe, o que não o afasta das bases filosóficas recebidas na escola elementar.

Até 1907, suas cartas dirigidas a ele são de um aluno que ainda se inicia e assina seu nome por extenso: *Charles-Édouard Jeanneret.*[15] A correspondência entre ambos é pontuada por sugestões de autores, avaliações estéticas, programas de estudo e se estenderá por décadas. Entretanto, ainda que com pouco mais de

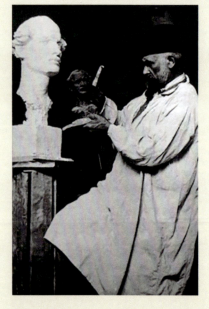

Charles L'Éplattenier, mestre no Curso Avançado de Artes Decorativas de La Chaux-de-Fonds que fez com que Le Corbusier se interessasse por arquitetura.

13 Marie-Jeanne Dumont (Org.). *Le Corbusier. Lettres à Auguste Perret*, op. cit.

14 A esse grupo talvez pudéssemos agregar o pintor Amédée Ozenfant, a última figura com a qual ele acreditava ter aprendido algo e que será decisiva para sua introdução e circulação nos meios artísticos e de negócios parisienses, papel relevante que também será desempenhado por Perret. Cabe indagar se por volta de 1920 Édouard fecha o seu "ciclo" de formação ou, simplesmente, começa a redirecionar interesses intelectuais, formais e tecnológicos, *rumo a uma arquitetura*. Esse seria o título mais exato para o famoso livro, *Vers une architecture [Por uma arquitetura]*, de 1923, no qual por um lado enfatiza seu combate por uma arquitetura nova e por outro acentua o caráter "doutrinal" de suas ideias até então.

15 Anouk Hellmann. "Charles L'Éplattenier de l'observation à la composition decorative". In: Vários autores. *Le Corbusier. La Suisse, les suisses.* Paris: Fondation Le Corbusier; La Villette, 2006, p. 69.

20 anos, Charles-Édouard já se dirige ao seu professor com uma liberdade de apreciação pouco comum quando escreve: "Sois [...] uma alma que busca, caro mestre, um ideal puro, abstrato [...] Uma alma vulgar, terra a terra, mas dotada de uma mão divina e capaz de produzir entusiasmo."[16]

A partir de seu contato com Charles L'Éplattenier, em que pese o afeto que sempre demonstrou pelos seus pais, o que passa a contar na sua educação já não são mais os insumos do meio familiar. Em um curto espaço de tempo, de 1907 a 1917, amplia seu círculo de contatos e, marcado, como declararia, por esse excelente "pedagogo [que] nos fez homens das florestas",[17] alarga suas experiências. É o próprio L'Éplattenier, que lhe recomenda procurar o escritor William Ritter, seu segundo grande mentor, em 1910.

Desenhos de Le Corbusier, "Ornements géométriques" ["Ornamentos geométricos"], 1904.

---

16 Id., ibid., p. 75-76.

17 Comentário de Charles-Édouard Jeanneret sobre L'Éplattenier apud Anouk Hellmann. *Charles L'Éplattenier de l'observation...* op. cit., p. 71.

As mudanças na assinatura das cartas são sintomas de seu processo de aprendizado da independência na aquisição de conhecimentos e de uma reflexão própria mais rigorosa e cada vez mais ampla sobre arte e cultura.

Vinte anos mais velho, o romancista vê no jovem suíço uma "extraordinária mistura de altivez e de grande ingenuidade e quase inocência".[18] Charles-Édouard "o encantava pela sua franqueza, sua audácia, sua confiança em sua estrela e por essa luz interior que alguns trazem em si de forma tão efetiva [...]".[19]

Impulsionado por L'Éplattenier e, depois, por Ritter, Charles-Édouard, durante seus anos na École des Arts Appliqués, realiza suas primeiras viagens de estudo para a região da Toscana entre Florença e Pisa e, enfim, para Viena (1907-1908). Mora certo tempo em Paris (1908-1909), quando trabalha com Auguste e Gustave Perret. Viaja em seguida para a Alemanha (1910-1911), faz estágio, em Berlim, com Peter Behrens e visita a cidade-jardim de Hellerau, recém-construída, onde seu irmão mora e faz estudos de música e composição. Por fim, realiza sua grandiosa e célebre viagem ao Oriente (1911-1912) – ápice desse largo período de formação, antes de se tornar ele próprio professor da École des Arts Appliqués por um curto período.[20]

Assim, o estudo da Antiguidade, da arqueologia e as viagens o levam a descobrir que a geometria a que fora iniciado era, ela mesma, uma conquista, uma invenção. Anos a fio, ele exporá sua tese de que a história do homem, como espécie, confunde-se com sua capacidade de decompor o intrincado mundo natural em termos matemáticos e, sobretudo, geométricos. O que, contudo, ganhará complexidade.[21]

Em *L'art décoratif d'aujourd'hui* (1925), Le Corbusier relembra essa experiência que seria estética e culturalmente decisiva na valorização da cultura greco-latina e que, divulgada em artigos na *Feuille d'Avis* de La Chaux-de-Fonds, deu origem ao seu primeiro manuscrito, em 1911, visando a uma publicação – *Le voyage d'Orient*.[22]

---

18 Ver Marie-Jeanne Dumont. *Le Corbusier, William Ritter. Correspondance croisée*, 1910-1955, op. cit. e, igualmente, Christoph Schnoor. "Soyez de votre temps: William Ritter et Le Corbusier". In: Vários autores. *Le Corbusier. La Suisse, les suisses*, op. cit., p. 110, onde analisa o caráter muitas vezes doutrinário de Charles-Édouard e sua tendência de se fixar em absolutos e colocar a arte acima da vida. Veja-se particularmente os conselhos de Ritter: "...vá rumo à vida. Sem dogmas nietzschianos ou qualquer outro." (p. 119)

19 Christoph Schnoor. *Soyez de votre temps: William Ritter et Le Corbusier*, op. cit., p. 110.

20 Além do manuscrito de *A viagem do Oriente*, nesses anos ele prepara igualmente *La construction des villes* (1910-1915) e, mais tarde *France ou Allemagne?* (1916).

21 Olivier Cinqualbre; Frederic Migayrou. *Le Corbusier. Mesures de l'homme*, op. cit., p. 29.

22 Le Corbusier. *A viagem do Oriente*. São Paulo: Cosac Naify, 2007.

A viagem de 1911 lhe marcou profundamente. Não só os miraculosos tons de azuis e verdes de rios e mares que havia percorrido. Pelos campos e cidades de países ainda pouco atingidos pela industrialização, o arquiteto desceu o Danúbio partindo de Praga. Vê os Balcãs dos sérvios, depois a Romênia, depois os Balcãs da Bulgária, Andrinopla, o mar de Mármara e Istambul (Bizâncio). Visita o Monte Athos na Grécia e a Magna Grécia do sul da Itália, com Pompeia e Roma.[23]

Atravessou, acompanhado de seu colega Auguste Klipstein, paisagens desconhecidas e insólitas, sentindo o peso da história diante de formas diferenciadas de celebração da vida em gestos construtivos simples. Tinha 23 anos na época e esse havia sido seu primeiro esforço em ordenar e registrar suas observações e impressões, fazendo, com palavras, a mediação de um mundo que se apresentava como puros efeitos visuais, impregnando-se em reações sensíveis.

Os ecos da luminosidade e das reflexões que amadurecera nessa viagem sobre a própria experiência de ver, sentir e ser atravessam páginas de muitos de seus outros livros. O apogeu seria o Partenon onde lê a *Prière sur l'Acropole* [*Oração na Acrópole*], de Ernest Renan, e fica aí, extasiado e capturado durante um dia todo, sem forças para descer a Acrópole, para abandoná-la ou para se entregar ao desafio que sente ali. Inspirado por Valéry e Nietzsche, questiona se terá a coragem necessária ao artista para atingir a força violenta e precisa da arte. Desenhando, tinha gravado em si e em seus olhos as lutas de Delacroix, Signac, Matisse, Cézanne em seus croquis e em suas telas.[24]

Em várias oportunidades Ritter o instigara a ver países e povos cujas culturas ainda permaneciam quase intocadas. Nesse alargamento de suas fronteiras visuais e estéticas é ele quem passa a estabelecer para Charles-Édouard um outro nível de exigência para além das inquietações e ambições que o jovem amadurecera com L'Éplattenier. Além de um suporte e guia existencial, Ritter torna-se responsável por um novo salto em sua formação artística e arquitetônica e será também confidente e amigo. É o correspondente mais importante que manteve dentre seus "grandes mentores" e guardou dele, cuidadosamente, centenas de cartas.

---

[23] No verão de 1965, quando Le Corbusier falece, ele preparava os originais para, enfim, publicar as notas sobre essa viagem que o marcou definitivamente.

[24] Não se sabe se Lucio Costa terá visto algum dia esses seus desenhos ou conversado sobre os manuscritos de *Le voyage d'Orient*, mas na última vez que se encontraram Le Corbusier acabara de revisar a obra. Os croquis e as aquarelas do crepúsculo desse dia de 1911 – de vermelhos, amarelos e negros intensos – quem os viu não esquece, mas Lucio Costa guardou para si a força poética das páginas de *Précisions* [*Precisões*] dedicadas à América Latina na primeira viagem de Le Corbusier à região, em 1929.

Pintura de Le Corbusier: interior da
Catedral de Siena, Itália, 1907.

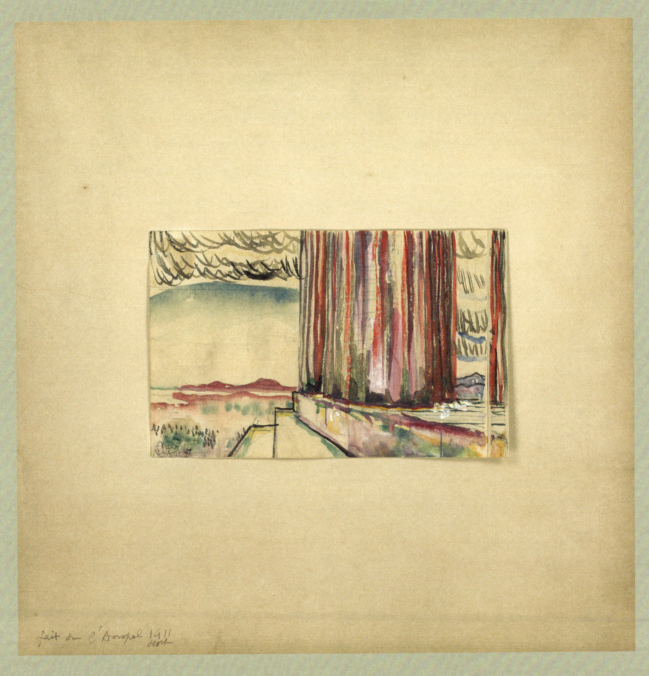

Aquarela de Le Corbusier "feita na Acrópole set 1911".

Em seu retorno do Oriente, Charles-Édouard se instalou por conta própria como arquiteto em La Chaux-de-Fonds, a partir de 1912, e realizou suas primeiras obras como construtor e arquiteto começando pela casa de seus pais, a Maison Perret-Jeanneret e a Villa Schwob. Embora Peter Behrens e Josef Hoffmann possam ser citados também, ao lado de Auguste Perret, como suas referências iniciais na prática arquitetônica, propriamente dita, foi este último que se tornou seu correspondente regular.[25]

Quando, em 1908, visitou e decidiu morar algum tempo em Paris, ofereceu-se como estagiário no escritório dos irmãos Gustave e Auguste Perret e durante 14 meses trabalhou ali como desenhista. Durante sua estada fizera longas pesquisas documentais sobre a história das cidades na Bibliothèque Nationale, frequentara o Louvre religiosamente e se iniciara na leitura de Nietzsche. Nessa fase de primeiras realizações, e ao longo da década de 1910, é Auguste que se torna diretamente interlocutor do "aprendiz de arquiteto", formando-o sobre as novas técnicas e possibilidades construtivas do concreto armado. Estuda cada vez mais o lado estrutural da arquitetura, como demonstra seu próprio sistema Dom-ino (1914-1915), mas ainda hesita em relação a se considerar plenamente um arquiteto.[26]

Até a Primeira Guerra Mundial, em 1914, Charles-Édouard parece continuar a ser um jovem que pergunta e se pergunta por tudo.[27] Contudo, se o tom de curiosidade, de indagação filosófica e artística ou de compartilhamento de percepções com L'Éplattenier e Ritter mantém-se, suas cartas para Auguste Perret desenham inflexões, sobretudo a partir de 1912.

Maison Dom-Ino, 1914.

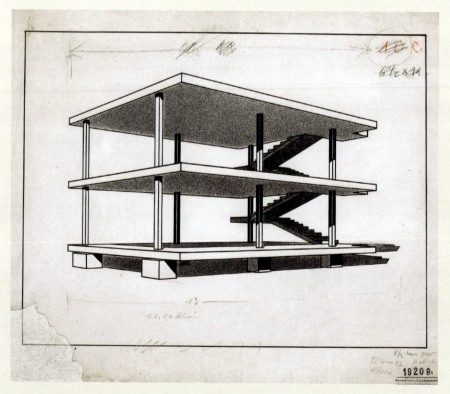

---

[25] Marie-Jeanne Dumont (Org.). *Le Corbusier. Lettres à Auguste Perret*, op. cit.

[26] Os Perret haviam abandonado a École des Beaux Arts de Paris e não eram diplomados em arquitetura, mas, como se sabe, notabilizaram-se como construtores do edifício parisiense do número 25bis da rue Franklin e construíam nesses anos sucessivamente a Catedral de Oran e o Teatro do Champs-Élysées. Ver Marie-Jeanne Dumont (Org.). *Le Corbusier. Lettres à Auguste Perret*, op. cit.

[27] Ibid.

É como se as questões filosóficas e estéticas ficassem em segundo plano e as questões propriamente construtivas em uma educação, agora, técnica, o dominassem. Até sua instalação em Paris, as cartas são cheias de respeito e admiração pelo *mr. Auguste* [sr. Auguste]. Contudo, é cada vez mais o arquiteto e dono de escritório próprio que aflora ao lado de uma nova assinatura e de um sobrenome – *Ch. Ed. Jeanneret*.

Quando deixa La Chaux-de-Fonds, em 1917, e passa a residir definitivamente em Paris, o jovem Jeanneret já reunia um conhecimento sobre a arte na Europa que o distinguia daqueles de sua geração. É ele próprio que resume:

> Vi os grandes monumentos eternos, glória do espírito humano. Sobretudo, cedi a essa atração irresistível mediterrânea. Era tempo após os 10 anos de arte decorativa e arquitetura alemã [...].[28]

> A arquitetura está nas grandes obras mas também na menor das cabanas, em uma parede de vedação, em toda coisa sublime ou modesta que contém uma geometria suficiente para que uma relação matemática aí se instale.[29]

Contatos com geografias e culturas plurais, leituras, viagens e trocas com artistas e intelectuais haviam lhe desvelado práticas e hábitos de civilizações milenares europeias e lhe faziam aquilatar o trabalho paciente de compactação da tradição. Mas, por contraste, a Berlim de Behrens ou a Paris, que havia visto com Perret em seu frenesi industrial e mundano, mostravam-lhe "os órgãos prodigiosamente novos que [surgiam] (...) no crescimento de uma nova civilização".[30]

Em dez anos, entre 1907 e 1917, suas especulações, interesses e expectativas já não podiam mais ser contidos nos estreitos limites de La Chaux-de-Fonds.[31] Com seus três mentores havia aprendido a avaliar, a julgar e, com Ritter, a quem considerou uma referência até sua morte, aprendera a se tornar um "*homme de lettres*" ["um homem de letras, um letrado"].[32] Com ele *Charles-Édouard* teria aprendido a escrever[33] e se tornaria o autor de mais de 40 livros publicados e de centenas de artigos.

---

[28] Le Corbusier. *L'art décoratif aujourd'hui*, Éd. Vincent et Fréal, Paris, 1959 (1925, Éd. G. Crès), p. 210-211.

[29] Id. [Tradução livre da autora.]

[30] Marie-Jeanne Dumont (Org.). *Le Corbusier. Lettres à Auguste Perret*, op. cit., p. 230.

[31] Ibid., p. 163; Jean-Louis Cohen. *Le Corbusier le Grand*. London: Phaidon, 2008.

[32] M. Christine Boyer. *Le Corbusier, homme de lettres*. New York: Princeton Architectural Press, 2011.

[33] Marie-Jeanne Dumont (Org.). *Le Corbusier. Lettres à Auguste Perret*, op. cit., pp. 19-25.

PARTE II

ÉDOUARD, JEANNERET E LE CORBUSIER: UM SÓ HOMEM, TRÊS PERSONAS

Dividido entre a pintura e a arquitetura, entre o desenho gráfico e a edição, entre a criação de empresas e o urbanismo, Charles-Édouard Jeanneret-Gris chegou a Paris ainda dividido entre campos de atividades profissionais e o uso de nomes, apelidos e sobrenomes.

Nas cartas para a família o tom é atencioso e os apelidos assinados são variados: *Dédard, Dou, dd, Doudou, Édouard*, ou simplesmente *Ed*. Preocupado em poder oferecer aos pais melhores condições de vida e mais conforto, escreve a eles: "Temos aptidão pela vida de monges", "[...] a vida interna existe [...] fortemente para nós. E isto é [...] uma fortuna porque o resto nada mais é que supérfluo".[34]

Com Yvonne Gallis,[35] a modelo que conhecerá em Paris e com quem se casa em 1930 – a quem chama de VV, Von ou Petite Vonvon –, o arquiteto leva uma vida de gosto simples e de certa forma também monástica. Ao longo de suas vidas em comum, sempre se preocupou em escrever a ela, assegurando-a de seu afeto, sobretudo quando as demandas por conferências e os períodos de longa ausência para atender sua carreira internacional passaram a crescer. Não havia coisa pior para ele do que os jantares mundanos, nos quais reconhecia apenas como vantagem a difusão de suas ideias ou a promoção de seus negócios. Portanto, saía, mostrava-se socialmente, mas era "avaro com seu tempo".[36]

É como Jeanneret, contudo, que passará a circular publicamente em Paris, convidado muitas vezes por Perret que o apresentou a Amédée Ozenfant, em 1917.[37] Foi também como Jeanneret que despontou no círculo das artes e passou a frequentar artistas parisienses como Braque, Juan Gris, Picasso, Lipchitz.[38]

---

[34] Ibid., p. 588.

[35] Jeanne Victorine era seu nome de batismo.

[36] Rémi Baudouï; Arnaud Dercelles (Orgs.). *Le Corbusier correspondance...* (1900-1925), op. cit., tomo I, p. 588.

[37] Carlos A. Ferreira Martins ("Depois do cubismo: manifesto e programa de ação". In: Amédée Ozenfant; Charles-Édouard Jeanneret. *Depois do cubismo*. São Paulo: Cosac Naify, 2005) e Marie-Jeanne Dumont datam o encontro entre eles em maio de 1917, pautados no relato de Ozenfant em *Mémoires, 1862-1962* (Paris: Seghers, 1968). Françoise Ducros ("Ozenfant". In: Jacques Lucan et al. *Le Corbusier, une encyclopédie*, op. cit., pp. 279-281) fixa o encontro em fins de 1917, sublinhando o papel de Perret, vizinho de Ozenfant, nesta intermediação.

[38] Jean-Louis Cohen. *Le Corbusier le Grand*, op. cit., p. 85.

Amédée Ozenfant, Albert Jeanneret
e Charles-Édouard Jeanneret
(Le Corbusier), 1918

Como lhe recomendara Ritter, Jeanneret começou a enfrentar plenamente o desafio, junto com Ozenfant, de "ser do seu próprio tempo".[39] O pintor, apenas um ano mais velho que ele, fizera também estudos de arquitetura, o que os aproximou no plano afetivo e intelectual. *Oz*, como carinhosamente passaria a chamá-lo, tornou-se rapidamente o seu companheiro "de todos os dias; [de] coração rico e sensível, [de] belo espírito, grandes capacidades e habituado a uma existência difícil. Muito difícil". Além do mais, confidenciava em carta, era aquele que "o conhecia em todos os sentidos".[40] "Havia encontrado [enfim] um amigo."[41]

Paris nunca foi considerada por Jeanneret uma cidade fácil, mas antes desse seu encontro radical, em termos pessoais, profissionais e estéticos, sente-se o peso das suas dificuldades de adaptação e de suas horas de isolamento. "[...] minha vida é um paradoxo... cansativo", escreve.

> Durante o dia ser americano (já que... está na moda). Ler Taylor e fazer taylorismo. Correr em direção aos grandes negócios... Depois, à noite, em casa, todas as substâncias nervosas esgotadas, ver-se sozinho diante do vazio da vida. Às vezes é atroz, as vezes desesperador [...]. Ainda bem que essa mola [que é a crença] subsiste! E, assim, à noite, leitura... e mais a invencível vontade de pintar. E eis-me quase todas as noites fazendo uma aquarela.[42]

39 Christoph Schnoor. *Soyez de votre temps:*... op. cit., p. 124.

40 Rémi Baudouï; Arnaud Dercelles (Org.). *Le Corbusier correspondance...* (1900-1925), op. cit., tomo I, p. 552.

41 Ibid. Charles-Édouard, a seus pais em 15 fev 1920, p. 580.

42 Ibid. Charles-Édouard a seus pais e a seu irmão, Albert, em 22 nov 1917, pp. 415-418.

Reconhecendo uma ruptura em relação ao seu passado, alterna o envio de cartas graves e mais leves para a família, mas Charles-Édouard, que sempre acreditou em recomeços, é taxativo quanto à pequena La Chaux-de-Fonds: "País árido, duro, brutal que nenhum de nós jamais amou."[43]

O convívio com Ozenfant lhe dá segurança e clareza em relação a desejos, metas e distâncias, e contribui para que esse corte vá se tornando cada vez mais definitivo. A nova amizade também faz parte do movimento da vida. Além do mais, é "preciso saber escolher a felicidade" – um dos princípios que se manterá no seu longo percurso.

Mesmo com a guerra e as muitas dificuldades, Édouard guarda uma certa "fé na vida" e, sobretudo, "em sua estrela". Várias vezes declara aos seus pais que se sente forte e suficientemente inteiro para enfrentar qualquer golpe que possa vir a lhe atingir e desestabilizar a estrutura.[44]

> Sou colocado frequentemente diante de coisas muito tristes. Enquanto elas dizem respeito só a mim, às minhas emoções, ao meu sofrimento, às minhas lutas – tão violentas, tão duras, tão pesadas, tão raivosas – não ligo a mínima. Tenho uma coragem formidável.[45]

Ao fazer um balanço do ano de 1917, quando completou 30 anos e acumulava litígios e dívidas do primeiro período que trabalhou em La Chaux-de-Fonds, escreve entre esperançoso e lúcido em sua nova vida na grande cidade:

> [...] Chegará o dia, talvez não tão distante, quando nós seremos reconhecidos em outros lugares. Chegamos à idade em que se penetra na arena e onde, se valemos alguma coisa, isso aparecerá. [...] Este ano, tendo estado no pior da tempestade [...] constato o seguinte: é necessário ver a vida sob sua roupagem terrível, conhecer seus tropeços, os dias mais e os dias menos...[46]

Em 1918, entre fevereiro e julho, 351 obuses caíram sobre Paris. Em maio, enquanto as bombas ainda caíam, escreveu mais uma vez aos pais, inquietos quanto a seu futuro profissional e com a sua mudança para a França em tempos de guerra:

---

43 Ibid. Charles-Édouard a seu pai, em 16 jun 1918, p. 470.

44 Ibid. Charles-Édouard a seus pais, em 14 mar 1918, p. 443.

45 Ibid. Charles-Édouard a seus pais, 10 mar 1919, p. 522.

46 Ibid. Charles-Édouard a Albert e seus pais, em 5 dez 1917, pp. 420-428.

> Oh gente objetiva!!! [...] Sou como um Prometeu acorrentado, dilacerado e contrito... Vocês [...] colocaram no ventre [...] poetas. O poeta, a vida inteira, sempre sangra![47]

Na verdade, Ozenfant seria um catalisador das forças dispersas de Édouard Jeanneret – hesitante entre um sentido existencial ou instrumental de arte, levando-o ainda mais longe em sua formação poética, reconciliando-o com focos de interesses até então discordantes.

Ozenfant escreve em suas *memórias*:

> [...] encontrei a Charles-Édouard Jeanneret e uma nova vida estava por começar para ele e para mim. Admirávamos igualmente as obras maestras da indústria moderna e Jeanneret tinha um bom gosto em arte, especialmente antiga, enquanto ainda estava quase cego diante do cubismo [...]. Eu o iniciei [...].[48]

Graças às suas conversas com Amédée, passa a ser possível, para ele, um "sublime tecnológico e científico",[49] o que observava nas grandes realizações e invenções de engenheiros ou industriais desde o século XIX e que, agora, passava a ter firmeza para associar à renovação da arquitetura. A técnica, a ciência e a arte partilhavam a mesma natureza filosófica e estética, indissociável de sua poética, ainda que nessa articulação faltasse, por enquanto, a memória do apelo da natureza e da multiplicidade dos fragmentos da história que reencontrará em seus desvios para o Sul.

Em sua busca de universais, a visão de Amédée era bastante pitagórica e platônica, centrada na percepção de um mundo letrado e cultivado exclusivamente na longa história europeia. Tornava mais agudo o olhar de Édouard em sua luta para livrar-se de tudo que "considerava não essencial ou inconstante da arte e ao defender leis implícitas na própria pintura".[50] Em outras palavras, Amédée combatia aquilo que, como gesto, parecia gratuito, insólito ou decorativo. Pintar o real sem ser realista significava captar a "essência luminosa" dos objetos: a ideia que os objetos provocam a impressão percebida, as bases de um sentido plástico e sensível para o conhecimento do mundo. Nota-se em Ozenfant um programa sobre a linguagem silenciosa das formas que para Jeanneret será o da busca de uma nova arquitetura.

---

[47] Ibid. Charles-Édouard a seus pais, em 14 mai 1918, pp. 463-464.

[48] Ver Carlos A. Ferreira Martins. *Depois do cubismo: manifesto e programa de ação*, op. cit., p. 10.

[49] David Nye. *American Technological Sublime*. Cambridge: MIT, 1996.

[50] Jean Bouret. "Amédée Ozenfant em Franc-Tireur, Paris, (c. 1952-1956)". Coluna *Peintres et Sculpteurs*, pp. 82-83 impresso. Ver também: Denise Boulet-Dunn. "Ozenfant (texte 2)". Disponível em: <https://denisebd.wordpress.com/temoignages/•-ozenfant-texte-2/>.

A cumplicidade entre eles cresce. Passam a jantar juntos todas as noites e a trabalhar escrevendo e organizando a publicação *Après le cubisme* (1918).[51] No fim do ano, Édouard faz sua primeira pintura a óleo purista, a qual expôs com Ozenfant na Galerie Thomas, e lançam o livro.

Em Bordeaux, passados alguns dias redigindo parte do manifesto purista que seria o livro, Jeanneret reencontrara uma alegria propositiva e construtiva de pintar e de viver. No plano familiar, insiste para que seu irmão musicista, Albert, e seu primo arquiteto, Pierre, venham se instalar em Paris, o que acabarão fazendo.

No ano seguinte, Ozenfant e ele se juntariam ao jornalista Paul Dermée para um projeto arrojado, a criação da revista *L'Esprit Nouveau* (1920-1925). Enfim a guerra acabara e o ano de 1919 chegaria trazendo novas propostas de exposição para Jeanneret e a ideia de publicação de um novo livro, o qual viria a intitular *Vers une architecture*. Narra aos pais com orgulho: "Me contaram pessoas muito bem situadas na área das artes: 'existem dois arquitetos em Paris – Perret e Jeanneret.'"[52]

A França, ainda que dilacerada, reconstruía-se, e Paris discutia seu Plano de Extensão. As medidas inovadoras, reformistas ou revolucionárias, saíam dos salões literários e artísticos para os gabinetes de dirigentes políticos, sindicais e industriais. Jeanneret passa a fazer parte do movimento Rénaissance des Cités; é procurado por Tony Garnier e mais tarde o visita. Encontra a elite reformista francesa reunida no Musée Social na figura de Georges Risler. Discute apaixonadamente, durante horas, o presente e o futuro das cidades com Édouard Herriot, o famoso prefeito de Lion. É contatado por várias personalidades do mundo urbanístico e começa a receber propostas para a concepção de vilas operárias que, com as cidades-jardins, havia estudado em profundidade durante a redação do manuscrito de *La construction des villes* [A construção das cidades] (1910-1915).

Em outubro de 1920, *L'Esprit Nouveau* está nas livrarias. Como resume Dumont, se Jeanneret

> [...] pode se lançar sem hesitar na aventura editorial da revista *L'Esprit Nouveau* é que anos a fio ele se colocou na posição de aluno de seus

---

51 Amédée Ozenfant; Charles-Édouard Jeanneret. *Après le cubisme*. Paris: Des Commentaires, 1918. Edição em português: Amédée Ozenfant; Charles-Édouard Jeanneret. *Depois do cubismo*. São Paulo: Cosac Naify, 2005. Ver igualmente, Françoise Ducros. "Après le cubism". In: Jacques Lucan et al. *Le Corbusier, une encyclopédie*, op. cit., pp. 45-47.

52 Ibid., Charles-Édouard a seu pai, em 25 jan 1919, p. 514 em papel de carta, onde se lê ainda o nome que adota: Jeanneret Architect - 20 bis, rue d'Astorg.

quatro mentores, aí incluindo Ozenfant, que o conduziram em sua formação, dando-lhe um vocabulário, aconselhando-lhe leituras, polindo suas ideias e convidando-o, inclusive, a ultrapassá-los.[53]

É neste número 1 da revista que nasce a figura de *Le Corbusier-Saugnier*, mais tarde simplesmente, Le Corbusier, seu famoso pseudônimo inventado por ele e Ozenfant, inspirando-se no sobrenome de um ancestral cátaro, da região de Albi, pelo lado de sua mãe. Em tempos de surrealismo e de atenção aos menores aspectos da vida cotidiana capazes de desestabilizar as ideias feitas e convenções sobre o "real", Jeanneret provavelmente se reconheceu na tradição religiosa dos cátaros de despojamento e crítica sobre a ordem estabelecida das coisas.

---

[53] Marie-Jeanne Dumont, *Le Corbusier, William Ritter. Correspondance croisée* 1910-1955, op. cit., p. 6.

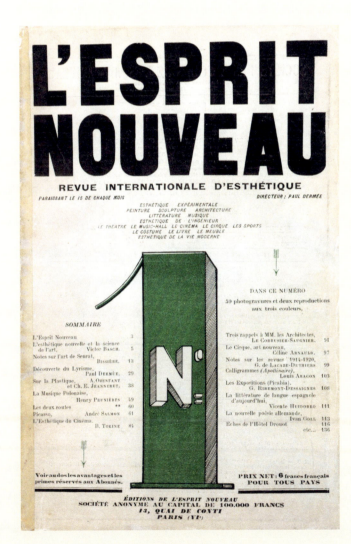

Capa do nº 1 da revista *L'Esprit Nouveau*, outubro de 1920.

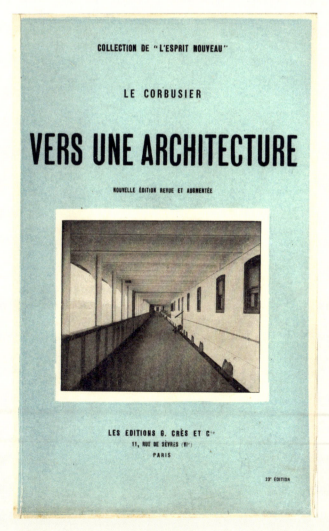

Capa do livro *Vers une architecture* [Por uma arquitetura], de Le Corbusier, 1923.

Le Corbusier e Pierre Jeanneret, 1922.

Com o sucesso da *L'Esprit Nouveau* para além da Europa, as encomendas de projetos e conferências começam a se somar, "tudo se precipita", escreveria ele. A revista atrai elogios e indignação, mas *Jeanneret-Le Corbusier* vai se tornando figura incontornável.

Em 1921, seu projeto de trazer parte da família para a França já se concretizara e inicia sua colaboração estreita e fecunda com o seu primo Pierre. Em fevereiro, contando as novidades para a mãe, diz que se diverte quando assinantes ou jornalistas desejam conhecer *Le Corbusier* ou elogiam *Le Corbusier-Saugnier* e, como se se referisse a um terceiro, resume: no momento, *Le Corbusier* "recarrega suas baterias".

No fim do ano, já adota papel timbrado onde se lê *Le Corbusier* e o endereço do seu escritório – 29 rue d'Astorg, mas nas páginas de *L'Esprit Nouveau*, sobretudo nos primeiros números, Ozenfant e ele se servem ainda dos pseudônimos de Vaucrecy, de Fayet, Saint-Quentin, Julien Caron ou Paul Boulard.

Entre 1923 e 1925, começa a construir duas casas geminadas, as *Villas La Roche e Jeanneret* [Casas La Roche e Jeanneret]. É como Édouard que discute os detalhes e a construção das duas residências com Pierre, seu primo, que agora o auxilia no escritório na formalização dos projetos e em seu acompanhamento. É também como Édouard que conversa com Albert, seu irmão, e com sua esposa, Lotti, sobre as plantas da Casa Jeanneret, da qual são proprietários. Entretanto, é como *Jeanneret* – como assina suas telas nesses anos – que, de início, dirige-se ao banqueiro e colecionador Raoul La Roche, proprietário da outra residência, ao lado da primeira, a Casa La Roche, e de quem vai se tornando amigo e que passa a colecionar trabalhos seus e de Ozenfant.

Nesses anos, Ozenfant será um misto de cliente, agudíssimo crítico e parceiro sobretudo na concepção do próprio ateliê (1922-1924) que encomenda a *Le Corbusier*, seu colega da redação da revista *L'Esprit Nouveau*.

As primeiras casas "puristas" começam a sair do papel revelando sua atenção crescente "à planta, ao volume e à superfície". Esses são os três lembretes que Le Corbusier dirige aos arquitetos em *Vers une architecture* e repete em filmes e conferências, sublinhando os aspectos a serem firmemente observados e criticados na concepção de uma nova arquitetura antes da clara formulação dos seus famosos cinco outros pontos, que viriam completá-los. Detém-se também nas cores, adotada na Villa La Roche e na cidade-jardim Frugès, ou no uso do branco absoluto das *villas* de seus amigos artistas e colecionadores das suas pinturas e na célebre Villa Savoye.

Enfim, é Édouard, o filho diligente e atencioso, que projeta e constrói a *Maison du Lac* [Casa do Lago] (1923), em Corseaux, na Suíça, onde seus pais passam a viver. Aqui de modo incisivo enfrenta o problema do alojamento mínimo certamente pensando na classe operária e, indo mais longe, trata de atualizar a proposta de se construir a casa para o homem comum, qualquer um, e "reencontrar as bases humanas, a escala humana". Em seu universalismo, isso o leva a crer também na "necessidade-tipo, função-tipo, emoção-tipo" – tema, entretanto, muito mais complexo do que suas formulações abstratas.

Ora, entre 1922 e 1925, não se pode dizer que Édouard, o homem, ou Jeanneret, o pintor, já se confundam com a figura pública do arquiteto Le Corbusier, que também se afirma urbanista. No plano privado, as ambiguidades e, certamente, as confusões permaneceriam entre Édouard, Jeanneret e suas novas e outras *personas*.

Na capa de *La peinture moderne* [*A pintura moderna*] (1925), ao lado de Ozenfant, assina Jeanneret. Nas cartas para Yvonne, passa a assinar DouDou, mas é como Le Corbusier que propõe o plano para uma *Ville Contemporaine*

Ateliê de Le Corbusier, 35 rue de Sèvres, Paris, onde se estabeleceu o escritório a partir de 1924.

269

Pavillon de l'Esprit Nouveau: casa modelo projetada por Le Corbusier e Pierre Jeanneret para a Exposição Internacional de Artes Decorativas e Industriais Modernas, 1925, Paris, França.

pour 3 millions d'habitants [Cidade contemporânea para 3 milhões de habitantes] (1922) e publicaria, além de *Vers une architecture* [*Por uma arquitetura*] (1923), *Urbanisme* [*Urbanismo*] (1925) e *L'art décoratif d'aujourd'hui* [*A arte decorativa de hoje*] (1925). Recebe a encomenda do loteamento e da realização de 51 *logis* [51 habitações] na *Cité Frugès* [Vila Frugès], em Pessac, nos arredores de Bordeaux (1924-1927) e concebe o *Pavillon de L'Esprit Nouveau* [Pavilhão do Esprit Nouveau] na *Exposition des Arts Décoratifs* [Exposição das Artes Decorativas] de 1925, em Paris.

O distanciamento de seus últimos mentores – Perret e Ozenfant – acentua--se entre 1922 e 1925. Com Perret, as causas são públicas e se devem a certa competição que se estabelece entre os dois, sobretudo com o sucesso de Le Corbusier. As críticas de Perret na imprensa parisiense, sucessivamente ao projeto da *Ville Cité Contemporaine* e do *Pavillon de L'Esprit Nouveau* na Exposição das Artes Decorativas, acabam por afastá-los. A partir de então, verá Perret como um revolucionário do ponto de vista tecnológico e, ao mesmo tempo, como um conservador que não compreende as suas primeiras obras: a planta livre, a subversão das janelas em fita, os tetos-jardins ou a morte da fachada e o que os pilotis passam a representar como ideia de municipalização do solo urbano, rompendo com o decorativo e o hierárquico. De resto, será por conta dessa incompreensão de Perret à sua busca de uma sincronia entre forma, espaço e estrutura além da ausência, de uma visão social mais igualitária e universal dos homens e de suas cidades – com o urbanismo – que se desenham suas querelas profissionais.

Como mostrou Tim Benton,[54] em seu projeto para a Villa La Roche criado com Pierre Jeanneret, Le Corbusier formula a ideia de *promenade architecturale* [passeio arquitetural], a partir de uma profunda compreensão espacial, diante dos efeitos da matéria, como o vidro, ou simplesmente da luz e da cor. Isto é, diante das relações que seu próprio corpo consegue decifrar, e sua mão traduzir, como fluxo de relações sensíveis.

Mais que Perret, ao lado de Léger e do matemático Matila Ghyka, Amédée Ozenfant ainda marcaria por um bom tempo essa última fase de exploração plástica e de formação filosófica de um Le Corbusier que começava a tomar forma.

Quando Jeanneret e Ozenfant rompem a amizade, pouco depois da inauguração do Pavillon de L'Esprit Nouveau, em junho de 1925, mais um importante período de desvio se desenhava no percurso de ambos. As causas do rompimento parecem ter sido pessoais, estéticas e profissionais.

O arquiteto e urbanista Le Corbusier se afirmaria sobre o pintor, o designer ou o industrial Jeanneret, ainda que ele seguisse pintando todas as manhãs e continuasse interessando-se pela produção industrial e pelo projeto gráfico de todos os seus livros.

Le Corbusier, ao se desvencilhar da visão acadêmica e classificatória da arquitetura como estilo, a reconcilia como uma longa tradição que a define não como um objeto que se olha, mas como um espaço, isto é, como um feixe de relações que se vivencia com o corpo em movimento. Sua busca se transforma e ganha, a cada passo, em domínio plástico entre o que disse em *Vers une architecture* e o que vai, agora, percebendo no processo de concepção e desenho, e o que vai também sendo lentamente formalizado nas decisões de projeto.

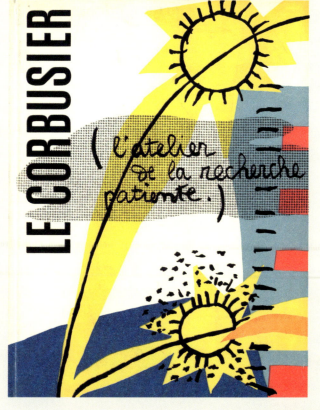

Capa da publicação *Atelier de la recherche patiente* [*Ateliê da pesquisa paciente.*]

----

54 Tim Benton. *Les villas parisiennes de Le Corbusier et Pierre Jeanneret*. Paris: La Villette Philippe Sers, 1987 e Tim Benton. "La Maison La Roche et les ateliers d'artistes de Le Corbusier". In: Jorge Torres Cueco (Org.). *Le Corbusier. Mise au point*. Valencia: General de Ediciones de Arquitectura, 2012. Benton mostra que os cinco pontos de uma nova arquitetura que Le Corbusier irá formular em 1927 – pilotis, janela horizontal, teto-jardim, plano livre, fachada livre – são enunciados claramente em termos plásticos e espaciais nesse projeto e, ainda, somados à ideia de *promenade architecturale*.

Como se até aqui faltasse ainda a Édouard talvez mais um ou dois saltos em seu "ateliê da pesquisa paciente"[55] para que pudesse dialogar, mais tarde, com Lucio Costa, que já traria em si, de modo íntimo, partes daquilo que Le Corbusier buscava: uma maior familiaridade com a "interpenetração" das coisas e dos tempos, das memórias e da vida. E ainda, a valorização da capacidade dos indivíduos de se misturarem entre si e à vida social e coletiva da grande cidade, para além das classes sociais. A completude da casa sintetiza, sem dúvida, tudo isso: a casa simples dos homens.

Esse conhecimento em Lucio Costa é existencial e vinha da própria observação e da experiência da vivência familiar com múltiplas "passagens" entre culturas e situações nas quais as fronteiras são muito diluídas, hierarquias são confrontadas, limiares colocados em xeque. Talvez no processo de aperfeiçoamento de si, tenha servido a ele o impacto de seus deslocamentos familiares na infância e na adolescência, passando por Toulon, Newcastle, Paris, Friburgo, Beatenberg, Montreux.[56] Contudo, esse aprendizado sobre a diferença, a variedade, as posições que cada corpo ocupa no mundo e como se relacionam – também é próprio do cotidiano das cidades brasileiras em seus contrastes culturais, sociais e estéticos violentos, e das cidades em geral –, e é o que Costa sabe desde cedo incorporar.

Lucio observaria as marcas da longa experiência barroca americana que se misturavam com outras lógicas menos humanistas e mais nacionalistas desde o século XIX e lógicas mais recentes e de uma visada capitalista e industrial. Essas "com-posições", seus contrastes e limites, eram visíveis no ecletismo que vivencia no cotidiano, nas ruínas dos séculos XVI, XVII e XVIII, que estudava e que moviam as reflexões de tantos dos seus contemporâneos.

A argúcia e o humor requintado do jovem de 24 anos transparecem ao descrever uma certa Paris em 1926 – a mesma Paris de Le Corbusier – em que analisa a frivolidade das jovens e ricas herdeiras americanas visitando o Louvre, o andar sonolento de seus guardas idosos ou as peças de teatro mundanas e os espetáculos de Josephine Baker no Folies Bergère. As cartas que

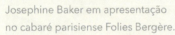

Josephine Baker em apresentação no cabaré parisiense Folies Bergère.

---

55 O *atelier de la recherche patiente* ou o ateliê da pesquisa paciente ou sem pressa foi o título de um de seus livros do pós-guerra, que define seu método de trabalho, obstinado e perseverante no tratamento lento das hipóteses.

56 Ele refaz esses itinerários com a família em 1948, 34 anos mais tarde como se vê em Lucio Costa. *Registro de uma vivência*, op. cit. e em sua correspondência publicada nesta edição.

escreve de Paris à família nesse período trazem tanto seu olhar sensível na fruição da arte quanto as práticas sociais de um jovem educado por aquela que seria professora de desenho das princesas inglesas Elizabeth e Margareth: sua inesquecível Miss Taylor.

Aos 24 anos, ele precisaria também realizar certos desvios para interpretar a ousadia social e política da nova arquitetura que Le Corbusier propunha naqueles anos. O primeiro movimento viria a partir do choque das suas próprias ideias "revolucionárias" na condução da reforma acadêmica de 1931 na Escola Nacional de Belas Artes, e seu "fracasso". Sendo também alimentado pela experiência de observação das ruas, ele não se esquece, por exemplo, das filas de espera para tomar a condução de casa para o trabalho, quando sai do elegante escritório do Palácio do Itamaraty; e da classe média trabalhadora que se amontoa nos arredores da Central do Brasil no ir e vir dos trens dos subúrbios do Rio.[57]

Em 1926, voltando para o Rio a navio, os caminhos de Lucio Costa começam a se cruzar com o nome de Le Corbusier, ainda que numa partida de jogo da forca, no qual foi derrotado por ignorar, até então, o nome francês.

Cinco anos passados que Édouard havia começado a usar seu famoso pseudônimo, e ele próprio ainda não se reconhecia plenamente nessa figura que ia lhe escapando das mãos. Continuava a falar do personagem ou da arquitetura que emana de suas ideias como se se tratasse de um terceiro nas cartas que escreve para Marie-Charlotte ou na minuta de contrato que redige para formalizar sua sociedade com Pierre.[58]

Na verdade, a adoção por Édouard de seu "nome como arquiteto" foi um processo lento e que acompanha a construção de si como "*persona* pública" e mudanças profundas de rumo em sua vida, começando com as críticas que afluem após o Salão de Outono e por uma falência em 1923. A retomada das atividades se dá, contudo, em um quadro financeiro melhor, meses mais tarde, provavelmente com a ajuda de seu cliente, e amigo, Raoul La Roche – com quem viaja para Veneza e Vicenza em 1922 – e da princesa de Polignac – a herdeira das máquinas de costura Winnaretta Singer[59] –, que lhe cede ou aluga por um preço simbólico os locais onde instalará o seu ateliê da rue de Sèvres.

---

57 Lucio Costa. *Registro de uma vivência*, op. cit.

58 Rémi Baudouï; Arnaud Dercelles (Orgs.). *Le Corbusier correspondance... (1926-1946)*, op. cit., tomo II.

59 Sobre as relações de Albert e de Le Corbusier com Winnaretta Singer, ver, José Ramón Alonso Pereira. *El Paris de Le Corbusier*. Barcelona: Reverté, 2015, pp. 119-126.

Yvonne Gallis e Le Corbusier em Piquey, Cap-Ferret, França, s/d.

Não se sabe como o uso do seu pseudônimo foi percebido pelos mais próximos ou como se deu sua própria compreensão dos desafios e das consequências públicas e privadas ao passar a adotá-lo, embora esse processo coincida com a ênfase que dará, a partir de 1926, às suas atividades com a arquitetura e o urbanismo.

Charles-Édouard começa a sentir a necessidade de explicar aos seus círculos de amigos quem é quem nos diferentes papéis que ele desempenha. Escrevendo, naquele ano, a Josef Tcherv, um amigo tcheco próximo de Ritter, esclarece o que em parte sabemos:

> Le Corbusier é um pseudônimo. Le Corbusier faz exclusivamente arquitetura. Persegue ideias desinteressadas, ele não tem direito de se comprometer com traições ou acomodamentos. É uma entidade desembaraçada do peso da carne. Ele não deve nunca se deixar cair (mas o conseguirá?). Ch. Édouard Jeanneret é o homem de carne [e osso] que viveu todas as aventuras radiosas ou desesperadas de uma vida bastante movimentada. Jeanneret Ch. E. pinta, pois, embora não sendo pintor, ele sempre se apaixonou pela pintura e sempre pintou.[60]

Suas provocações, suas realizações, sua revista com Ozenfant, seu nome – aclamado ou combatido – começavam a circular cada vez mais no meio brasileiro, de início paulista, mas também carioca. Suas ideias já haviam atravessado

---

[60] Guillemette Morel-Journel. *Le Corbusier: construire la vie moderne*. Paris: Patrimoine, 2015, p. 35. [Tradução livre da autora.]

o oceano. Mas desde 1923 pairam outras figuras que ganham espaço para que também o Le Corbusier nascente aprendesse a sentir e a não esquecer o peso do mundo: Yvonne e Cendrars.

Ela, a sua Vovon, a modelo monegasca, com seus traços de uma beleza antiga quase talhada em pedra e seu olhar perspicaz, que tudo observa dinamicamente. Ele, Blaise Cendrars, seu conterrâneo de La Chaux-de-Fonds, escritor já um tanto conhecido dos meios pós-cubistas e, agora, *surnaturalistes* [sobrenaturalistas] e *surrealistes* [surrealistas], que viveu violentamente a guerra, onde perdeu sua mão direita, tendo que reaprender a escrever e confiar na mão que lhe restava. Ambos levam-no, quiçá devolvem-no, a um universo cultural e social sensorial e físico. Como dirá Le Corbusier sobre eles: são presenças discretas ou "trepidantes", simplesmente "dinâmicas" ou pequenas "dinamites". Contam-lhe histórias de serpentes de 15 metros, falam de crocodilos e de homens e civilizações perdidas na Amazônia, de poetas negros, de uma humanidade que cria e inventa cidades, mas que compartilha um mesmo cotidiano em relação ao qual não se tem domínio pleno. Manifestam uma sabedoria que está enraizada ao rés do chão. Não são seus mestres, são silenciosos companheiros de percurso.

PARTE III

SALTOS E PASSAGENS

Édouard desenhou várias vezes, à margem de suas cartas, croquis displicentes, desenhos de uma cabana à beira-mar que sonhava ter um dia, caricaturas, o perfil da cachorrinha "senhorita Bessie"; o esboço de um corvo que vai se associando ao seu nome. Num dia de calor de 1924, em uma carta para Yvonne, escrita à margem do lago de Léman, desenhou um autorretrato em traje de banho listrado e de óculos, como se estivesse no ar, a uma fração de segundo antes do choque com a água. O momento do salto, o prazer do instante e do desafio.

Na verdade, Édouard aprenderia a nadar alguns anos mais tarde, na segunda metade da década de 1920, durante sua travessia para a América do Sul. Até lá, atravessou um período de saltos e mudanças na passagem de Édouard à figura pública Le Corbusier. Apoiado por Yvonne e por Cendrars, neste processo contou também com a amizade e parceria intelectual intensa de Fernand Léger, a quem conheceu em 1920, em Montparnasse.

Como tão bem percebeu Giedion à época, entre o discurso ainda abstrato de *L'Esprit Nouveau* em 1921-1922 e a realização da Villa La Roche em 1929, Jeanneret transitou do "conhecimento à criação".[61] O profundo diálogo plástico com Léger sobre as questões cromáticas, geométricas e os efeitos e contrastes que provocam na percepção espacial ou, ainda, sobre como pensar o movimento tendo em vista a estaticidade das formas construídas, empurrou suas investigações em direção à policromia e, lentamente, levou-o da pintura metafísica com Ozenfant para situações e cenas da vida corrente, nas quais as conversas com Cendrars o mergulhariam.

Nesses anos, é como se se estabelecesse um *ballet* entre o arquiteto, o pintor e o poeta. Em 1921, Jeanneret já expunha com Léger em Paris e em Lion. A partir de 1923, os contatos com Cendrars cresceram.[62] Talvez tenha sido o poeta, ainda mais que Léger, que teria insistido em não deixar Jeanneret desconsiderar as condições heterogêneas e "contrastantes" da arquitetura em situações específicas de lugares.

Cendrars, pseudônimo de Frédéric Louis Sauser, nasceu no mesmo ano, na mesma cidade de Le Corbusier, e até o início da adolescência moravam a 250 metros um do outro; depois perderam-se de vista. Amigo de Léger de antes da guerra, Cendrars, desde 1921, já estava próximo da revista *L'Esprit Nouveau* que vinha anunciando a venda de seu último livro, *Eubage: aux antipodes de l'unité* [*Eubage: do lado oposto da unidade*], e figurava, ainda, entre os seus colaboradores. Mas foi apenas em 1922 que se redescobriram, diante do diorama de mais de 16 metros que Le Corbusier havia realizado e expunha no Salão de Outono em Paris, com o projeto *Vila contemporânea de 3 milhões de habitantes*. De imediato, o elogio de Cendrars ao projeto urbanístico do conterrâneo[63] ajudou no estreitamento dos laços.

Tratava-se de um problema de urbanismo: o da grande cidade.[64] Arquitetos e urbanistas vinham, desde antes da guerra, discutindo a questão. Diversas propostas tinham sido feitas e Perret havia defendido a verticalização de Paris, projeto

---

[61] Apud Tim Benton. *La Maison La Roche...* op. cit., p. 46.

[62] Daniela Ortiz dos Santos. *Routes of Modernity, Voyages, Affinities and Anthropofagies*. Tese de doutorado, particularmente o capítulo "Voyages immobiles". Zurich: ETH, 2017.

[63] Cecília Rodrigues dos Santos et al. *Le Corbusier e o Brasil*. São Paulo: Tessela, 1987.

[64] Rémi Baudouï; Arnaud Dercelles (Orgs.). *Le Corbusier correspondance... (1900-1925)*, op. cit., tomo I, p. 659.

que Le Corbusier conhecia.⁶⁵ Interrompidos pela guerra, os debates voltaram com a aprovação da Lei Cornudet, em 1919, exigindo a elaboração de planos de "Remodelação, Embelezamento e Extensão" para as cidades francesas de mais de 10 mil habitantes.

Paris estava em ebulição: uma vasta área construtível se liberava com a destruição das muralhas da cidade, objeto de um concurso que deveria servir de base para elaboração do seu futuro plano. Le Corbusier, recém-instalado na França, dedicando-se mais à pintura e à arquitetura, não participou do concurso. Em 1922, o assunto volta a interessá-lo seja pelos seus estudos da questão das cidades-jardins e do urbanismo, antes da guerra, seja pela sua aproximação com o campo político que discutia a reconstrução econômica da França, seja por suas conversas com Léger sobre a experiência estética da cidade.

Maison La Roche por Le Corbusier, 1925.

Léger, desenhista, desde os 16 anos num escritório de arquitetura, não ignorava os debates que se acumulavam sobre urbanismo e a dimensão social, política e citadina da arquitetura. Dedicava-se a pensar a cidade desde 1911, e acabara de pintar *Le mécanicien* [*O mecânico*] (1918) e, sobretudo, *La ville* [*A cidade*] (1919).⁶⁶

A guerra havia mostrado a violenta desregulação da vida social, os nacionalismos, as humilhações, as mortes, a agudização da precariedade e das diferenças sociais, levando escritores, poetas, pintores e empresários esclarecidos a uma reflexão generalizada sobre o "retorno à ordem",⁶⁷ interpretado de diferentes maneiras.

---

65 Sobre o teor desses projetos antes da guerra, ver, por exemplo: a Exposition Générale d'Urbanisme du Grand Berlin (1910), a revista *L'Illustration* (1913), que resumiu algumas das ideias inclusive as de Perret; o *Rapport de la Commission d'Extension de la Préfecture de la Seine, 1911-1913* de Louis Bonnier e Marcel Poëte; o projeto de Eugène Hénard – *Route des forts*, com a criação homogênea de parques.

66 Yuki Yamamoto, em "Fernand Léger et la ville moderne: une analyse de la structure spatiale dans la peinture" (*Aesthetics*, nº 17, pp. 25-38, 2013), analisa a fatura das obras de Léger até 1920. *La ville* anuncia a ideia de "pintura mural", que Le Corbusier explorará. O "tema" e as dimensões da tela – 227 x 294 cm – solicitam muito mais a escala da rua do que as salas de galerias ou museus.

67 Esses temas darão origem à circulação do neologismo "urbanisme" e à criação, na França, de uma primeira escola de formação em *art public* em 1915, como também foi chamado o urbanismo, antes que essa palavra passasse a designar um novo campo profissional e de saber.

Nesses anos, para Léger a reconstrução das cidades destruídas[68] pela guerra – social e arquitetonicamente – ou a questão da ordem parecem se traduzir em um progressivo entendimento do campo pictórico: a contenção do plano da tela, imposta pela moldura; e a relação entre essa situação de contenção diante da superfície da parede. Em outra escala, o significado visual e plástico da arquitetura aproximava pintor e arquiteto: volumes, compostos por diferentes superfícies ou planos e, ainda, a possibilidade de se instaurar uma experiência de ativação da dimensão sensível em meio à simultaneidade de tempos, de atividades, de ritmos, de estímulos e de percepções heterogêneas definiam agora a própria cidade, grande, mecanizada e industrial.

Essas pesquisas interessavam a Le Corbusier desde *Après le cubisme*. Questionamentos temáticos, formais e existenciais chamavam atenção para a própria presença da arquitetura no movimento da cidade, instaurando uma pausa e uma ordem, sempre contingentes, em meio a fragmentos diversos: dos diferentes edifícios aos anúncios luminosos, das vitrines, semáforos, postes aos meios de transporte e o ir e vir dos indivíduos, das linhas dos fios ao volume das fumaças. Assim, a reflexão de Le Corbusier em "lembretes aos senhores arquitetos", na *L'Esprit Nouveau* nº 1, sobre os papéis que a planta, a superfície e o volume desempenham na arquitetura não era uma questão menor. Esses três pontos condensavam o desafio da própria arquitetura diante da experiência do viver em cidades, no que isso significa de reconhecimento da multiplicidade e diferença de fenômenos que afetam a cada um no cotidiano.

Se comparadas as telas de Jeanneret e Ozenfant com as obras de Cendrars, na poesia, e de Léger, no cinema e na pintura, é flagrante o impacto das pesquisas do poeta e do pintor sobre o arquiteto, e vice-versa.

As reflexões de Léger sobre a cor levaram Jeanneret a considerar a ideia de "elasticidade" das paredes – retendo ou expandindo o espaço físico da matéria em função da cor em que são pintadas. As paredes deixavam, assim, de ser superfície morta de vedação e passam a ser compreendidas como elemento da ativação da sensibilidade dos corpos, insistindo sobre o conceito de espaço na arquitetura, importante no período barroco, mas esquecido com a compreensão da arquitetura como questão identitária de estilos nacionais. Essa ideia de

---

68 Ver, por exemplo, Donat-Alfred Agache; J. Marcel Auburtin; Edouard Redont. *Comment reconstruire nos cités détruites* (Prefácio de Georges Risler). Paris: Armand Colin, 1915. J. Marcel Auburtin; Raoul Blanchard. *La cité de demain dans les régions dévastées*. Paris: Armand Colin, 1917 ou a exposição pública Exposition de la Cité Reconstituée, no Jeu de Paume, em Paris, em 1916 que causaram grande impacto.

espaço Léger buscou levar às telas enquanto Jeanneret o fez na formulação volumétrica da Villa La Roche e na própria ideia de *promenade architecturale*, depois de 1925.[69]

Os estudos de ambos sobre a relação entre superfícies e cor – o que quer dizer luz – contribuíram para a ideia de "transparência" e "profundidade", inclusive, no uso do branco ou do vidro. Na arquitetura, isso significava sublinhar sua dimensão como arte, mas também não esquecer que ela é "arte plástica" e, portanto, volumétrica e espacial. Significava, ainda, entendê-la para além da possibilidade de sua reprodutibilidade em benefício de uma agenda social, o que era buscado por Jeanneret. Em suma, significava resistir a transformá-la em mero resultado de tecnicidades e utilitarismos, sob o domínio da produção em série taylorista, interpretação que muitos confundiram com a ideia da casa como "máquina de morar", diminuindo a complexidade das pesquisas do arquiteto nesses anos.

Na passagem das teorias à realização, introduz-se no interior do processo criativo de Le Corbusier, a partir de então, uma espécie de tensão entre a concepção de objetos quase metafísicos isolados, que ainda predominam em seu diálogo com Ozenfant até 1925 e suas novas pesquisas sobre a arquitetura e a escala da cidade.

Como se vê, a concepção do projeto da Vila Contemporânea nada tinha efetivamente de "particular" nem de utópico, no mal sentido do termo. Respondia às questões discutidas à época, sobre o devir das cidades e inclusive Paris, diante de mutações de diferentes ordens. A proposta buscava enfrentar o "real" – tecnológico, político, demográfico – das "grandes cidades", desestabilizando-o. Pode-se dizer que sua proposta – em anos nos quais o termo surrealismo, criado por Apollinaire, ainda não era empregado para designar, como a partir de 1924, apenas o grupo de artistas em torno de Breton – era, deliberadamente, como significa a palavra *surrealiste* [surrealista], *sobre o real, para além do real.*

O futuro desenhava-se em planos grandiosos concebidos por dezenas de urbanistas,[70] nos quais as formas de vida coletiva e, até mesmo, a própria cidade, com suas novas avenidas e torres, passavam a ser questionadas como construção histórica.

---

[69] Tim Benton. "La Maison La Roche et les ateliers d'artistes de Le Corbusier". In: Jorge Torres Cueco (Org.). *Le Corbusier. Mise au point*, op. cit., pp. 36-49.

[70] Ver, por exemplo, Jean-Pierre Gaudin. *L'avenir en plan: technique et politique dans la prévision urbaine, 1900-1930*. Seyssel: Champ Vallon, 1985 e *Desenho e futuro das cidades: uma antologia*. Rio de Janeiro: Rio Books, 2014. Sobre o gigantismo das propostas nos anos 1910-1930 ver Jean Dethier; Alain Guiheux (Orgs.). *La ville, art et architecture en Europe 1870-1993*. Paris: Centre Georges Pompidou, 1994.

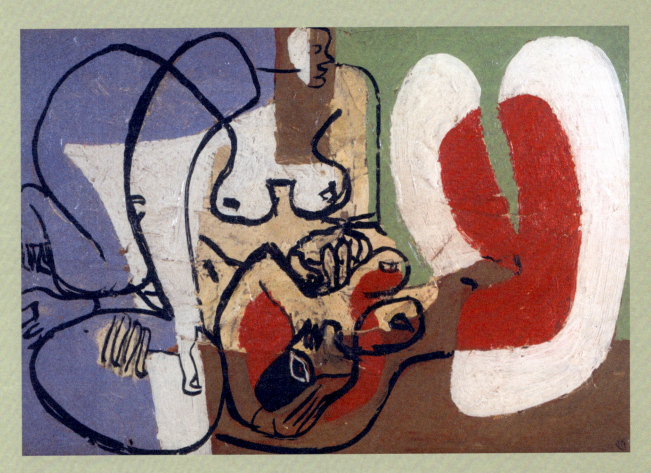

Pinturas de Le Corbusier

Acima: *Deux femmes au repos*
[*Duas mulheres em repouso*], 1939.
Óleo sobre tela, 146 x 89 cm.

Ao lado: *La danseuse et le petit félin*
[*A dançarina e o pequeno felino*], 1932.
Óleo sobre compensado, 20 x 30 cm.

A escala da metrópole e seu crescimento vertical ou horizontal, discutidos desde o final do século XIX, geravam debates sobre onde criar "assentamentos" da população em dimensão regional ou territorial – como as cidades-jardins ou as cidades-lineares. Para muitos, a cidade tradicional desapareceria e seria substituída por outra forma de vida coletiva, difusa e espraiada, garantida por redes de comunicação, de circulação e de transporte que cortariam os territórios nacionais.

Como Le Corbusier dizia, os debates sobre o "destino de Paris" se arrastariam por quase 17 anos,[71] mas as suas reflexões sobre a "grande cidade"[72] vão sendo pontuadas em *Urbanisme*, *Plan Voisin* (1925), *Précisions* (1930) e são indissociáveis tanto da concepção dos pilotis, visando municipalizar e liberar o uso do solo das cidades, quanto de seus croquis para as cidades latino-americanas.

Pouco a pouco, as demandas ao arquiteto Le Corbusier suplantaram as do pintor Jeanneret. Contudo, sua entrada na cena urbanística lhe trará duras críticas, começando por Perret que, desde 1922, voltara à sua própria ideia de altas torres residenciais para Paris, passando a vê-lo como concorrente.

Em 1925, na Exposição das Artes Decorativas, Le Corbusier construiu – ao lado de Pierre – o Pavillon de L'Esprit Nouveau, onde foi exposto o *Plan Voisin* para o centro de Paris. Fundamentando-se, entre outros aspectos, em um discurso para conter a propagação da tuberculose, ao lado de grandes torres construídas em uma vasta área que deveria ser inteiramente demolida, o arquiteto propôs um protótipo em tamanho real de um modo novo de habitar que o Plano, por sua vez, fazia antever.

A partir de 1925, as encomendas de projetos residenciais para uma clientela burguesa e de artistas e intelectuais se expandiram. Projetou, com Pierre, entre outras, a Villa Cook (1926), a Villa Stein (1927), e em seguida a mais famosa de suas realizações "puristas", a Villa Savoye (1929). Participou também da criação de dois protótipos de residências para o chamado *Weissenhofsiedlung* [Assentamento Weissenhof], cujos projetos foram encomendados e construídos pela prefeitura de Stuttgart[73] – esta, a primeira de suas realizações publicadas pela imprensa brasileira.

71 Ver, por exemplo, Beatriz Fernández Águeda. *Les prémices d'un Grand Paris – Le concours pour le Plan d'aménagement, d'embellissement et d'extension de 1919*. Disponível em: <http://www.inventerlegrandparis.fr/link/?id=550>.

72 De início, o termo metrópole não era utilizado para designar as grandes cidades e até 1930 fala-se, sobretudo, na *Grosse Berlin*, no *Grand Paris*, por exemplo. O Plano de Paris foi aprovado às vésperas da guerra de 1939-1945 e da invasão de Paris em 1940.

73 Participaram da construção do loteamento mais de uma dezena de arquitetos da Deutscher Werkbund e seus interlocutores estrangeiros, com projetos de habitação para trabalhadores, com equipamentos e mobiliário inovadores.

Dedicou-se, ainda, à construção da sede do Palais du Peuple de l'Armée du Salut [Palácio do Povo do Exército da Salvação] (1926), obra filantrópica encomendada pela princesa de Polignac. Em 1927 inaugurou sua colaboração com Charlotte Perriand, que passaria a trabalhar na rue de Sèvres e se tornou extremamente próxima de Pierre e de Léger nesses anos, e grande amiga de Lucio Costa no Brasil, como mostra a correspondência aqui reunida.

Villa Savoye de Le Corbusier, Poissy, França, 1928.

Menos de oito anos depois de sua primeira conferência na Sorbonne, em 1922, o arquiteto passou a ser convidado para palestras em toda a Europa. As plateias eram de 300, 400 pessoas[74] e suas obras começaram a ser exibidas até nos noticiários dos cinemas, como os da Gaumont.

As ideias de *Le Corbusier-Saugnier*, ou simplesmente *Le Corbusier*, são estudadas e analisadas por um leque muito grande de posições sociais. Desde Trótski, que teceu comentários sobre o interesse da *L'Esprit Nouveau*, a Krishnamurti, que o visitou no 35 rue de Sèvres. De Paul Otlet e Henri La Fontaine (prêmio Nobel da Paz, em 1913), que lhe encomendou o projeto do

---

74 Ver Tim Benton. *Le Corbusier conférencier*. Saint-Just-la-Pendue: Imprimerie Chirat-Moniteur, 2007 e Yannis Tsiomis. *Le Corbusier. Conférences de Rio*. Paris: Flammarion, 2006.

Mundaneum (1929),[75] às lideranças de direita do grupo Rédressement Français. Enfim, foi convidado por diversas associações fascistas[76] ou sindicais que passou a frequentar ou publicar em seus periódicos.

Embora continuasse a ser Édouard em família, ou Jeanneret para seu amigo Cendrars, foi como Le Corbusier que começou a enfrentar o enorme arco social sensível ao seu ideário moderno – "*Un tas de gens*" ["Um monte de gente"] – como escreveria.

Até o concurso da sede para a Société des Nations [Sociedade das Nações] (SDN, 1927), em Genebra – quando, embora premiado, o júri acaba desclassificando seu projeto com Pierre, por uma razão menor[77] –, trabalhou, de forma apaixonada, com enfrentamentos metodológicos distintos: da tela ao muro, do lote ao bairro, da cidade à metrópole, do discurso à realização, do texto ao livro. Contudo, passou a, cada vez mais, sofrer as consequências de divergências ideológicas, de visões de mundo e choques estéticos e, sobretudo, políticos.

Nesses anos e nessa circulação internacional e polimorfa do seu trabalho se aproximou da jovem União Soviética. Sua primeira viagem a Moscou foi de certo modo triunfal quando, após o fracasso do projeto para a SDN, vence o concurso para a sede do Centrosoyus [Central da União de Cooperativas] (1928) da URSS.

Foi também com sua nova *persona*, Le Corbusier, que ao lado de Sigfried Giedion criou o Congresso Internacional de Arquitetura Moderna – os CIAMS (1928-1956), e um poderoso movimento internacional de debates e renovação das práticas da arquitetura.

Já sua primeira viagem à América, a Buenos Aires – que realizou a convite do colecionador de arte e editor, Alfredo Gonzalez Garaño, na mesma época de sua segunda viagem a Moscou – surgiu por contatos com um meio oposto ao da arte, o das antigas famílias proprietárias de terras argentinas.

....

75 O Mundaneum visava reunir em um sítio, Bruxelas e depois Genebra, livros, cartazes e jornais do mundo inteiro, criando um banco de dados universal.

76 Para as aproximações de Le Corbusier com o meio fascista e sobre o ambiente político partidário e ideológico dos arquitetos franceses antes e durante a guerra de 1939-1945, ver Rémi Baudouï (Org.). *Le Corbusier 1930-2020, polémiques, mémoire et histoire.* Paris: Tallendier, 2020. E Jean-Louis Cohen (Org.). *Architecture et urbanisme dans la France de Vichy 1940-1944.* Paris: Collège de France, 2020.

77 O concurso recebeu 377 inscritos, e o júri, após 64 reuniões, declarando-se impossibilitado de definir o ganhador, atribui três séries de nove prêmios *ex aequo*, dentre os quais o projeto de Le Corbusier em parceria com Pierre Jeanneret, mas desclassificando-o, em seguida. Richard Quincerot. "Palais des Nations: le concours International 1926-31". In: Jacques Lucan et al. *Le Corbusier, une encyclopédie*, op. cit., pp. 285-287.

Centrosoyus de Le Corbusier, Moscou, Rússia, 1928.

Gozou de notoriedade crescente, nessas nebulosas artísticas, técnicas e intelectuais europeias, mas seu *capital* econômico, político e social não era grande. Até mesmo ser suíço lhe começaria a trazer problemas. A criação e consolidação do CIAM, a adoção da nacionalidade francesa e a reivindicação do seu pseudônimo pautado em sua ancestralidade entre a região do Jura e de Albi lhe propiciaram um relativo aporte, certo capital cultural.

O Brasil, antes conhecido apenas por atlas e relatos de viagens colecionados por seu pai – um apaixonado por geografia –, seria sua primeira viagem de 1929 à América do Sul, um território ainda de inúmeras descobertas para ele. Mais uma vez seriam Léger e Cendrars que lhe mostrariam, além de saltos e passagens, possibilidades de desvios ao aproximá-lo de uma nebulosa política, intelectual e artística brasileira, vivendo ou visitando Paris naqueles anos.

PARTE IV
DESVIOS PARA O SUL

Publicada em novembro de 1920, a revista *L'Esprit Nouveau* passou a circular em São Paulo desde 1921 com algumas assinaturas mantidas até seu fechamento em 1925. Atuando como um catalisador também para aqueles que aqui começavam a promover uma renovação cultural e estética, a publicação foi de grande interesse entre os que frequentavam a casa do escritor Mário de Andrade, na rua Lopes Chaves, e que em setembro de 1921 já possuía seus três primeiros números, tendo passado a assiná-la regularmente desde então.[78] A maior parte dos assinantes era oriunda da alta burguesia, como o empresário Roberto Simonsen, o bibliófilo e historiador Rubens Borba de Moraes – seu primeiro assinante; o advogado e mecenas de arte René Thiollier; ou os irmãos Francisco Teixeira da Silva Telles e Jayme da Silva Telles (o primeiro, engenheiro formado na Escola Politécnica de São Paulo e o segundo, estudante de arquitetura, que no Rio de Janeiro será colega de turma de Lucio Costa, graduando-se, em 1924, na Escola Nacional de Belas Artes).[79]

Borba de Moraes rememora o dia em que apresentou o nº 1 da *L'Esprit Nouveau* ao grupo modernista formado por Mário de Andrade, Oswald de Andrade, Menotti del Picchia, Anita Malfatti e Victor Brecheret:

> [...] quando saiu a revista de Le Corbusier – eu vi um anúncio [...] nunca tinha ouvido falar em Le Corbusier, não sabia o que era, mas o anúncio [...] explicava mais ou menos... mandei tomar assinatura. Chegou o primeiro número. Foi um estouro! Levei pro Mário de Andrade, foi um entusiasmo! [...] O impacto da revista, no nosso grupo, foi enorme. Aí nós começamos a nos interessar não mais somente por literatura, mas por arquitetura, por arte, por escultura, essa coisa toda [...] foi a revista de Le Corbusier que nos abriu esse campo.[80]

---

[78] Ver Lilian Escorel de Carvalho. *A revista francesa* L'Esprit Nouveau *na formação das ideias estéticas e da poética de Mário de Andrade*. São Paulo: USP, 2008.

[79] Ambos eram irmãos de Goffredo Silva Telles, que receberá Le Corbusier, em 1929, na Câmara Municipal de São Paulo. Goffredo era genro de Olívia Guedes Penteado que se tornaria de modo crescente, a partir de 1923, uma das principais mecenas, ao lado de René Thiollier e de Paulo Prado, do movimento de renovação artística e cultural da cidade.

[80] Ver entrevista com Rubens Borba de Moraes. In: Nites Therezinha Feres. *Aurora de arte século XX: a modernidade e seus veículos de comunicação – estudo comparativo*. Tese de doutorado. São Paulo: Faculdade de Filosofia, Letras e Ciências Humanas/USP, 1972, p. 164. Apud Lilian Escorel de Carvalho. *A revista francesa* L'Esprit Nouveau *na formação...* op. cit.

O discurso sobre esse impacto da *L'Esprit Nouveau* estabelece alguns marcos que, longe de serem rupturas plenas,[81] mostram inflexões. O ano de 1922 foi um deles. A organização da Semana de Arte Moderna, em fevereiro; a publicação da revista *Klaxon* em maio e, finalmente, a publicação de *Pauliceia desvairada* de Mário de Andrade, no fim do ano, foram ações contínuas e consistentes desse grupo "irreverente"[82] mas coeso de São Paulo. Foram Oswald e Mário de Andrade que estabeleceram, antes de Lucio Costa, um diálogo estético fecundo com Le Corbusier em uma crítica da cultura, livre de escolas estilísticas e de colonialidades intelectuais.[83]

Para intelectuais como Mário de Andrade, isso significava constatar que, assim como ele fizera em *Pauliceia desvairada*, o campo erudito europeu[84] se debatia com outra forma de pensar o tempo e a história. Nos círculos artísticos de Apollinaire, Reverdy e Cendrars[85] a ideia de tempo *vivido,* teorizada desde o início do século por Bergson, vinha sendo entendida como um *presente condensado*, um *eterno presente*, em contraponto à ideia de um tempo *linear, progressivo e medido* da ciência positivista. Ora, para uma cultura nascida sob o influxo do novo, como a cultura americana, nos termos em que esta "nova" sensibilidade era discutida naqueles anos, esse tempo "agora" fazia parte do próprio cotidiano.

Nesse eterno presente, o passado não era, assim, visto como uma dimensão erudita ou morta, separada do instante e da experiência. Toda herança histórica estaria, assim, inscrita nos corpos como um vivido. Fragmentos e ruínas do passado seriam ativados em uma fração de segundo, nos lampejos do que cada um

---

81 Ver, por exemplo, Thaís Chang Waldman. *A São Paulo dos Prados,* op. cit.

82 Na revista *América Brasileira*, de 28 abr 1924.

83 Essa interlocução já aparece com clareza nos poemas da *Pauliceia desvairada*, escrita sob o impacto dos primeiros números da *L'Esprit Nouveau* no início de 1921 e na plena compreensão, que distingue inicialmente Mário e Oswald, quanto à destruição superficial de normas e ícones do passado.

84 Desestabilizava-se a ideia de história evolutiva, temporalmente linear e de progresso em benefício de uma história viva na qual intuição e atualização do passado estão presentes. Os cursos de Henri Bergson no College de France, discutidos por poetas, pintores e escritores desde antes de 1914, servem de exemplo.

85 Ivan Radeljkovic vem estudando o círculo de Apollinaire, Cendrars e Léger do qual se aproximam indiretamente Mário de Andrade e Jeanneret. Veja "La révolution esthétique et la temporalité dans la poésie d'Apollinaire, Reverdy et Cendrars", em *Travaux de la Faculté des Lettres et des Sciences Humaines de Sarajevo*, tomo XVII, 2014, pp. 197-216, e "Prose du Transsibérien et expérience du monde entier: la littérature et la vie", publicado no livro *Récit de vie, récit de soi*, organizado por Christophe Ippolito. Caen: Passage(s), 2018, pp. 175-189.

conseguiria sentir como algo que permanece à espera de uma necessária atualização e reinserção no fluxo corrente da vida.

A fermentação de ideias novas em uma São Paulo que explodia como nova forma de vida social vinha crescendo desde a década precedente.[86] No Rio de Janeiro, capital densa, cosmopolita, populosa e mais conservadora, o impacto do "novo" sob a forma da industrialização e do fenômeno imigratório foi outro. Talvez mais diluído e sem o mesmo peso e dimensões paulistanas, levou mais tempo até ser incorporado como discurso de modernização e de democratização do Estado, a partir de 1930.[87] Essas efervescências, com suas renovações e simbioses de ideias estavam também presentes em diferentes cidades brasileiras que exportavam, muitas vezes, essa inquietação cultural para o Rio ou diretamente para a Europa, e particularmente para a França.[88]

Em 1923, artistas de diferentes partes do Brasil estavam em Paris onde essa renovação se intensificava e fomentava experimentações, e é quando Le Corbusier passaria também a interagir, direta e indiretamente, com as ideias dessa nebulosa brasileira.

Daniela Ortiz dos Santos mostrou que, em 1929 – quando embarcando em Bordeaux rumo à Argentina, já teria feito sua primeira viagem à América sem sair do lugar.[89] Isto é, relatos históricos, mitos, fabulações o "preparam" para as travessias atlânticas que realmente faz. Nessas "viagens imóveis" em livros e conversas com franceses e brasileiros em Paris, Le Corbusier ora funde, ora corrige diferentes ideias de América. Entretanto, nesse movimento,

---

[86] Ver *Brasil: 1º tempo modernista, 1917/29*, organizado por Telê Porto Ancona Lopes, Marta Rosseti Batista, Yone Soares de Lima, São Paulo: IEB/USP, 1972, e o ensaio "Mário, Oswald e Carlos, intérpretes do Brasil", de Silviano Santiago, publicado em *Alceu, Revista de Comunicação, Cultura e Política*, vol. 5, nº 10, jan/jun 2005.

[87] Carlos A. Ferreira Martins. *Arquitetura e estado no Brasil*, op. cit.

[88] Em Belo Horizonte laboratório de tantas experiências literárias, urbanísticas e pedagógicas a criação de *A Revista* é um marco. Ver Silviano Santiago (org.). *Carlos e Mário*. Correspondência de Carlos Drummond de Andrade e Mário de Andrade. Rio de Janeiro: Bem-Te-Vi, 2002. Pense-se ainda nos cariocas de famílias pernambucanas como Alberto Cavalcanti, próximo de Marcel l'Herbier do círculo de Léger; Vicente do Rego Monteiro, e seu irmão Joaquim, que se aproxima do galerista Léonce Rosenberg, amigo de Jeanneret e Ozenfant; e após meados dos anos 1920, entre outros, Cícero Dias, que guardará a amizade com Le Corbusier e Yvonne, e o poeta e engenheiro Joaquim Cardozo, próximo mais tarde de Lucio Costa. Ver Pedro Nava. "Recado de uma geração". *A Revista 1925/1926*. Versão fac-símile. São Paulo: Metal-Leve, 1978; e Carlos Zilio. *A querela do Brasil. A questão da identidade da arte brasileira: as obras de Tarsila, Di Cavalcanti e Portinari, 1922-1945*. Rio de Janeiro: Funarte, 1982.

[89] Daniela Ortiz dos Santos. *Routes of Modernity...* op. cit.

vão ainda se sobrepondo e somando as ideias contemporâneas sobre Novos Mundos que perpassam questões que lhe são sensíveis em territórios geográficos muito diversos.[90]

A análise das "idas e vindas" de Le Corbusier entre essas fabulações permite ver o quanto temas americanos já estavam infiltrados de longa data e inclusive em suas incongruências e fricções, no seu imaginário e em sua cultura e formação europeia, suíça, ainda que ele próprio o ignore. Além de uma visão relacional de espaço, como se viu com Léger, e que também é barroca, ele passaria a se aproximar de uma ideia americana de tempo, como se viu com Bergson, ao privilegiar um "agora" e um "novo" que se dá no interior da simultaneidade de temporalidades e da pluralidade de experiências. São essas aproximações espaciais e temporais que ele levaria em sua bagagem em 1929 até o Brasil que contribuíram para suas interlocuções com Lucio Costa a partir de 1936.

O seu movimento sensível, no entanto, oscilaria entre a ordem absoluta que via na natureza – ideia tantas vezes criticada por Ritter e que o levaria à procura de absolutos na vida – e aquela contingente, que se dá pelas possibilidades concretas dos homens. Oscilaria, também, entre tensões formais na própria "arquitetura nova" cujas bases procurava construir. Na escala da cidade, é na articulação entre reminiscências e ação, como vimos com Léger e, em parte, com Cendrars, que as tensões mais se expõem.

Foi por meio de uma rede de amigos, e ainda na primeira metade dos anos 1920, que Le Corbusier passaria a conhecer pedaços do Brasil e a ampliar o processo de construção de suas geografias "americanas". Assim, seu ideário americano – sobretudo aquele mais recente do início dos anos 1920, imediatamente ligado à industrialização e aos Estados Unidos – iria sofrer expansões, ajustes e ressemantizações. Como em um volteio lento em espiral, as experiências que vai incorporando o levarão a questões americanas mais arcaicas, um retorno às suas leituras quando jovem, como Montaigne e Rousseau, que aflorariam, por exemplo, nas páginas de *Précisions*.[91] Nas páginas iniciais desse livro, escrito a bordo

---

[90] Essas ideias sobre novos mundos foram sucessivamente confrontadas e recentradas com a experiência soviética em Moscou, na sua primeira viagem aos Estados Unidos, em 1935, e ainda na segunda viagem ao Brasil, em 1936. São decantações dessas longas ou curtas frequentações que dão forma à *Ville Radieuse* [Cidade Radiosa], publicada em 1935, mas que continuarão ecoando em suas práticas. Para a biblioteca pessoal de Le Corbusier ver Josep Quetlas e Marzá Fernando Perez. *Le Corbusier et le livre*. Barcelona: COAC, 2005.

[91] Margareth da Silva Pereira. "Introdução." In: Cecília Rodrigues dos Santos et al. *Le Corbusier e o Brasil*, op. cit.

do *Lutetia*, de volta à França, em 1929, Le Corbusier deixa um testemunho sobre sua viagem ao sul do continente americano e ao Brasil. Em "Prólogo americano" ele recorda as circunstâncias que haviam dado origem à sua viagem:

> Foi na casa da simpática e tão inteligente Duquesa de Dato, em Paris, que conheci Gonzalez Garaño. Ele insistiu para que eu fosse a Buenos Aires expor, nesta cidade em gigantesca gestação, a realidade e o futuro próximo da arquitetura moderna. Por outro lado, desde 1925, Paulo Prado me acenava de São Paulo e Blaise Cendrars, de Paris, empurrava-me [...] à força de argumentos, mapas [...] e fotografias.

O encontro com Gonzalez Garaño foi decisivo. Sem seu convite, Le Corbusier não faria, concretamente, a viagem de 1929 à América do Sul. Contudo, se quisermos interpretar o entendimento profundo que ele teceu com Lucio Costa é necessário inserir outras figuras nesse quadro. Léger, Cendrars e Paulo Prado o colocam em contato com a cena cultural de São Paulo até 1929.

Outro nome importante a citar é o de Alberto Monteiro de Carvalho, personagem ainda pouco conhecido, que terá igualmente papel relevante ao tecer o contato entre Le Corbusier e o Rio, possibilitando que se ampliem os seus desvios para o Sul, a partir de então.

Le Corbusier e Alberto Monteiro de Carvalho, figura fundamental na aproximação do arquiteto com o Brasil, 1929.

AS TRAVESSIAS IMAGINÁRIAS DE LE CORBUSIER PARA NOVOS MUNDOS: AS NEBULOSAS URBANAS DE PAULO PRADO E CENDRARS

Passada a ebulição de 1922, em São Paulo, o ano seguinte é de grandes sínteses e realinhamento de caminhos para muitos dos "novos" artistas paulistas, pernambucanos ou cariocas, agora em Paris. Movimentando-se entre galerias, livreiros, editores, exposições, ateliês de artistas e de moda, teatros, cursos e salões mundanos, Tarsila do Amaral, Di Cavalcanti, Vicente do Rego Monteiro, Victor Brecheret, Sérgio Milliet, Oswald de Andrade são alguns nomes que se cruzam direta e indiretamente com as redes de sociabilidade de Le Corbusier. A eles se agregam suíços como

Cendrars ou franceses que haviam vivido no Rio, como o compositor Darius Milhaud. São uns e outros que, pouco a pouco, provocam e convocam o arquiteto a fazer suas travessias imaginárias.

Até que a sombra do Pão de Açúcar possa começar a ganhar algum contorno concreto, e que se iniciem relações diretas entre Lucio Costa e Le Corbusier, os anos de 1923 e 1924, 1926, 1928 e 1929 construíram um contexto de interesse fundamental.

Desde 1920, Tarsila do Amaral estudava pintura e frequentava a Academie Julian e o ateliê de André Lhote, mas é em 1923 que tudo se acelera quando Oswald de Andrade se muda para a Europa temporariamente e passa a viver com ela, que começaria a estagiar com Léger. Já em março, Tarsila e Oswald são recebidos por Cendrars em sua casa.

Milhaud, que conhecia tanto Le Corbusier quanto Cendrars, havia composto o balé *Le boeuf sur le toit* [*Boi no teto*] (1919) e uma suíte de danças *Saudades do Brasil* (1920), com sonoridades africanas do samba carioca e do jazz com o qual tem contato após seu retorno do Brasil: o interesse pela cultura africana os reunia.

Em outubro de 1923, Léger, Cendrars e Darius Milhaud compõem juntos o balé *La création du monde* [*A criação do mundo*]. O argumento era pautado poeticamente em contos, lendas e mitos de diferentes culturas africanas sobre a criação da terra, dos animais e dos homens, que Cendrars havia reunido em uma *Anthologie nègre* [*Antologia negra*], de 1921.

Oswald e Tarsila assistem à apresentação de *La création du monde*. Os painéis enormes do cenário eram de Fernand Léger. Potentes. Ainda hoje impressionantes. A música de Darius Milhaud foi recebida com estranhamento por conta das síncopes da música negra norte-americana e que ele percebia também ao sul, na música brasileira, de matriz africana.

A criação do mundo deve ter sido um dos temas da conversa no jantar oferecido pelo embaixador Luís Martins de Souza Dantas, que reuniu, em fins de outubro, poetas, músicos e escritores, como Jules Romains, Jean Giraudoux, Jules Supervielle, André Lhote, o espanhol Juan Gris, Cendrars e Léger, e do qual participaram Oswald, Tarsila, Rego Monteiro, Brecheret e Sérgio Milliet.

A essa altura, Tarsila já havia pintado *A negra* e mostrado a Léger. A atenção à cultura negra vinha ganhando foco desde a década de 1910 e, em 1923, o escritor negro René Maran, da Martinica, colônia e hoje departamento francês nas Antilhas, ganha o prêmio Goncourt de literatura com o romance *Batoula*, que denuncia o colonialismo. A *Antologia* de Cendrars, por sua vez, havia sido um dos primeiros esforços de compilação da literatura na África, em língua francesa, considerando-a como criação antropológica e mítica e, portanto, poética.[92]

Em outra vertente, o pintor Vicente do Rego Monteiro, educado entre Paris e Recife e, desde jovem, estudioso da arte marajoara e do indianismo, acabava de ilustrar o livro *Légendes, croyances et talismans des indiens de l'Amazone* [Lendas, crenças e talismãs dos índios da Amazônia] (1923), com prefácio de Pierre Louis Duchartre.

Na Paris das artes, em 1923, como em várias cidades do Brasil, flertava-se com o "exótico", com o "primitivo" e com o "nacional", que se exprimiam na cultura e na política em lutas contra o colonialismo, na valorização da mulher, na organização dos trabalhadores. No Brasil, essas lutas sociais levariam não só à Revolução de 1930, mas à ascensão de Getúlio Vargas.

A França, em parte ameaçada pela expansão norte-americana, discutia seu *redressement*, sua recuperação econômica, na "sociedade" das nações, como se dizia à época, mas também a questão sindical e política.[93] Desde a guerra, a dimensão nacional havia levado intelectuais, como o próprio Cendrars e Léger, a se engajarem no *front* e do qual voltavam amputados e dilacerados por dentro – guerra desumana, dolorosa como escreve o autor de *J'ai tué* [Eu matei].

Mas no jantar do embaixador Souza Dantas, a guerra de 1914-1918 parecia ser passado devido à aceleração de outras mudanças e se transmutava em outras formas de luta. Era a questão da latinidade da América que pairava no ar entre os convidados. Franceses ou brasileiros, o esforço era de não se cair na tentação do exotismo, do primitivismo, do nacionalismo ou, na expressão de Sérgio Milliet, "na tentação da serpente estética" da forma pela forma.

Sussurrando à distância, Mário de Andrade, mais uma vez, já alertava Tarsila:

> Tarsila, Tarsila, volta para dentro de ti mesma. Abandona o Gris e o Lhote... Abandona Paris! Tarsila! Tarsila! Vem para a mata virgem,

---

[92] Em 1919, Paul Guillaume organizou a primeira Exposition d'Art Nègre et d'Art Océanien e uma *Fête nègre* no Théâtre des Champs-Élysées. Nesse ano ocorreu o primeiro Congresso Pan-Africano instigando Cendrars a idealizar sua *Antologia*, que deveria ser publicada em italiano por intermediação do escritor e poeta Giuseppe Ungaretti. Eventos e gestos que merecem ainda ser estudados em seu posicionamento político. Para a recepção da *Anthologie* de Cendrars à época ver notas e tradução do livro em espanhol de Manoel Azanã (1930) e as de Jesus Cañete Ochoa (2010).

[93] Sobre o sindicalismo de Le Corbusier nesses anos ver os estudos de Mary McLeod condensados em "Le Corbusier, *plannification et syndicalisme* regional" no livro *Le Corbusier 1930-2020*, op. cit., organizado por Rémi Baudouï.

onde não há arte negra, onde não há também arroios gentis. Há MATA VIRGEM. [...] Disso é que o mundo, a arte, o Brasil e minha queridíssima Tarsila precisam.[94]

Le Corbusier havia também se posicionado sobre algumas dessas questões nas páginas de *L'Esprit Nouveau*, reimpressas, agora, em *Vers une architecture* (1923), e sentenciara: "Não há homens primitivos. Há meios primitivos. [É] a ideia [que] potencialmente é constante, desde a origem [...]."[95]

Fazendo eco a essas palavras, em março de 1924, publicaria na *L'Esprit Nouveau* fotos da coleção de máscaras africanas de Paul Guillaume, com texto de Ozenfant, sublinhando o sentido direto e universal de sacralidade que guardavam os "povos antropófagos", como escreve, que havia se perdido na Europa. Meses mais tarde, a revista voltava à carga e publicava uma conferência que Milhaud havia ministrado na Sorbonne. O tema era a música negra americana e a síncope melódica africana. O texto aparecia, de novo, ao lado de fotos de peças da África de outros colecionadores.[96]

O pintor Di Cavalcanti deixa também as marcas dessas aproximações em um retrato que faz de Le Corbusier.[97] Mas a peça faltante nessas sucessivas aproximações entre o arquiteto e a cena americana brasileira é Paulo Prado, em torno do qual os jovens paulistanos haviam passado a "girar em órbitas".[98]

Intérprete importante do passado do Brasil e mecenas do grupo de 1922, o conhecimento de Prado sobre a produção artística contemporânea era, contudo, pequeno. É Oswald que, em Paris, vai trazê-lo para perto do grupo que frequenta o ateliê de Tarsila. O escritor paulista esbarrara com ele por acaso, mas, em pouco tempo, mergulha Prado em um curso intensivo de formação "moderna".

---

94 Carta de Mário de Andrade a Tarsila, 15 nov 1923. Regina Teixeira de Barros. *Tarsila viajante* (catálogo). São Paulo: Pinacoteca do Estado de São Paulo, 2008, p. 35.

95 Le Corbusier. *Vers une architecture*, op. cit., p. 53. E continua: "A arquitetura é a primeira manifestação do homem criando-o à imagem da natureza, aceitando suas leis, as leis que regem nossa natureza, nosso universo [...] Um determinismo soberano ilumina diante de nossos olhos as criações naturais e nos dá a segurança de uma coisa equilibrada e razoavelmente feita de uma coisa infinitamente modulada, evolutiva, variada e unitária."

96 Apud Daniela Ortiz dos Santos. *Routes of modernity*, op. cit. Ver também de Julien Saint-Quentin (pseudônimo de Ozenfant), "Nègres", em *L'Esprit Nouveau*, nº 21, mar 1924; de Darius Milhaud, "Jazz-Band et instruments mécaniques. Les ressources nouvelles de la musique", em *L'Esprit Nouveau*, nº 25, jul 1924, que merecem ser articulados ao impulso da modernização da arquitetura nesse período.

97 Lilian Escorel de Carvalho. *A revista francesa* L'Esprit Nouveau *na formação...*, op. cit.

98 A metáfora é de Carlos Augusto Calil, estudioso de Cendrars.

Cendrars havia conhecido Prado também em 1923 e os dois tornam-se rapidamente próximos. Estimulado pelos amigos, o poeta fez sua primeira visita ao Brasil menos de um ano após conhecer Tarsila e Oswald e meses depois de encontrar Prado. Os jornais cariocas e paulistanos anunciaram em inícios de fevereiro a chegada de Cendrars, que, fascinado pelas narrativas do "país da cobra grande", potencializaria ainda mais o grupo na França, após seu retorno.

No Rio, o escritor almoçaria com interlocutores cariocas dos paulistanos, alguns desde antes de 1922: Graça Aranha, Flexa Ribeiro, Ronald de Carvalho, Guilherme de Almeida e Sérgio Buarque de Holanda. Vem como representante da *Illustration Française*, a bordo do *Formose*, com sua "rude e sadia franqueza e com sua emocionalidade discreta, potente", como Oswald o apresenta no *Correio Paulistano*. Passa pelo Rio, vai a São Paulo e volta para ver o carnaval do Rio.

Quer ver as danças, o batuque, como declara na imprensa, e reencontrar Donga, que conhecera em Paris. No seu entender, "na língua dos povos primitivos se impunha a expressão concreta e analítica das coisas". Tarsila, ela própria, declarara ao passar pelo Rio em dezembro: "Somos os primitivos de um grande século." A palavra primitivo está no ar.

Em sua volta ao Rio, visita a cidade com Olívia Guedes Penteado e Tarsila. O traço da pintora se torna etéreo nos croquis que faz da cidade. Retrata com linha fina e precisa a baía de Guanabara que a Cendrars "lembrou Wagner", como registrou Mário de Andrade, isto é, uma *Gesamtkunstwerk*, orquestrando e dominando o sítio e a própria cidade. Pinta ainda o Morro da Favela e o carnaval de Madureira.[99]

Findos os festejos, em março, Oswald publica o "Manifesto da poesia pau-brasil", no *Correio da Manhã*. Foi uma bomba: era uma síntese do ponto de vista da linguagem, de suas mudanças no ano de 1923. Um texto que poderia ser visto também como *surrealista*, mas é, antes de tudo, a face *extra-ordinária* do que percebe esteticamente na extensão, radicalização e efemeridade de suas próprias ações. Breton, meses mais tarde, publicaria um admirável texto – que seria conhecido como o "Manifesto surrealista" –, demarcando novos rumos para o movimento e sobre o qual Cendrars se exprimiria.[100]

---

[99] Paola Berenstein Jacques. "As favelas do Rio, os modernistas e a influência de Blaise Cendrars". *Revista Interfaces*, vol. 7, 2000.

[100] Ver, por exemplo, *A pureza é um mito*, de Paola Berenstein Jacques. Salvador: UFBA, 2019, tese para classe de professor titular.

No Rio e em São Paulo intelectuais e artistas se realinhavam, mais uma vez, diante do contundente texto que Oswald havia trazido de Paris.[101] Na Semana Santa, Cendrars viaja com seus amigos paulistanos às cidades mineiras: Olívia Guedes à frente, seguida de Paulo Prado e René Thiollier. Visitam as cidades do ciclo do ouro e reúnem-se com os "novos" de Minas em Belo Horizonte.

Lucio Costa, jovem premiado em 1924, na Escola Nacional de Belas Artes, com a bolsa de apoio de José Mariano Filho, estará em Minas dali a pouco mais de um mês. Seus passos estão quase por se cruzar com os daqueles que aproximam Le Corbusier do Brasil.

Em Minas, o jovem brasileiro, recém-diplomado, escuta, observa e colapsa o tempo vertiginoso das metrópoles sentindo as horas lentas das igrejas douradas de Sabará e Diamantina.[102]

Cendrars vai a Congonhas. Encontra no escultor Aleijadinho os lampejos de uma força que procura sempre detectar. Como autor dos versos de *J'ai tué* deve ter se reconhecido nele, não o sentido de sacralidade descrito e desenhado por Lucio Costa em Diamantina ou mencionado por Saint-Quentin-Ozenfant, mas o desejo de sobrevivência e de transgressão, que também move a arte. Quer escrever sobre ele.[103]

Essa primeira viagem de Cendrars ao Brasil se transforma em *Feuilles de route* [Notas de viagem], em 1925, ilustrado por Tarsila. Sobre o livro, Mário de Andrade diria:

> Saiu um livro calmo e puro. Meio exótico até para nós. O exotismo do livro está na sua naturalidade sem espanto [...] O poeta é um indivíduo normal que tem a faculdade de criar estados anormais [...]

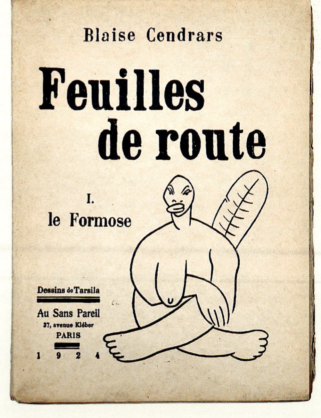

Capa do livro *Feuilles de route* [Notas de viagem], de Blaise Cendrars, 1924.

---

101 Ver *Estética*, revista criada por Prudente de Moraes Neto e Sérgio Buarque de Holanda em 1924. *Estética*. Rio de Janeiro: Pro-livros, 1975. Apresentação de Mario Camarinha da Silva (Org), ed. fac-símile.

102 Maria Angélica da Silva. *As formas e as palavras na obra de Lucio Costa*. Dissertação de mestrado. PUC-Rio, 1991, e, ainda, Lucio Costa. *Registro de uma vivência*, op. cit.

103 Instigado pela viagem e por Olívia Guedes, Cendrars redige uma versão de uma associação para a preservação dos "tesouros" que conheceram e para um museu brasílico. Ver Paola Berenstein Jacques; Renata Campello Cabral. "O antropófago Oswald e a preservação do patrimônio: um 'devorador' de mitos?" *Anais do Museu Paulista*, vol. 26, pp. 1-39, 2018.

Enfim, concluía: "Esse primitivismo absoluto de Cendrars não carece tanto. A humildade bonita é a mesma de Drummond, Milliet e Oswald de Andrade com os poemas em pau-brasil. Na capa Tarsila desenhou aquela urucaca de peitos fecundos".[104] Era mais uma versão da pintura *A negra*.

Em *A Revista*, Mário chamaria a atenção para a relação entre o traço da ilustradora e a palavra do poeta: "Há em ambos a calma arquitetônica da linha precisa. *Feuilles de route* são desenhos simplificados das paisagens por onde Cendrars passou [...]. O tumulto de nosso meio físico não pregou no poeta o susto que se esperava."[105] Se o Pão de Açúcar esmaga a baía com sua presença, ela, como a floresta, segundo Cendrars, "está ali, me olha, me inquieta, me interpela apenas como a fortaleza de uma múmia".

Criticamente, Mário acredita que Cendrars "[...] não se conformando com nosso excesso de fundo natural, teve a mais lírica expansão ante a perspectiva humana, já bem definida, da cidade de São Paulo".[106]

Na capa de Tarsila, a figura da negra, mesmo despida e com sua boca imensa, busca rebaixar qualquer "exotismo", "primitivismo", sensualidade, e seus olhos, em diagonal, olham, inquietam, também interpelam. Contudo, fantasmas irrompem no plano, questionam o olho de quem vê e parecem uma interrogação profunda sobre as casas grandes e suas senzalas.[107]

No livro, a página ilustrada se torna quase uma "carta enigmática" em que o vazio, entre as cenas, poderia ser, em um jogo, preenchido pela palavra. Mas é a figura de um negro de pés descalços que ocupa o centro e paira como uma reminiscência que estrutura as memórias da artista. São vistas quase como tradições ou situação vividas que *Abaporu* repudiará.

Como sintetiza Michel Riaudel, temas e técnicas entre o poeta Cendrars, Oswald e Tarsila parecem se interpenetrar nesses anos,[108] embora a conquista da força da palavra poética em texto ou em traço não fosse sincrônica. Contudo, pulsam ali: o instantâneo que escapa e que o desenho ágil procura reter; a arte do *détournement* que impede de se ler o poema como narrativa; a simultaneidade do

---

[104] *Estética*, nº 3, jan-mar 1925.

[105] Mário de Andrade. França – *Feuilles de route*. Blaise Cendrars (resenha). *A Revista*, ano 1, nº 1, 1925, p. 54.

[106] Ibid.

[107] Sobre esse fundo patriarcal em Tarsila, ver Paulo Herkenhoff. "As duas e a única Tarsila". In: *Tarsila do Amaral. Peintre brésilienne à Paris 1923-1929*. Rio de Janeiro: Imago Escritório de Arte, 2005.

[108] Michel Riaudel. *Blaise Cendrars, Brasil no coração*. Disponível em: <https://heritage.bnf.fr/france-bresil/pt-br/blaise-cendrars-brasil-artigo>.

que se experimenta nas ruínas, entendidas como um vivido de sensações que se embaralha com um "tempo agora", e que também se esvai. Nessas convergências, é aqui que a figura de Le Corbusier se insinua.

Après, Aujourd'hui, Maintenant são palavras que Jeanneret-Le Corbusier emprega com frequência entre 1923 e 1925. O tempo se tornara objeto teórico do arquiteto, do poeta, do escritor ou da pintora, na busca de uma forma gráfica espacial capaz de instaurar o momento, subvertendo qualquer estatuto contemplativo do texto, da imagem, da arquitetura.

Para além das singularidades de experiências, de leituras, de vida e de culturas americanas entre Le Corbusier e Cendrars – dois suíços e suas "Suíças" – e as de um grupo já heterogêneo de brasileiros e seus "Brasis", é possível notar como Le Corbusier, ao contato de Cendrars, desconstruirá, lentamente, os limites de sua percepção sobre o mundo que vai fazendo seu. Os tempos incongruentes, assincrônicos, e os rastros que, aqui e ali, Cendrars vai juntando e distribuindo em sua poesia ecoam em telas, manifestos, romances e mais tarde também em *Précisions*, de Le Corbusier, publicado em 1930, logo após suas viagens de 1929, pela América Latina.

Ortiz estudou os livros dedicados por Cendrars a Le Corbusier, aqueles que leu e anotou ou os que jamais abriu, e reproduz as memórias do arquiteto sobre o amigo poeta. Ele resumia em artigo na *Gazette de Lausanne*:

> Escutei dele histórias americanas, histórias do Brasil, histórias de serpentes de 15 metros de comprimento, de crocodilos, de flores perigosas etc. Não existe cara que tenha imaginado mais histórias solidamente ancoradas sobre a ficção, mas essa ficção era sempre humana, plausível, trepidante de vida, empolgante. E Cendrars se tornou uma referência da literatura contemporânea. Mais que isso: um mestre do pensamento. Mais que isso; alguém que incita a ação.[109]

A mobilização das temáticas americanas brasileiras, por Le Corbusier em suas viagens de 1929 e 1936, e até mesmo a construção de seu *Cabanon*, em Cap Martin, já havia sido traçada em obras anteriores. A arqueologia dos papéis que Cendrars, por um lado, e Paulo Prado, por outro, desempenharam nas tessituras dos elos ideológicos do grupo de brasileiros e na ampliação da visão de Le Corbusier sobre a América é um caso de geografias e territórios, mas também de poéticas e de visões do político naqueles anos de instabilidades. Curiosamente, Cendrars instiga o Le Corbusier poeta, Prado admira o Le Corbusier pragmático.

---

[109] Daniela Ortiz dos Santos. *Le Corbusier and Antropophagy*, op. cit.

Dois pontos ainda seriam importantes para uma interpretação das relações entre Paulo Prado e Le Corbusier e a temática americana: o princípio da utilidade e esse desejo pragmático de ação. Prado se interessava por eles devido ao seu envolvimento com a política, com partidos, com os negócios e, em um plano direto, com as tensões sociais. Le Corbusier se interessava por eles sob outros prismas.

Desde jovem, Charles-Édouard vinha investindo na dimensão filosófica do gesto de construir e nas três dimensões que a prática da arquitetura com base em Vitruvius buscara articular – *firmitas, utilitas, venustas* ou o bom, o belo e o útil.[110]

Ação prática e utilidade voltavam nas páginas de *L'Esprit Nouveau* e foi o tema que Paulo Prado e Monteiro Aranha perceberam e mais valorizaram no arquiteto, quando se conheceram.[111]

No cenário nacional dos anos 1920, a voz de Paulo Prado tinha peso. Bem mais velho do que Cendrars, Le Corbusier e que os artistas brasileiros morando em Paris, ele era uma das maiores fortunas brasileiras e, dada sua história familiar, estava atento e buscava soluções, ainda que conservadoras e permeadas de preconceitos, para os movimentos sociais do início da década que sublinhavam a necessidade de reformas.[112]

Para ele, vinha de casa a reflexão sobre a temática americana, da qual o Brasil era parte indissociável. Crescera discutindo o Brasil nas reuniões que seu tio, Eduardo Prado, autor da *A ilusão americana* (1893), organizava com "intérpretes" do Brasil como Joaquim Nabuco ou o Barão do Rio Branco.

Para Eduardo Prado, o americanismo se confundia com o pan-americanismo capitaneado pelos Estados Unidos e, nesse quadro, ele se posicionava contra essa hegemonia e a posição subalterna que países latino-americanos vinham adotando, inclusive, o Brasil, após a Proclamação da República. Era, portanto, no

---

[110] O caráter poético da arquitetura passara a ser teorizado desde fins do século XIX. Nos círculos de língua alemã entre Wölfflin e Riegl, passa-se a entendê-la como uma arte de construção de relações sensíveis, de instauração de relações espaciais e, portanto, como um dispositivo que mobiliza e afeta os sentidos. Ver, por exemplo, Peter Collins. *Changing Ideals in Modern Architecture 1750-1965*. Montreal: McGill-Queen's University Press, 1998 e Mickaël Labbé. *Philosophie de l'architecture: formes, fonctions et significations*. Paris: Vrin, 2017.

[111] Ibid.

[112] O levante de 1922 do Forte de Copacabana no Rio; a revolta, armada, de 1924, em São Paulo e a organização da Coluna Prestes – caravana que percorreu o interior de 11 estados brasileiros – foram movimentos políticos contra o governo do presidente Artur Bernardes (1922-1926) e mais amplamente contra as oligarquias paulistas e mineiras no comando da política nacional.

interior de um campo transnacional de forças geopolíticas que se dava a crítica tanto da expansão crescente dos Estados Unidos quanto da apropriação que fazia de um ideal pan-americanista.[113] No campo cultural era esse assunto que se desdobrava no reinvestimento contínuo na avaliação da própria história americana brasileira, de diferentes modos praticado por Prado, Mário e Oswald de Andrade.

Quando, em 1923, Prado estreita as relações com Cendrars e, em 1926, com Le Corbusier, ele publicava textos antigos do período colonial e reunia dados para escrever *Paulística, história de São Paulo* (1925) e *Retrato do Brasil, ensaio sobre a tristeza brasileira* (1928). Em ambos os livros, o crescimento econômico, a efervescência cultural de sua cidade e, sobretudo, seu dinamismo industrial eram como sintoma, propulsão e promessa de um novo homem americano – brasileiro – ativo, propositivo e construtor de um novo Brasil capitaneado por São Paulo.

Na visão de Prado, mesmo movida pela luxúria e cobiça, a experiência brasileira forjara esse homem de ação, e seus esforços vinham sendo de atualização da figura do "bandeirante" paulista do século XVII. Em um mundo em crise, buscava pontes entre forças sociais complexas e elegia narrativas e ícones capazes de diminuir as tensões políticas. Para ele como para Oswald de Andrade, desde antes de 1922: São Paulo era "uma civilização que rebenta em audácia, em empreendimento, renovações, vida e luta [...] Seus habitantes gastam os nervos e o coração na luta brutal, na luta americana, bandeirantemente".[114]

Com certeza são grandes as diferenças de experiências entre o mundo da civilização "maquinista" e as geografias antigas da Europa que Le Corbusier havia conhecido no início do século, dessas outras Américas concretas e que tecem projetos de futuro que ele começava a ouvir nos salões e em rodas de conversas. Contudo, esse perfil de homens de ação não estará muito distante daquele que Le Corbusier identificará e evocará positivamente em *Précisions*, vendo também os álbuns na casa de Garaño ou sobrevoando os vastos territórios do Sul entre a Argentina e o Paraguai.

Nesse mundo americano de longa base agrária e escravocrata na posse da terra e na formação das suas fortunas – o café, o gado, o açúcar –, as interpretações

---

113 Sobre "a americanização da América", ver Margareth da Silva Pereira. "O pan-americanismo e seu impacto na institucionalização do urbanismo no Brasil (1920-1950)". In: Denise Machado (Org.). *Anais do IV Seminário de História da Cidade e do Urbanismo*. Rio de Janeiro: Prourb, 1996. Fernando Atique. *Arquitetando a "boa vizinhança": a sociedade urbana do Brasil e a recepção do mundo norte-americano, 1876-1945*. Tese de doutorado. São Paulo, USP, 2007.

114 Declarações de Oswald de Andrade na *Gazeta de Notícias* de 18 out 1921, e no *Correio da Manhã* de 12 dez 1923.

sublinhavam, porém, a sobrevivência de uma certa ideia vitalista e gregária, que se buscava conciliar com um universo fabril e urbano – diante de uma dinâmica que acentuava as diferenças de classe e de inserção social.

A argumentação de Le Corbusier, que em *Vers une architecture* discorria sobre o "desacordo entre o espírito moderno e o estoque de restos e vestígios seculares", deve ter ressoado aos ouvidos de Paulo Prado. Sobretudo os postulados peremptórios e de efeito que ganhavam força no livro como o contraponto célebre do arquiteto: "Arquitetura ou revolução".

No final das contas, com a sombra de 1917, das greves e levantes também no Brasil, Le Corbusier propunha uma revolução arquitetônica para evitar uma revolução política. Em outras palavras, uma revolução conservadora na banalização que o uso da palavra "revolução" já havia alcançado, inclusive, na imprensa, ao ser utilizada no campo das artes como sinônimo seja de mudança, de ruptura ou de atualização.

Em 1930, Le Corbusier acompanhava intensamente a vida política sul-americana pelos jornais. Ele escrevia a Marie-Charlotte em 29 de outubro em pleno calor das movimentações políticas que no Brasil desenhavam o que se chamou Revolução de 1930: "Acabam de assassinar o chefe político do Paraguai, eu almocei com ele em Assunção [...] Júlio Prestes, presidente do Brasil, foi destituído; [após a sua volta do Brasil em 1929], eu o revi em Paris e talvez eu trabalhasse para ele."

E, dez dias mais tarde, ele continuava:

> Vamos sair daqui a pouco com Prado para os arredores de Paris ver a casa de campo que ele comprou. Prado está felicíssimo com o sucesso da Revolução. Na lista [dos recortes de jornais] dos políticos que foram presos no Rio, estava o nome de Antônio Prado, o prefeito e irmão dele, mas [...] será sem maiores gravidades: Antônio já está a caminho de Paris onde ficará tranquilo [...] até que se esqueçam dele. O meu Prado, volta no [dia] 20 para o Rio e São Paulo com vontade de fazer algo. Os Prado são grandes personagens lá. O pai foi ministro do imperador e um dos organizadores do país [...][115]

De todo modo, com o engajamento de Le Corbusier com uma cena mais pública do urbanismo – campo plural e político por excelência –, os confrontos sobre a exequibilidade de suas propostas, as críticas políticas e estéticas passam a ser incontornáveis, como se verá.

---

[115] Rémi Baudouï; Arnaud Dercelles (Orgs.). *Le Corbusier correspondance. Lettres à la famille 1926-1946*, op. cit., pp. 307-313.

Se as críticas não colocam limites ao seu humanismo universalista, "no campo das relações entre povos e classes muita coisa pode acontecer", como escreve à mãe. Para Paulo Prado, e o grupo de Tarsila e Oswald, arte e política passam a se confundir. Altera-se, pouco a pouco, o centro de gravidade da vitalidade econômica e liberal da São Paulo, de Mário de Andrade ou de Cendrars dos anos 1920, para o mundo das instituições oficiais do Rio de Janeiro de Lucio Costa, a partir de 1930. Mundo da negociação e da luta política em permanência, como escreverá o arquiteto brasileiro em uma de suas cartas a Le Corbusier, poucos anos mais tarde.

PARTE V
VIAGEM AO OCIDENTE OU DOS INDIVÍDUOS E DE SEUS DESTINOS

Em 1925, Léger, seguindo os passos de Cendrars, Tarsila e Milhaud, sugere que, após *A criação do mundo*, o diretor do Théâtre des Champs-Elysées faça um balé exclusivamente com negros. Nascia a *Revue Nègre* e a carreira de Josephine Baker. Picabia e Cendrars assistem não se sabe bem se ao espetáculo da estreia das 8 *Babies Charleston* ou à "dança selvagem", na qual Baker se destacava. Seu desempenho teve eco tão imediato que o balé foi modificado, inclusive com afastamento do coreógrafo afrodescendente, para colocar a apresentação ainda mais ao gosto do público. Na abertura do balé, Josephine aparecia com os seios nus em solo e num duo, no final, em uma cena erótica.

Lucio Costa também está na Europa em outubro de 1926 quando Baker inventa sua saia de bananas no Folies Bergère. Em Paris, passa longas horas no Louvre, passeia nos Champs-Élysées, vê vitrines luxuosas e se encanta com as luzes na Avenida da Ópera se acendendo no crepúsculo da grande cidade com sua massa anônima.[116] Vai também assistir a Josephine. Desde o século XIX, a noite dos teatros e cabarés da cidade é feita com as peças ligeiras, com o *vaudeville*, com os clássicos da Comédie-Française.

Em cartas à família, seus relatos são páginas que rememoram e amplificam o ritmo da Paris de Baudelaire pela descrição do anonimato e da multidão. Em carta de novembro, analisa os espetáculos a que assistiu:[117]

---

[116] Lucio Costa. "Arona". In: *Registro de uma vivência,* op. cit., pp. 38-43. Para a análise de outros aspectos dessa carta ver Margareth da Silva Pereira. *Quadrados brancos: Le Corbusier e Lucio Costa uma noção moderna de história,* op. cit.

[117] Ele cita: *La prisionnière, Triplepatte, Maître Bolbec et son mar, As tu du coeur?, Le joueur de banjo, Vive l'Empéreur, Le bon roi Dagobert, Félix.*

> O gênero revista domina [...]. E são negros, americanos, russos. *Girls* às dezenas, pernas às centenas, nus e danças exóticas. E a mulata Josephine Baker se desdobra num charleston trepidante no Folies Bergère [...]. *"Il y a des choses qui n'arrivent jamais, on les suppose, mais ce n'est pas vrai."* [E tem coisas que nunca acontecem, supõe-se, mas não é verdade.] E são cenas da China com seus dragões e pagodes e cenas da Espanha com suas mantilhas... Enfim, um cosmopolitismo impressionante e intempestivo, uma algazarra e uma policromia alucinantes, uma febre de originalidade que, sempre se transformando e inventando, não sabe mais em que se transformar [...]

Chega à conclusão de que os programas em geral são muito bons porque trata-se de um teatro "essencialmente antidramático. [...] sem paixões excessivas, sem excesso de emoções". Também fala de vitalismo e ação, mas relativiza o poder dos homens.

> [...] todas as situações críticas que se aproximam da tragédia se desfazem sem esforço [...] cada personagem tem a intenção de viver intensamente [...] apaixonadamente como em outros tempos se vivia – mas não pode, não tem força para levar as coisas ao extremo [...] Em vez de matar, aceita, perdoa, sorri e passa – menos por piedade ou altruísmo do que por falta da necessária energia e por achar inúteis e ridículos os grandes rasgos, as grandes atitudes.[118]

Lendo Lucio Costa percebe-se que Paris já havia começado a cair na tentação do primitivismo, do exotismo e do nacionalismo. Nesse sentido, o Théâtre de la Porte Saint-Martin havia estreado justamente uma revista "nacionalista genuinamente francesa" de Henri Duvernois e que, segundo ele, reage "contra a invasão estrangeira no palco e na plateia" e é um sucesso.

A vida francesa era apresentada em vários quadros de 1830 até aquela época, criticando "de maneira pesada e de mau gosto os estrangeiros, os turistas em geral, mas principalmente os americanos do Norte, que graças ao câmbio favorável compravam todos os tesouros nacionais". E Lucio, continuava:

> A parte francesa da plateia evidentemente aplaude e não deixa de ter a sua razão. Mas os estrangeiros também não têm culpa. Duvernois querendo fazer reviver o gosto francês que agoniza mostrou-se incapaz de manter até o fim a linha elegante de seus antepassados [...].

---

[118] Em Lucio Costa. *Registro de uma vivência*, op. cit., pp. 40-41.

O jovem Lucio Costa acabava convergindo para as teses sobre a decadência da Europa de Paulo Prado, de Cendrars e de Le Corbusier naqueles anos. As visadas sucessivamente se deslocavam para o continente americano, para o Sul.

Le Corbusier também percebeu certo preconceito e enfrentou barreiras na aceitação de seu trabalho, desde a Exposição das Artes Decorativas de 1925, e muitas vezes por ser suíço.[119] Para contornar o problema, ele iria, inclusive, adotar a cidadania francesa, em 1930.

Com certa visão étnica, mas que se abre, justamente, à miscigenação, Cendrars, em sua segunda viagem ao Brasil, declarava na imprensa brasileira que "o futuro do homem branco está na América, principalmente na América do Sul e sobretudo [...] no Brasil. A América é o extremo Ocidente".[120] Mesmo se tratando de um escritor extremamente atento em relação a tudo que o cerca, orientes e ocidentes tinham a Europa como ponto de referência. Com Cendrars a imagem síntese sobre o homem de ação se deslocava para a figura plena de energia americana, mas em Paris ela se fixava em uma mulher associando-a ao exotismo, ao primitivismo e ao sensualismo. Não se trata da negra – triste e despossuída de tudo para além de seus peitos e da reminiscência de natureza em uma folha agigantada – que Tarsila havia exibido em sua primeira exposição individual em Paris, em junho de 1926, mas de Josephine Baker e sua jovialidade e alegria sem culpas, de um furor desconcertante.

O ano de 1926 é importante para as relações entre Le Corbusier e o Brasil por começarem a se esboçar os primeiros registros de seus contatos visando às possibilidades de trabalho no país. Contudo, como se lê no discurso de Cendrars, trata-se também de uma outra ideia que germinara há muito tempo. Isto é, a de que a América era um território aberto e lugar de realizações, e até mesmo de todas as realizações, no tempo "que virá a ser" das utopias. Essas diferentes construções reiteram a ideia da América como antecena do futuro, atualizando um regime temporal privilegiado – o novo, o devir – desde os discursos edênicos ou utópicos associados ao Brasil, em diferentes momentos de americanismos.[121]

---

119 Ver Rémi Baudouï; Arnaud Dercelles (Orgs.). *Le Corbusier correspondance...*, op. cit., tomo I.

120 Ver *O Jornal*. Rio de Janeiro, 23 set 1927.

121 Para seguir a trama de suas recorrências basta que se mergulhe na crise religiosa dos séculos XVI e inícios do XVII, nas discussões sobre a "cabana primitiva" e o "bom selvagem" um século mais tarde, nas querelas e disputas científicas de fins do século XVIII, nos debates sobre o indianismo e o arcaísmo dos inícios do século XIX ou, enfim, em mais um reinvestimento desses temas com Darwin.

Em julho, de retorno da segunda viagem ao Brasil, Cendrars escreve um pequeno cartão-postal para Le Corbusier:

> Caro amigo, obrigado pelo *Almanach EN [Esprit Nouveau]* que encontro voltando da América[122] [no caso, voltando do Brasil] [...] Atenção: informo-lhe que o governo brasileiro acaba de pedir ao Congresso a verba necessária para a Construção da capital federal prevista na Constituição [...] Planaltina [...] Creio que isto deva lhe interessar [...].[123]

Na mesma época, segundo semestre de 1926, Léger também lhe escreveria mencionando a presença de Paulo Prado em Paris "e seu desejo de conhecê-lo para conversarem sobre o projeto da nova capital a ser construída no Brasil".[124] Nesse ano, novas eleições presidenciais estavam programadas e a vitória era quase certa do candidato Washington Luís, ex-governador do estado de São Paulo, e da rede de sociabilidade de Prado. Desde 1888, o pai de Paulo – o conselheiro Antônio Prado – lutara para que se transferisse a capital do país do Rio de Janeiro. Washington Luís vencendo, o prefeito do Distrito Federal seria designado por ele e, portanto, tudo convergia para que a ideia de transferência que vinha sendo discutida durante mais de um século saísse, enfim, do papel.

Naquele outono de 1926, além de visitar Paris, Lucio irá a Montreux procurar seus antigos professores do liceu. Está a pouco mais de dez quilômetros da Maison du Lac [Casa do Lago], em Corseaux, que Le Corbusier projetou para sua mãe, Marie-Charlotte, mas só irá visitá-la mais de vinte anos mais tarde.

Como escreve Le Corbusier para Vonvon, em setembro de 1926, quem já havia ouvido falar da obra e quis visitar "esse templo antigo à beira d'água" fora o engenheiro Alberto Monteiro de Carvalho.[125] De passagem por Paris, naquele

---

[122] Carta de 13 jul 1926. Note-se que, por falha de revisão, a tradução da carta de Cendrars citada na p. 42 do livro *Le Corbusier e o Brasil* (op. cit.) está errada. Onde se lê "América do Norte", leia-se simplesmente "América" uma vez que Cendrars voltava do Brasil. Nos anos 1920, muitas vezes o Brasil era sinônimo também da América, como estamos tentando mostrar e não apenas os EUA como hoje. Escrevendo também para S. Giedion em janeiro de 1930, Le Corbusier, ao falar de seu retorno da viagem à América do Sul, diz, simplesmente, "voltando da América".

[123] Cecília Rodrigues dos Santos et al. *Le Corbusier e o Brasil,* op. cit., pp. 33-34.

[124] Ibid., p. 41.

[125] Nascido em Campinas em 1887, viveu a infância em Curitiba e estudou o liceu em Campinas e os estudos superiores, em São Paulo. Aluno brilhante, forma-se na Escola Politécnica de São Paulo, em 1909. Em 1919 mudou-se para o Rio de Janeiro, onde se estabelece a convite de Olavo Egydio de Souza Aranha Júnior, seu colega na Politécnica e sócio. Juntos, em poucos anos estabelecem um verdadeiro império industrial e financeiro no Rio.

ano, ele havia deixado seu cartão de visita na rue de Sèvres e encontra-se com Le Corbusier já com todos os dados sobre o projeto. Têm a mesma idade e estabelecem, imediatamente, um contato que se manterá ao longo dos anos.

Alberto havia tomado conhecimento da obra de Le Corbusier com a publicação do livro *Vers une architecture* que adquire em uma viagem a Buenos Aires, mas seus contatos se firmaram a partir da visita do engenheiro a Corseaux. Tanto ele quanto o seu sócio, Olavo Aranha, este filho de banqueiros, vinham do meio da aristocracia paulistana do café, e evidentemente se conheciam, como a Paulo Prado, do mundo das famílias e dos negócios.[126] Alberto trabalhara com Roberto Simonsen, diretor e proprietário da Companhia Construtora de Santos, onde foi engenheiro técnico. Conhecia também Francisco Teixeira da Silva Telles, seu contemporâneo na escola de engenharia, com quem fizera sua primeira viagem à Europa, ao lado de Goffredo da Silva Telles, em 1910. Por sua vez, como vimos, todos conheciam e haviam sido assinantes da revista *L'Esprit Nouveau*.

Talvez tenha sido por esse seu interesse pela questão tecnológica desde o tempo de aluno da Politécnica em São Paulo, particularmente, pelo concreto e pelo vidro, que o engenheiro se mostrou interessado no trabalho do arquiteto, além das possibilidades de reprodutibilidade e racionalização do canteiro, temas que chamaram sua atenção também desde cedo.

Alberto não vinha do meio literário, das artes ou da política. De família empobrecida, tornara-se industrial bem-sucedido, dono, ao lado de Olavo, da empresa de engenharia Monteiro Aranha, e havia sido condecorado com a Legião de Honra do governo francês pela realização do Pavilhão da França, na Exposição Internacional de 1922 no Rio.

Nos próximos dez anos Le Corbusier e Lucio Costa percorrerão caminhos às avessas, mas seria a presença de Alberto – discreta e fundamental, em 1926, 1929 e 1936 – que permitiria inflexões em seus percursos.

Vistos retrospectivamente, até que se encontrem, os dois arquitetos vão fazendo suas viagens, travessias e saltos a partir de 1926. Um para o "Oriente" em direção a um mundo industrial e de um realinhamento da tríade vitruviana em novos termos – Lucio. Outro para o "Ocidente", talvez como Colombo e Cabral, perdido entre tantos *mundus novus* – Le Corbusier.

Entretanto, Cendrars, com seu olhar intuitivo e perspicaz, começou a perceber sintomas de fricções e ambiguidades que vinham se sobrepondo e se

---

[126] Alberto solicitará a decoração do apartamento que compra em Paris em 1926 não a Le Corbusier, mas a René Lalique, provavelmente pelo uso do vidro e por ser dono de empresa que fabrica o material.

contrapondo entre os processos de pesquisa e as frentes de ação de seu amigo suíço. Notou problemas na diversidade de fins, de escalas e de demandas que já envolviam suas movimentações e que, de resto, também não desapareceriam em seus contatos e afinidades com Costa.

Indiretamente Cendrars alerta o amigo em 1926[127] quando conhece a obra de Pessac:

> [...] o conjunto é alegre e não monotonamente triste como eu pensava. Lamento por você que esta sua primeira demonstração [do que seria um tipo de casa para trabalhadores] tenha sido feita nos arredores de Bordeaux, longe de toda circulação [...] Creio também que vista sua concepção do que seja uma casa [...] você, na França, dirige-se mais a uma elite do que a uma classe operária. Essa é a razão pela qual seu tipo de *villa* [como as casas puristas] deve ter mais rapidamente sucesso do que a de "vila operária", como a própria Cité Frugès.[128]

No Rio de Janeiro, desde esse ano, já se observam menções na imprensa ao trabalho de Le Corbusier em periódicos não especializados, para falar da "civilização da máquina" e criticando suas consequências. Era citado também em comparações com Gaudí, que havia morrido naquele ano, sublinhando-se os perfis de um engenheiro que havia se tornado arquiteto e vice-versa.

A partir de 1927, o nome de Le Corbusier passaria a circular na imprensa local de modo mais regular nas discussões sobre a expansão da área construída das cidades. O problema debatido era se essa expansão deveria ser territorial e horizontal, formando as metrópoles contínuas, ou se adensando e verticalizando a própria cidade, diminuindo as áreas de extensão dos serviços urbanos. Discute-se mais a proposta da Cité Contemporaine de 1922 e a adequação para construções operárias no Brasil dos seus *immeubles-villas* [edifícios-casa verticais][129] – em ter-

---

127 Apud Daniela Ortiz dos Santos. *Routes of Modernity*, op. cit. Carta de Cendrars a Le Corbusier de 15 nov 1926. Tradução livre da autora.

128 É necessário um esclarecimento sobre uma ambiguidade que decorre do uso, diferente, de três palavras no início do século XX em francês e português. A palavra *villa* com dois "ll" tanto em português quanto em francês designará uma residência burguesa até as primeiras décadas do século XX. Também nesses anos, em francês a palavra *cité* será usada para se referir a um "assentamento populacional novo", que tanto pode ser na escala da Cité Contemporaine de 1922 ou de um bairro. Os bairros operários nesse período são chamados em francês *cités ouvrières*, como a Cité Frugès e no Brasil, "villas operárias". Ver Margareth da Silva Pereira. "As palavras e a cidade: o vocabulário da segregação em São Paulo 1890-1930". *Espaço & Debates*, v. XVII, 2002, pp. 31-47.

129 Marcello Taylor Carneiro de Mendonça do Instituto Central de Arquitetos, por exemplo, defenderá a ideia de construção de cidades-jardins horizontais com casas térreas, colocando reservas na reprodução dos *immeubles-villas* propostos por Le Corbusier. Ver *O Jornal*. Rio de Janeiro, 9 fev 1927.

Le Corbusier a bordo do navio Lutetia em viagem de retorno do Brasil à França, 1929.

mos das culturas locais e dos modos de vida – do que a realização de Pessac.[130]

As propostas de Le Corbusier não deixam neutro o meio arquitetural internacional, cada vez mais atento a uma necessária presença reguladora dos poderes concedentes do Estado ou das municipalidades. Esse é o desenho sociopolítico no qual se insere não só a nova arquitetura [*neues bauen*] defendida por Jeanneret e mais tarde pelo CIAM e, também, por Lucio Costa a partir de 1930.

Observadas as movimentações dos diferentes atores individuais e sociais – da criação de cursos e cátedras profissionais de urbanismo às reformas dos cursos de arquitetura existentes, dos artigos na imprensa sobre temas citadinos à ação de cooperativas e associações, dentre as quais, inclusive, os Rotary Clubes ou as associações de amigos das cidades –, vê-se ao longo dos anos entre guerras (1918-1939) tomar forma a ideia de um Estado do Bem-Estar Social. Em decorrência, vê-se, também, o nascimento do que passaria a ser chamado de "políticas públicas", tendência que se acentua ano a ano, em especial, após a crise econômica de 1929.

---

[130] Importante notar que nos círculos de Le Corbusier discutem-se cidades-jardins – horizontais ou verticais – mas sempre as considerando para as camadas médias e para os trabalhadores.

Isso significa dizer que uma vasta discussão de estratégias de ação – reformistas, principalmente nos novos mundos sul-americanos e europeus, ou revolucionárias, no caso dos soviéticos – marca as práticas da arquitetura em diferentes geografias e, inclusive, no Brasil, dando nascimento a uma disciplina nova, o urbanismo, que Lucio Costa lutará para colocar no currículo da Escola Nacional de Belas Artes na reforma de 1931. Debate-se, sobretudo, a melhor distribuição das conquistas técnicas modernas e a universalização de serviços – água encanada, saneamento, eletricidade, redes de transportes público e, também, redes de equipamentos como escolas e creches, conjugadas, em tempos de gripe espanhola e aumento da tuberculose, a hospitais e parques.

O conceito de um direito novo e universal passa a ser entendido como um direito à cidade e a seus serviços. As discussões sobre uma convenção entre forças econômicas e sociais para a correta alocação de impostos e de investimentos dão origem à própria ideia de que as prefeituras precisavam ter uma "carta", isto é, um plano ou um programa para sua expansão que guie o processo de urbanização das áreas rurais e o futuro dos investimentos públicos e privados. Nas cidades norte-americanas e anglo-saxônicas os Planos de Cidades visavam, principalmente, a que não houvesse desvalorização do capital. É o movimento também chamado de "capitalismo municipal", em que o prefeito é uma espécie de *manager*. Em outras cidades, de acordo com o perfil político, praticava-se um "socialismo municipal" em que se criam "contribuições de melhorias", com o objetivo de redistribuir os recursos gerados pela valorização imobiliária e uma regulação do uso de solo contra os excessos provocados pelo livre trânsito dos investimentos. As possibilidades que uma nova arquitetura poderia oferecer estão no centro das discussões em ambos os campos, submetida a essa visão de conjunto fomentada pelos "planos".

A partir de 1926, Alberto Monteiro de Carvalho, ao lado de Paulo Prado e Cendrars, amplia a rede de encomendas, demandas e contatos de Le Corbusier, colocando-o, agora, diretamente no interior de uma nebulosa franco-brasileira, composta de arquitetos, engenheiros e políticos. É evidente que a circulação do nome e das ideias de Le Corbusier seguia, no mundo, diferentes caminhos. Perfis sociais e profissionais – *reformistas* ou *revolucionários* – mostravam-se interessados por elas. Quando, em 1926, Paulo Prado e Le Corbusier se encontram por intermediação de Cendrars e Léger, a discussão da transferência da capital era uma ideia concreta e "revolução" era uma palavra corrente na imprensa.

Como previsto, Washington Luís venceu as eleições brasileiras e nomeou prefeito do Distrito Federal o irmão de Paulo Prado, Antônio Prado Júnior. O novo prefeito inicia seu mandato com a contratação de Donat-Alfred Agache para a elaboração de um plano de urbanismo para o Rio, mas a transferência da capital permanecia no pano de fundo. A partir do fim do ano de 1926, a situação política no Brasil, e também na Europa, seria perpassada cada vez mais por divergências de pontos de vista que não se restringiam apenas ao campo artístico, literário, arquitetônico ou técnico.

Não se sabe como Le Corbusier, com todos os apoios políticos que possuía, "perdeu", em 1927, a encomenda tanto do plano para a nova capital do Brasil quanto o Plano de Remodelação, Embelezamento e Extensão do Rio para Agache. É possível que na ocasião dois movimentos simultâneos tenham se articulado ou não. Isto é, enquanto Antônio Prado Júnior se envolvia, pelo menos em tese, com a reforma do Rio, seu irmão mais velho continuava investindo na ideia mais radical da própria transferência da capital do país, defendida publicamente pelo meio financeiro paulista desde José Bonifácio e por seu pai desde o fim do Império. Pode ser ainda que Le Corbusier tenha sido lento nas respostas a Paulo Prado diante da acolhida inicial que seus livros e propostas vinham tendo, incialmente, na própria Europa, começando pelo concurso do Projeto da Societé des Nations, em Genebra. Enfim, o arquiteto talvez preferisse guardar suas expectativas em relação à jovem URSS e na realização em Moscou de suas ideias.

De todo modo, em 1927, os conflitos diretos entre posições políticas começariam a se explicitar. Primeiro, com o lento processo para a obtenção do habite-se de Pessac, sua derrota final no concurso da sede da Societé des Nations, no qual depositara suas energias e, mais tarde, em parte dos seus projetos na URSS.

O caso soviético talvez seja mais interessante, apesar de menos conhecido. Ele explicita dificuldades que o arquiteto encontra na articulação do "individual e do coletivo" ou entre as novas aspirações do meio "cosmopolita burguês" e as da "classe operária e trabalhadora", como Cendrars alertara em Pessac. Mas também, por contraste, permite observar tensões nas leituras e na recepção política de seus projetos em outros contextos, como no Brasil entre 1929 e 1936 e que Carneiro de Mendonça anteviu nas análises sobre as possibilidades de aplicação de suas propostas no Rio. Essas contradições serão criticadas pelos revolucionários russos durante a realização do projeto do Centrosoyus (1928), o primeiro dos seus projetos para a URSS.

Le Corbusier havia vencido o concurso para o Centrosoyus e viu ser construído lentamente o seu mais importante edifício no entre guerras. No entanto, sua Cité Contemporaine, antes aclamada como possibilidade de resposta à política de construção de unidades de habitação e de assentamento das populações pela vanguarda artística de arquitetos, artistas e engenheiros, leva a comparações sobre o que se imagina do futuro da sociedade soviética, sofrendo críticas.

Em 1928, o urbanista Yakov Tugendhold aponta no projeto da Cité Contemporaine um culto excessivo ao indivíduo que ia de encontro à cultura soviética, voltada para o coletivo. Entre elogios feitos à proposta, Tugendhold sublinhava que o projeto trazia as marcas de um pensamento "burguês e individualista", que se expressaria, inclusive, na ótica "de um homem que possui um automóvel individual".[131]

Na continuidade, como mostra Cohen,[132] os dois outros projetos com os quais o arquiteto se envolve na URSS não sairão do papel: o Plano de Moscou (1930-1931), quando se defronta com os "desurbanistas" soviéticos, e o do concurso para o Palais des Soviets [Palácio dos Sovietes] (1932). Esse insucesso decorre primeiramente de mudanças no contexto político interno da URSS, que opõem, inclusive, as diferentes forças sociais revolucionárias entre si. Em segundo lugar, os próprios arquitetos russos se dividiam sobre quais deveriam ser as novas formas construídas de "cidade" e de "arquitetura" para um novo modelo de sociedade até então desconhecido.

No que diz respeito a Jeanneret-Le Corbusier e ao que extrai dessas experiências, embora o plano que desenha para o Rio e São Paulo anteveja megaestruturas desenhadas para a vida coletiva, em 1929 e, ainda em 1936, ele não abrirá mão de sua ideia da célula individual de habitação como abrigo com a qual cada um se projeta e abraça mundos, como mostra o desenho em que enquadra o Pão de Açúcar, tão conhecido.

Quando Cendrars volta ao Brasil pela segunda vez, em 1926, constatará mudanças lentas de cenário político. Pouco mais de um ano depois, em setembro de 1927, na sua terceira viagem, logo após a posse de Washington Luís, ele passará, até, por constrangimentos. À medida que as tensões vinham se deslocando do campo literário e artístico para o da arquitetura e do urbanismo, os embates políticos passaram a ser vividos mais de perto, até mesmo por Cendrars.

Em 1924, o escritor estava em São Paulo quando a cidade foi tomada durante a revolta armada do general Isidoro Dias Lopes com bombardeios, e a população civil se viu em pânico. Em 1927, será impedido de desembarcar pelas autoridades portuárias no Rio, sob o pretexto de que o Brasil não aceitava estrangeiros

---

[131] Jean-Louis Cohen. *Le Corbusier et la mythique de L'URSS: Theories et projets pour Moscou 1928-1936*. Bruxelles: Pierre Mardaga, 1987, p. 42.

[132] Ibid.

com "defeito físico". Embora convidado do prefeito Prado Júnior, responsável por sua hospedagem e malgrado sua amizade com Washington Luís, como mais tarde noticiava a imprensa, ficou retido a bordo durante um dia inteiro devido a sua mutilação na guerra.

Os políticos brasileiros, no Rio e em São Paulo, estudavam agora urbanismo. Não só no Rio, onde Prado Júnior segue os estudos de Donat-Alfred Agache para a cidade. Júlio Prestes, governador da província de São Paulo, tem em sua mesa de trabalho, ao lado de *Les États Unis d'aujourd'hui* de André Siegfried, o livro *Urbanisme* de Le Corbusier, e a imprensa divulga a obra de novos arquitetos de outras correntes, mesmo se com pouco rigor ou profundidade.[133]

Na URSS, no Brasil e na França, as tensões no campo da literatura e da arte crescem; as percepções se enrijecem e alimentam preconceitos, estereótipos e intolerâncias, e a aproximação de Le Corbusier da União Soviética não passará desapercebida.

No correr do ano de 1928, no Brasil, enquanto mal haviam começado as obras do Centrosoyus, a arquitetura moderna de Le Corbusier começaria a ser associada aos bolcheviques ao mesmo tempo que alguns saem em sua defesa e sobretudo a da nova arquitetura. Seus projetos para a Weissenhofsiedlung de Stuttgart foram divulgados em *A Casa* ao lado de páginas sobre *bangalows* e são um dos pontos de partida das críticas. Em São Paulo, a polêmica é praticamente quinzenal no *Correio Paulistano* a partir de julho de 1928[134] com a inauguração da "primeira realização da arquitetura moderna em São Paulo". A residência projetada pelo arquiteto ucraniano Gregori Warchavchik na rua Santa Cruz, é, no entanto, apresentada como uma casa *brasileira*, graças, sobretudo, ao jardim *tropical* desenhado por Mina Klabin, sua mulher.[135]

Nas discussões sobre Le Corbusier sobressai a dimensão do arquiteto mais do que a do urbanista. Nada se fala do pintor. A clareza das análises de

---

[133] Para esses primeiros artigos ver: Concurso para o Palácio do Governo de São Paulo, projeto de Efficacia (pseudônimo de Flávio de Carvalho). Doutrina de Le Corbusier "modificada para melhor" em *Diário da Noite*, São Paulo, 4 fev 1928 e artigo sobre a Weissenhofsiedlung em *A Casa*. Rio de Janeiro, abr 1928.

[134] Identificamos mais de uma dezena de artigos apenas no *Correio Paulistano* a partir de julho de 1928, debatendo diretamente as suas ideias.

[135] A simplicidade das linhas, o uso das telhas e o jardim tropical são vistos como atributos da casa brasileira e que o autor da matéria também identifica como "casa tropical". *Correio Paulistano* 7 ago 1928. No periódico, Le Corbusier é citado ao lado de Perret, Tony Garnier e Mallet Stevens na França como exemplo dos que, em toda a Europa, "monarquistas como na Holanda ou bolcheviques como na Rússia, vêm construindo como a vitoriosa 'arquitetura moderna'".

Warchavchik[136] em suas polêmicas com Dácio A. de Moraes[137] em torno da nova arquitetura ou da arquitetura moderna, como começa a ser referenciada, impõe-se. Malgrado suas críticas, Dácio, curiosamente, receberá Le Corbusier, no ano seguinte, com deferência quando de sua estada em São Paulo.

Se em maio de 1928, Oswald de Andrade lança o "Manifesto antropófago", em outubro desse mesmo ano, Charles-Édouard Jeanneret escreve de Moscou para a mãe, Marie-Charlotte, fazendo paralelos entre o novo mundo soviético e o novo mundo americano dos antropófagos brasileiros – não se sabe se os do passado ou aqueles do presente que conheceu com Paulo Prado e Cendrars. Sonhador e idealista, escreve:

> Ainda não fui comido pelos antropófagos. Mas assisto ao nascimento de um mundo novo, construído sobre a lógica e a fé e que me mergulha em reflexões das mais graves. Controlo meu otimismo a fim de apenas enxergar as coisas como elas são. Oh Europa cega! Mente para si própria para confortar sua preguiça! Realiza-se aqui um dos momentos mais luminosos da evolução humana e a generosidade está aqui e o egoísmo lá. Olho. Olho. Questiono. Escuto e, por todo lado, sondo esse acontecimento novo das pessoas [...] partindo do zero e construindo pedra por pedra [...][138]

Em 1929, Le Corbusier continuava a acreditar na possibilidade de se construir na Rússia parte de seus projetos arquitetônicos e urbanísticos[139] e de seus sonhos de um pacto harmonioso entre um homem novo e uma nova civilização in-

---

136 Para arquitetos criados sob uma ótica liberal, a visão da nova arquitetura se dá no interior de uma "coletividade universal", embora Warchavchik se mostre mais atento que Le Corbusier, desde 1928, às suas necessárias adaptações tecnológicas e culturais, evidentes para um estrangeiro trabalhando na América do Sul. Quanto ao individualismo, este não suscita problemas maiores. Ver *Correio Paulistano* de 5 ago 1928. No Brasil, o renome do arquiteto russo se dá graças ao sucesso da "casa modernista" nos meios abastados de São Paulo. No entanto, o que apoia sua recomendação como um de seus membros dos CIAMS são suas "casas econômicas" construídas na Vila Mariana, cujas fotos Warchavchik enviou para Giedion. Ver a correspondência de Giedion como secretário dos CIAMS em ETH Zurich University Archives. No Brasil, José Lira desenvolveu um aprofundado estudo sobre o arquiteto no qual aborda as fraturas do meio arquitetônico e, inclusive, sua sociedade com Lucio Costa a partir da Revolução de 1930. José Lira. *Warchavchik. Fraturas da vanguarda*. São Paulo: Cosac Naify, 2011.

137 No *Correio Paulistano* os artigos do engenheiro Dácio A. de Moraes saíram com o nome de Décio A. de Moraes.

138 Ver carta de Édouard para Marie-Charlotte, 16 out 1928. In: Rémi Baudouï; Arnaud Dercelles. *Le Corbusier correspondence*, op. cit., tomo II, p. 182.

139 Jean-Louis Cohen. *Le Corbusier et la mystique de l'URSS. Théories et projets pour Moscou*, 1928-1936. Bruxelles: Mardaga, 1987.

dustrial. Na verdade, a vida toda ele irá se interessar pelo aspecto político de suas obras, mas não necessariamente pela política praticada no interior de partidos. Preservaria, ainda, uma certa compreensão da palavra "liberal", que se confunde com um sentido apartidário de liberdade, autonomia e respeito à subjetividade que ultrapassa a ideia de um "individualismo burguês". O que lhe provocou dificuldades "à direita" e "à esquerda".

Apresentava, assim, suas propostas, em diferentes contextos, como se fosse uma questão simplesmente de bom senso ou neutra, quando não técnica, anunciando, sem se dar conta, uma tecnocracia que estava por vir e como se suas ações fossem esvaziadas de pactos, tensões, conflitos, implicações políticas no sentido estrito da palavra. Ou melhor, insistiu em acreditar que a arquitetura e o urbanismo poderiam suplantá-los. Obteria maior ou menor sucesso nessa estratégia que faria parte, inclusive, da aproximação das demandas de cada um de seus clientes, sobretudo nas encomendas de grande escala ou estatais.

> Um ano depois de sua fulgurante viagem a Moscou em 1928, Le Corbusier se inclinaria para o Sul e para outras situações específicas nas quais encontra ainda aberturas para um novo tempo possível, buscando chegar a propostas mais "generalizáveis". Contudo, seu olhar se mostrava, a despeito dos esforços de velhos ou novos amigos como Ritter, Léger e Cendrars, muitas vezes pouco permeável, trabalhando em seus próprios *a priori*, em torno dos quais buscava submeter os mundos ao seu redor.

Embora se interessasse pelo continente americano, Le Corbusier olhava-o, até 1929, de modo ainda abstrato. Já convidado por Garaño quer aproveitar a viagem para Buenos Aires e "dar um pulo" em Oklahoma.[140] Tinha dificuldades em articular as informações alheias aos seus interesses imediatos de investigação. Sob a disciplina rígida que se impusera, as informações e leituras se acumulavam, mas não se conectavam nem criavam rapidamente imbricações e sentidos.

É possível que tenha sido no convívio com Léger e Cendrars, aí pelos anos 1930, com suas blagues, suas histórias e seus olhares curiosos que, por contraste, Le Corbusier tenha começado a prestar mais atenção aos "corpos à reação poética". Também pelo lado de Lucio Costa, uma visão mais contemporânea da arquitetura e do urbanismo cresce rapidamente entre 1926 e 1931.

Os vários fios soltos começam realmente a se embaralhar, mas, ambos, Jeanneret-Le Corbusier e Lucio Costa, no início da década de 1930, ainda estão intelectualmente distantes, restritos a estreitos focos de interesse.

---

[140] Cecília Rodrigues dos Santos et al. *Le Corbusier e o Brasil*, op. cit., e Daniela Ortiz dos Santos. *Routes of Modernity...*, op. cit.

Nas trocas de cartas com as autoridades e parceiros brasileiros, em 1929, e mesmo mais tarde, a partir de 1936, nos projetos da Cidade Universitária do Brasil e do Mesp,[141] da Maison du Brésil em Paris e em Brasília, Le Corbusier desenvolveria um jogo de "sedução" em três etapas que se parece com aquele que Cohen analisou no caso dos projetos soviéticos.[142] É como se, em um crescendo, o arquiteto tomasse para si engrandecer as próprias qualidades de antevisão dos seus parceiros em discursos ou conversas. Em seguida, ampliando o ponto de vista, agora mais profissional, passa a observar, por exemplo, um quarteirão e a partir daí projeta um bairro inteiro; pedem-lhe que reflita sobre um bairro, imagina uma cidade ou planeja uma região. Esse processo, enfim, torna-se tão grandioso que afasta o cliente ou provoca um rompimento e acaba invariavelmente em desilusões, amarguras de Le Corbusier, ressentimentos recíprocos.[143]

Não se trata de uma visão puramente oportunista, mas é seguramente a outra face do papel que ele atribui à arquitetura e ao urbanismo e que tem mais a ver com sua dificuldade pessoal de lidar com a negociação e a política o que o torna incapaz de avaliar plenamente as circunstâncias. Sejam tempos de crises econômicas, como a de 1929, seja a expansão da intolerância e dos nacionalismos, como após 1933-1934, que alimentam o nazifascismo.

A arquitetura e o urbanismo se veem, assim, diante de uma tarefa, redentora, entre reformista e pacificadora,[144] como se fossem capazes – em sua materialidade – de promover as mudanças nas quais acredita, evitando embates, dissensos, lutas políticas, nos quais, entretanto, inicialmente ele se engaja. Esse jogo é duplo, em que entram parcelas de sedução e de substituição, e tem raízes nos aspectos negativos do funcionamento do pensamento utópico enraizado em partes das vanguardas modernas e também de longa data na cultura brasileira em seus diversos matizes.[145]

....

[141] Ver o fino trabalho nos arquivos do CPDOC de Mauricio Lissovsky e Paulo Sérgio Moraes de Sá – *Colunas da educação: a construção do Ministério da Educação e Saúde, 1935-1945*. Rio de Janeiro: Minc/Iphan; CPDOC/FGV, 1996 – e a detalhada análise arquitetônica e urbanística de Roberto Segre et al. *Ministério da Educação e Saúde. Ícone urbano da modernidade brasileira (1935-1945)*. São Paulo: Romano Guerra, 2013.

[142] Jean Louis Cohen. *Le Corbusier et la mystique de l'URSS*, op. cit.

[143] Ibid.

[144] Id. Ver artigo "Architecture ou révolution" na revista *L'Esprit Nouveau* e reproduzido em *Vers une architecture*, op. cit., de Le Corbusier.

[145] Margareth da Silva Pereira. "A arquitetura brasileira e o mito", publicado na revista *Gávea* 8, em 1990 e reproduzido em Abílio Guerra (Org.). *Sobre história da arquitetura brasileira*. Textos fundamentais, vol. 1, e da mesma autora "A utopia e a história. Brasília: entre a certeza da forma e a dúvida da imagem". In: Abílio Guerra (Org.). *Textos fundamentais*, vol. 2. São Paulo: Romano Guerra, 2010.

Le Corbusier no
Rio de Janeiro, 1929.

Denuncia um modo de ação binário que bascula entre dois polos, os da potência e da impotência, vistos como gestos absolutos, negando às práticas da arquitetura e, sobretudo, do urbanismo e suas possibilidades de se definirem em um campo de colaboração, de escuta e de negociação entre as forças em presença.

Le Corbusier fez três viagens ao Brasil – 1929, 1936, 1962 – de grandes experiências para ele. Deixou que seu corpo se impregnasse das alegrias, das dores, das vertigens ou das violências da experiência americana. É a viagem de 1929 e o livro *Précisions* que talvez guardem o segredo da amizade e da potência criativa excepcional que foi alcançada nos diálogos *Corbu-Costá*. São os mais belos textos escritos por Le Corbusier pensando essa América, aqui *latina*, e os mundos novos que o interpelam e visita *em transe*, de barco, de avião, de carro, a pé.

Sendo americano, e brasileiro, talvez Lucio Costa já estivesse em sua própria casa, mas tendo passado parte de seus anos de formação na Europa também talvez tivesse que, depois do *Grand tour* da Itália, fazer sua viagem ao Ocidente à medida que vai se familiarizando com as reflexões de Le Corbusier, isto é, fazendo viagens a outros pedaços de si.

Nas páginas precedentes, privilegiou-se fabular sobre o saber sobre os homens e seus destinos em um tempo poroso que se aprende sem dar nome, do mesmo modo como não se pode cortar em pedaços tempos e vidas. Esse tempo corbusiano é um tempo que o sonho habita e está em qualquer parte, e Lucio

Costa, em casa, deu a Le Corbusier tudo que pôde e foi capaz de dar do que sabia dele: no Ministério da Educação e Saúde Pública, na Casa do Brasil, na possibilidade que lhe abriu de sonhar Planaltina e de ver e ver-se em parte em Brasília. Mas o dito pode ser desdito e talvez seja Le Corbusier que tenha presenteado *Costá* com partes de si em *Précisions*, na Maison du Lac, em Notre Dame du Haut. Tempos concretos. Tempos de confiança e cumplicidade, tempos da mão aberta e da "mão amiga" que Le Corbusier aprendeu a dar atenção com Cendrars – que passou a assinar assim suas cartas, referindo-se literal e metaforicamente àquela que lhe restara – e a mesma que celebrou em Chandigarh.

Embora para Cendrars a ideia de tempo linear estivesse sempre colocada em abismo, ele construiu uma sólida ponte entre Le Corbusier e o meio artístico, intelectual e político do Brasil em diferentes momentos. Como Ritter, Perret e Ozenfant, no passado, Léger e Cendrars insuflariam o processo de abertura de Jeanneret à multiplicidade. Contudo, tentaram fazer com que ele fosse desviando-se de certas figuras para aproximar-se de outras, com um olhar mais libertário, empurrando-o indiretamente para pequenos planetas, como o que, até certo ponto, passou a construir com Yvonne em seu *Cabanon*, transtornando e transformando esse seu olhar.

No Rio, em 1929, quando Josephine Baker atravessou o imaginário coletivo de uma parte do que se chama o Ocidente e, cruzando o Atlântico, fundiu tantas representações díspares, a imprensa mostrou que era ela, muito mais que Le Corbusier, quem o grande público esperava no Rio, em Buenos Aires, em São Paulo. A estrela do Folies Bergère, também em turnê, e o arquiteto se conheceriam em Montevidéu e ainda se encontrariam no Rio.

Ela também resistia ao "primitivismo", a seu modo... Tarsila havia feito o *Abaporu/ Homem que come*. Oswald também reagia com o "Manifesto antropófago", Cendrars com sua lenta preparação de *Les petits contes nègres pour les enfants des blancs* [Pequenos contos negros para filhos de brancos].[146] Todos esses, gestos que haviam resultado de um engajamento de natureza existencial, cultural e política no sentido pleno do termo.

Os homens e seus destinos são temas de meditações americanas de longa data que se desdobram em ideias de tempo, de história, de construção de cidades e de arquitetura em relação a uma natureza imponente e a populações nômades. Estas se colocam como um espelho cego que o próprio olhar estilhaça sem molduras,

---

[146] Rosilda Alves Bezerra; Severino Lepê Correia. "Cendrars: identidade subalternizada, tradução excludente". *Anais do XIII Congresso Internacional da Abralic* – Internacionalização do Regional. Universidade Estadual da Paraíba, 2013.

obrigando cada qual – sem Norte nem Sul, sem Oriente nem Ocidente – a pensar destinos comuns.

Le Corbusier viveu isso metaforicamente, e de forma poética, sobretudo em sua primeira viagem latino-americana. As Américas, como objeto teórico e horizonte de indagações, seguiram um processo mais lento de decantação, em paralelo a outras experiências, tanto em 1936 quanto em viagens nos anos seguintes, particularmente, em seus projetos no continente. Lucio Costa, embora americano, crescera na Suíça e essa distância permitia que acompanhasse parte dos "transes" da sensibilidade em Le Corbusier, também como um outro, um estrangeiro. Mas estudioso do passado, do Brasil, talvez tenha desenvolvido sua filosofia sobre a arquitetura e sobre a construção das cidades em Sabará nas suas igrejas e capistranas, nos cacos de tijolos e capitéis do massacre dos índios nas Missões guaranis; esperando a condução nas paradas de ônibus dos arredores da estação da Central do Brasil e enquanto observava as metrópoles, vivendo-as. Aprendeu, assim, no corpo da terra, e deu possibilidade à terra de ser corpo, gesto e espaço, como expansão de si.

Precisou encontrar as passagens e pontes que lhe foram descortinadas, talvez por Carlos Leão, para interpretar esse século XX industrial que se modernizava. Como meditou na época das *Casas sem dono*, observou este processo correr junto dos trens do subúrbio indo pela Baixada Fluminense ou subindo os morros, aonde chegava alguma coisa, mas não chegava a água, não chegava o esgoto, não chegava a luz, não chegavam os serviços.

Embora continuasse a falar de Le Corbusier como um outro, a partir de 1929 Jeanneret passa a assinar até mesmo suas telas com as iniciais LC; e continua a buscar construir as cidades dos homens onde quer que as pudesse encontrar: São Paulo, Alger, mas também Buenos Aires, Nova York, Barcelona, Paris, Bogotá, nos maciços da Franche-Comté, em Marselha, no Punjab... Onde quer que uma *co-respondência* pudesse se estabelecer com intensidade.

No Rio, em 1936, em uma colaboração intensa, Lucio Costa, um grupo de jovens arquitetos e Le Corbusier tentariam apreender as formas da vida corrente e construir poeticamente um pequeno fragmento de uma dessas cidades porosas, pedaço de matéria – concreto e vidro. Parece que conseguiram. No Rio, o Ministério da Educação e Saúde, esse pedaço de cidade, ainda paira banal, cotidiano e simples, em uma quadra e em um tempo sem tempo, como um enigma. Em outra experiência foi uma cidade inteira que ficou pronta: Brasília. Aqui, seguindo seu curso, ela às vezes interpela, desestabiliza, obriga a pensar

Túmulo no Cemitério de Cap Martin, projetado em 1955 por Le Corbusier para Yvonne, onde estão depositadas também suas cinzas.

na velha tríade americana que se esconde sob aquela, vitruviana: a natureza, os homens e seus destinos. Não oferece resposta. Paira talvez mais grandiosa, mas fica ali como esfinge.

Dizem as histórias que em uma manhã de agosto de 1965, unilateralmente, a amizade Corbu-Costá foi interrompida. Diz o texto:

> Na quarta-feira 28 julho de 1965, o ateliê da rue de Sèvres fechou suas portas para férias. Foi o último dia de Le Corbusier nele. Voltou com calma para sua casa, trabalhando à tarde pela última vez em seu ateliê pessoal em Molitor [na Nungesser-et-Coli]. No dia seguinte tomou o avião Paris-Nice, queria "descansar de seu enorme cansaço" como deixou registrado. "Trinta dias de preguiça em Cap Martin: solidão, silêncio, o luxo de não fazer nada." Quatro semanas depois, na manhã da sexta-feira 27 de agosto, foi vítima de uma síncope, enquanto nadava [em Roquebrune].[147]

Pode-se ainda acrescentar: um mês antes, no dia 27 de julho, jantou na sua casa da rue Nungesser-et-Coli, com Lucio Costa, que estava em Paris, em visita

---

[147] Jorge Torres Cueco. *Le Corbusier. Mise au point,* op. cit., p. 71.

a sua filha. Estava entusiasmado com a edição de *Voyage de l'Orient*, que, 50 anos depois, decidira publicar à medida que organizava um livro autobiográfico – *Mise au point*. Havia terminado os originais. Naquele verão escaldante de 1965, estava cansado e apressado para partir para a praia. Foi seu último encontro com *Costá*, cheio de rabugices ao final, como se vê no último bilhete que este lhe escreveu e Le Corbusier anotou,[148] mas como se respeitavam, se falaram no dia seguinte. Exato um mês depois, Édouard, homem da montanha, morria no mar, no Mediterrâneo que a viagem de 1911 ensinara Le Corbusier a amar.

Como contam ainda outras fontes, seus restos voltaram a Paris e o ateliê da rue de Sèvres foi aberto pela última vez para acolhê-los, em meio à comoção dos amigos e colaboradores. No dia 1º de setembro recebeu as honras fúnebres oficiais na Cour Carré do Louvre antes de ser cremado no Père-Lachaise. Suas cinzas seriam depositadas no cemitério de Cap Martin onde já repousava Yvonne. Lucio Costa esteve presente em todos esses momentos. Não hesitou em ir velar o amigo morto.

Charles-Édouard e Le Corbusier desapareciam, mas não totalmente. Como Lucio Costa percebeu desde 1936, suas ideias eram maiores que ele próprio e valiam pelos sonhos que elas eram capazes de agregar e colocar em movimento. Mais ainda, eram capazes de fabricar mundos etéreos e concretos de rara intensidade – territórios chamados *arquitetura* –, repositório do que os homens conseguem guardar de si mesmos como ideia, ação e projeto.

---

[148] Ver p. 169 deste livro.

APÊNDICE

Este apêndice é composto por cartas complementares à correspondência entre Lucio Costa e Le Corbusier, trocadas por eles com personagens significativos do contexto da época.

Rio de Janeiro, 21 de março de 1936

Meu caro Le Corbusier,

Acabo de receber a visita de um jovem arquiteto que me contou coisas muito interessantes, sobre as quais lhe prometi que escreveria a você. Ele o conheceu durante a sua brilhante visita por aqui. Acho que naquele momento ele ainda era aluno da Escola de Belas Artes daqui. O nome dele é Carlos Leão, agora ele é professor em uma nova escola da nova Universidade do Distrito Federal do Rio (desde a revolução, temos muitas coisas novas aqui). Ele trabalha com Lucio Costa, que para mim é o mais criador dos jovens arquitetos brasileiros. Ambos são, naturalmente, grandes admiradores de Le Corbusier. Eles acabam de ser encarregados de fazer o projeto para o novo Ministério da Instrução Pública, pois convenceram o ministro de realizar outro projeto, diferente do que ele havia encomendado ao atual diretor da Escola de Belas Artes, A. Memória. Como eles estão em contato com o ministro Capanema, falaram muito de você e criticaram Piacentini que o mesmo ministro havia trazido ao Rio para fazer o projeto da Cidade Universitária do Rio. Parece que Piacentini não está encarregado de fazer o projeto, deu apenas a sua opinião. Houve, aliás, uma grande campanha dos arquitetos brasileiros, e como agora o nacionalismo está na moda, fizeram leis que impedem os arquitetos estrangeiros de trabalhar aqui. Não estou muito bem-informado, pois fui de novo à Europa, visitar meus filhos (acabo de voltar), e estou cada vez mais fora do trabalho de construtor e arquiteto. Os dois (Lucio Costa e Carlos Leão), assim como um grupo de camaradas modernistas à la Corbusier, como Affonso Reidy, Jorge Moreira, Oscar Niemeyer, Ernani Vasconcelos etc.,

DE ALBERTO MONTEIRO DE CARVALHO PARA LE CORBUSIER
21.03.1936

acham que o ministro poderia trazer você para cá, para dar uma aula de dois ou três meses na Escola de Belas Artes. Quando você estiver aqui o ministro certamente pedirá também a sua opinião sobre a Cidade Universitária e será mais fácil dar um jeito para que você possa ao menos dirigir o projeto aproveitando os jovens brasileiros. Piacentini não deve ter impressionado muito as pessoas daqui, pois tem ideias de uma arquitetura muito fascista e romana, e o Brasil não, por enquanto; nem muito fascista nem, nunca foi, romano. O Brasil nunca teve uma arquitetura própria; é o país ideal para uma arquitetura internacional. Aliás, o espírito brasileiro é extremamente aberto para receber tudo o que há de bom e de avançado no mundo. Todos são bem-recebidos aqui; naturalmente, combate-se o comunismo, que não tem razão de ser aqui onde todo mundo que quer e sabe trabalhar pode fazer sua vida. Responda-me o que você acha de tudo isso e quais serão suas ideias. Naturalmente, a questão material é sempre chata, mas tem de ser posta. Diga-me o que você acha.

Eu lhe escreverei, outra vez, com mais calma, contando por que não pude lhe procurar em Paris, por onde estive duas vezes, muito rápido, de passagem.

Muitas "saudades" e um "abraço"[1] do

A. Monteiro de Carvalho

---

1 No original, "saudades" e "abraço" escritos em português.

Paris, 5 de maio de 1936

Caro amigo,

Estando de volta de Argel desde ontem de manhã, encontrei suas cartas de 18 e 29 de abril. Eu havia recebido o seu telegrama do dia 18 e respondido com essas palavras: "Condições a debater, mas contrato de trabalho indispensável – Corbusier."

1º Resolvamos primeiro este ponto: você pode fixar para mim a *data-limite para* o fim de uma eventual estadia de um mês no Rio, ou seja, a data mais próxima do encerramento (?) das aulas da Universidade do Rio.

De acordo com a sua programação de viagem, você parece ter muita pressa de me ver no Rio. *Seria porque a Universidade encerrará as aulas em breve* ou por que outra razão você deseja que eu vá tão rápido? Pois eu não estou com tanta pressa, visto que tenho que desenvolver o edifício que provavelmente farei para a Exposição de 1937. Repito: diga-me o prazo-limite aceitável para você da minha chegada ao Rio.

2º A questão das condições. Há dois lados para essa questão:
a) minha *remuneração* por conferências (duas por semana, durante quatro semanas, ou seja, oito conferências)
b) meus conselhos para os projetos do Ministério e da Cidade Universitária. Esses dois lados estão claramente separados.
a) As conferências: Buenos Aires, em 1929, havia me dado seis mil francos por conferência (dez conferências) e pago todos os gastos de Paris a Paris. A *remuneração* de 30 mil francos que você me propõe é, portanto, inferior ao que Buenos Aires me havia dado em 1929, há sete anos. A *remuneração* de 500 francos que você me propôs me parece insuficiente.
b) Não posso dar gratuitamente meus conselhos para a Cidade Universitária ou para o edifício do Ministério. Devo ser considerado um "consultor" e por consequência receber uma *remuneração* justa.

3º No meu telegrama, o que eu chamei de "contrato de trabalho indispensável" significa o seguinte: aceito fazer conferências no Rio, mas quero a garantia de que vou ter um trabalho a executar, em colaboração, naturalmente, com um arquiteto ou com vários arquitetos brasileiros, mas não posso mais, hoje em dia, me dar ao trabalho de ir até aí exclusivamente para fazer conferências. Eu já expliquei a você: acredito que seria muito possível encontrar um meio de me entregarem um estudo de um edifício ou de urbanismo, seja no Rio, seja fora.

Queira agradecer profundamente o ministro por ter aceitado confiar em mim no exame dos projetos do Ministério e da Cidade Universitária. Como você me aconselhou, vou escrever para ele e vou incluir aqui uma cópia da carta que vou enviar.

4º No seu orçamento de gastos, você fala de francos contados a 800 réis. Você me diz que, no câmbio livre, o franco vale 1.200 réis. Não entendo nada de todas essas nuances e gostaria que as transações fossem fixadas de forma que eu não tenha nenhuma surpresa e que os números indicados em francês me sejam pagos em seu verdadeiro valor francês.

5º Meu caro Monteiro, você deve estar me achando um chato, mas fiz uma viagem à América do Norte em que não havia fixado as questões com precisão o bastante e tive a dolorosa surpresa de não poder me declarar satisfeito com o que me aconteceu nos EUA, a não ser, é claro, pelo fato de ter tido grande interesse em visitar o país.

Tenha a gentileza de fazer outra vez o esforço necessário para me permitir executar um trabalho de arquitetura no Brasil. Repito mais uma vez aqui que é isso que me interessa acima de tudo.

Agradeço de coração por tudo o que você tem feito por mim, e acredite que sou seu fiel servidor.

Le Corbusier

DE LE CORBUSIER
PARA ALBERTO MONTEIRO
DE CARVALHO
05.05.1936

[1953]

Rodrigo,

Mando-lhe aqui, para ser encaminhado ao nosso ministro, o anteprojeto elaborado em Montana depois da última reunião da Unesco quando me comprometi com o dr. Péricles[2] de fazer o que me fosse possível, a fim de deixar a coisa encaminhada antes de partir, pois conforme me disse não se deveria perder a oportunidade já tantas vezes gorada de construir finalmente em Paris a casa do estudante brasileiro, ou Casa do Brasil, porque "pavilhão" além de antipático me parece impróprio.

E tive acidentalmente confirmação dessa necessidade. Na estação do Metrô, quando me dirigia à reitoria, percebi duas mocinhas de aparência modestíssima e inadequadamente agasalhadas para o tempo que fazia, falando o nosso português. Indaguei se moravam ali mesmo, elas disseram que não havia lugar, moravam num "hotel" – sabe lá como – e se foram na tarde fria em direção ao pavoroso edifício internacional, sem saber que eu levava comigo esses riscos destinados à casa delas. Eram de Minas Gerais.

Não repare a qualidade dos desenhos, pois além de me sentir muito fora de forma, foram feitos com material escolar e nanquim velho em condições extremamente desfavoráveis, com luz baixa.

Conforme o dr. Péricles preferiu e eu concordei, pois me pareceu a única forma praticável, o projeto definitivo e todos os pormenores de construção, inclusive estrutura e instalações, deverão ser feitos lá mesmo, tal como o indispensável controle da fiel interpretação do projeto durante a construção. Autorizado por ele a fazer a escolha, já deixei a coisa apalavrada, em princípio, com o sr. Wogenscky, do atelier Le Corbusier, pois me pareceu justo caber a incumbência ao velho atelier da 35 rue de Sèvres, onde nasceram as ideias que foram dar vida nova à arquitetura brasileira contemporânea. Tenho as melhores referências quanto ao caráter e a correção do sr. Wogenscky, francês há muitas gerações, mas de ascendência polonesa.

Com referência aos honorários, aqui tudo é previsto na lei que regula o exercício da profissão e teremos de nos conformar com as normas estabelecidas, apenas me preocupei em garantir que tais despesas ficassem incluídas dentro da

---

2 Péricles Madureira de Pinho (1908-1978). Ministro interino da Educação no governo Getúlio Vargas em 1953 e diretor dos trabalhos de construção da Casa do Brasil na Cidade Universitária.

verba total de 200 milhões de francos prevista para a construção pela reitoria na base do número de leitos e da experiência adquirida nas construções recentemente concluídas ou em andamento, total que abrange ainda o mobiliário e foi aceito em princípio pelo dr. Péricles.

Espero que o dr. Paulo Carneiro – cuja atuação na Unesco, diga-se de passagem, é de fato excepcional – traga instruções definitivas a respeito e venha armado com plenos poderes para levar a coisa adiante no clima de normalidade desejável. Quanto a mim, adiantei nos dias que lá estive as instruções então cabíveis e espero, quando voltar em fevereiro, deixar definitivamente assentado tudo que respeite à arquitetura.

Só recebi os documentos que dr. Carneiro deixou para me serem entregues quando o estudo já estava concluído, entre estes havia uma expressiva exposição de motivos do ministro João Neves[3] baseada no memorial da comissão do Instituto Brasileiro de Educação, Ciência e Cultura incumbida de estudar o assunto. Uni anteprojeto de lei, várias fotografias encaminhadas por d. Anna Amélia[4] e, por fim, uma papeleta, cuja procedência ignoro, com várias recomendações criteriosas, mas duas sugestões que não me parecem praticáveis. A primeira refere-se à eventual duplicação do número de quartos. Ora, cem quartos já me parecem excessivos, apenas o reitor entende tal quantidade necessária para que as despesas gerais sejam compensadas. Cem brasileiros estudando em Paris já é muita gente, pois haverá outros estudando noutros centros de cultura e não nos devemos iludir e perder o senso de medida. A segunda diz respeito à instalação de chuveiros nos quartos, o que não me parece aconselhável não só porque, tratando-se de quartos individuais pequenos, tais chuveiros, necessariamente acanhados e incômodos, atravancam o armário e o lavatório, como porque são úmidos e desagradáveis. Já me foi difícil conseguir que os técnicos da reitoria aceitassem lavatórios nos quartos pois preferem o sistema de lavatórios comuns, imagine-se um chuveiro para cada estudante. A solução dos chuveiros independentes dispondo de espaço individual necessário, além da ducha propriamente dita, em número suficiente juntamente com os W.C., é muito mais razoável e resulta na prática mais confortável. Previ também em cada andar, além das sa-

DE LUCIO COSTA
PARA RODRIGO M. F. DE ANDRADE
1953

---

3   João Neves da Fontoura (1887-1963). Advogado e político brasileiro. Ministro das Relações Exteriores no governo de Eurico Gaspar Dutra (1946) e no governo de Getúlio Vargas (1951-53).

4   Anna Amélia de Queiroz Carneiro de Mendonça (1896-1971). Poeta e ensaísta brasileira. Foi presidente da Comissão do Instituto Brasileiro de Educação, Ciência e Cultura e vice-presidente da Federação Brasileira pelo Progresso Feminino.

las de estudo, duas cabines para a passagem a ferro individual, como a bordo, e duas *kitchenettes* porque com exceção do café da manhã todas as refeições são feitas no restaurante triste e sombrio do edifício internacional. Aliás a Cidade Universitária em si não oferece nenhum encanto e apesar do aspecto aparatoso de algumas instalações, ela se apresenta de um modo geral desordenada e feia, além disso, a mentalidade dos responsáveis não me parece nem conservadora nem progressista, e sim mal-informada e retrógrada. E o digo com toda a isenção pois você sabe o quanto a França e o povo francês me são caros.

  O projeto prevê 41 quartos para moças, 50 para rapazes e seis para casais, perfazendo assim o total de 103 estudantes. Os acessos às diferentes seções são autônomos e o isolamento é completo. Como o elevador, de acordo com as normas estabelecidas, não é para os estudantes mas para a administração e serviço, principalmente o transporte de roupa de cama etc., localizei os casais e as moças nos andares inferiores e os rapazes nos últimos. E como o pé-direito dos quartos é reduzido para maior aconchego e as escadas são suaves com patamares amplos não haverá de fato inconveniente. No pavimento térreo foram localizados a sala de estar, a cafeteria para o serviço da manhã, a administração e o apartamento do diretor. Como há, da parte da reitoria, o louvável propósito de considerar o dono da casa e criar oportunidades para o seu convívio mais íntimo com os estudantes, dei ao gabinete dele o caráter de uma ampla biblioteca com uma parte separada por estantes e destinada à consulta eventual dos alunos que já dispõem de salas apropriadas para seminário, debates ou simples bate-papo nos andares e numa das alas do pavimento térreo. Assim a atmosfera do amplo gabinete parecerá mais digna e aquele convívio desejável do diretor com os estudantes se fará em terreno propício. Arranjei ainda duas *clôtures* ou pátios, um para os quartos do apartamento do diretor, outro maior que dá também para a biblioteca, mas igualmente privativo, pois só tem acesso pela sala dele. Procurei, além disto, isolar um pouco os diferentes núcleos de atividades distintas dos estudantes. As salas térreas de estudo, por exemplo, estão situadas numa das extremidades e dispõem ainda de um avarandado, pois a *cité* já é nos arrabaldes da cidade e o terreno dá para um estádio, de modo que essa parte menos formal ligada ao jardim poderá atribuir ao conjunto certa graça nativa sem, contudo, destoar da atmosfera local. Aliás prevalecem no colorido da fachada sobre o boulevard meio deserto, o cinza, o azul, o vermelho e o branco, que são as cores que predominam em França. O atelier que poderá ser subdividido em seções, dispondo de parte alta, claraboia e jirau, e as pequenas câmaras "insonorizadas" para os músicos ficam na outra banda, e apesar de organicamente articulados ao bloco principal também contribuem para derramar um pouco a composição no sentido da graça crioula referida acima. Além dessas câmaras silenciosas os músicos disporão ainda, nos topos de cada andar, isto é, já naturalmente isolados, de quartos com saleta anexa toda forrada de material absorvente. A utilização do subsolo obedece ao programa que me foi fornecido. Há uma garagem para bicicletas que servirá também para os jogos barulhentos, pingue-pongue etc. Há, mais, o quarto do porteiro, um depósito para malas, a lavanderia e o que lá chamam *chauffage d'été* com *échangeurs* etc. Não sei bem do que se trata, limitei-me a reservar a área e a disposição pedidas. O aquecimento de inverno é fornecido pela instalação central que alimenta o quarteirão. Esquecia-me de assinalar a existência de um aqueduto subterrâneo cavalgado pela estrutura, mas que obriga a separação do subsolo em duas seções sem maiores inconvenientes, aliás. Na seção contígua há adega, vestiários para o pessoal do serviço e dois quartos, podendo um deles ser utilizado eventualmente pela empregada do diretor. Só adotei a orientação do prédio depois de consultar vários estudantes moradores nas outras casas e que foram unânimes: norte, nem se fala, sul é bom no inverno mas muito quente no verão; oeste venta com chuva, suleste ou leste-sul ideal. Orientei então os quartos assim. Eles dispõem de uma entrada, com lavatório e armário amplo separada da parte de estar por uma placa de madeira encerada, alta de cerca de 1,80m, e contra a qual estará encostada a cama-divã, porque essa posição contrária ao sentido de profundidade contribui para o desafogo do quarto. Tal divisão servirá ainda para as moças e rapazes pregarem as coisas livremente sem o receio de estragar as paredes. As janelas só terão 1,05m de altura, mas vão de fora a fora, sendo metade de abrir e metade fixa com um vidro opaco; na metade de abrir haverá uma pequena persiana externa de enrolar para fora, do tipo econômico e muito prático de uso corrente aqui em Lisboa e que nunca vi noutro lugar; na parte fixa haverá cortina. No peitoril estão a estante e o radiador. Preferi esse sistema mais antiquado de aquecimento em vez de outro, pelo piso, adotado em alguns edifícios mais modernos, porque por experiência própria sei que é muito conveniente quando se chega molhado da rua, ter onde botar a capa e sapatos para secar (além da roupa leve habitualmente lavada no quarto). Quanto à cor, estabeleci o esquema seguinte a fim de garantir a variedade sem prejuízo da uniformidade: os tetos e a parede da janela, inclusive cortina, serão brancos; as paredes do lado de quem entra serão cinza ou havana; quando a parede for cinza o chão será havana e vice-versa; as paredes opostas poderão ser azul, rosa, verde-água ou amarelo-limão; quanto às capas das camas e das poltroninhas serão todas ou cinza ou havana por conveniência de conservação e troca; serão cinza como a parede onde o piso for havana, e havana no caso contrário; nos corredores a parede dos quartos será sempre cinza e a parede oposta bem como a do patamar mudarão de cor conforme o andar porque fica mais agradável e ajuda a identificar o piso de chegada. Previ igualmente um painel de 3,20m por 7,00m mais ou menos, na sala de estar, para o nosso Portinari, e me permito sugerir o tema que julgo apropriado e poderá ser resumido assim: o homem, na sua justa medida é o traço lúcido de união do infinitamente grande com o infinitamente pequeno.

Para esse efeito a superfície disponível poderá ser dividida em dois campos desiguais, mas calculados pela proporção áurea dos antigos. Na confluência desses dois campos seria então configurado o homem. Ele estaria caminhando, o olhar para a frente, e um dos pés solidamente apoiado ao chão. O gesto dos braços abertos também seria desigual, como se de uma das mãos recebesse e da outra entregasse, e haveria como que um resplendor a lhe atestar a lucidez. Aos pés dele uma concha, um verme e uma flor. No mais os elementos da composição seriam as formas reais do mundo "oculto" revelado pela aparelhagem técnica que a sua inteligência criou. No campo menor, e porque se presta menos à figuração plástica, o espaço sidéreo com as suas constelações e alucinantes nebulosas; no campo maior as aparentes abstrações e formas variadíssimas desse abismo orgânico que é o microcosmos, inclusive a energia nuclear tal como costuma ser esquematicamente representada. Energia cósmica, energia nuclear, energia lúcida, trindade que constitui, tal como a trindade mística, uma coisa só.

Tudo isto parecerá, talvez, um tanto literário, mas acredito que, expresso com a consciência e a valentia plástica adequadas, poderá resultar numa obra significativa, quanto mais a natureza mesma do tema impõe a fusão dos conceitos formais abstrato e realista. O perigo maior seria da interpretação resvalar para o precioso simbolismo do cansado Dali, mas desse risco o Portinari me parece imune.

Escrevi hoje de manhã em resposta à sua carta do dia 3, para não atrasar o documento pedido e para explicar igualmente o caso da Mala Real.[5] Espero que já tenha recebido, pois é grande o meu empenho de resolver isto logo.

---

5 Apesar dos esforços de pesquisa não foi possível identificar o caso referido.

Quero acrescentar agora que o dr. Péricles teve a bondade de me oferecer uma ajuda para as despesas extraordinárias relacionadas com este trabalho. Aceitarei qualquer auxílio possível e antecipadamente me declaro gratíssimo, apenas é preciso que venha já.

Obrigado a você. Desculpe a extensão desta carta, mas achei necessário esclarecer a coisa pormenorizadamente.

Um abraço, que já é tarde demais,

Lucio

DE ANDRÉ WOGENSCKY
PARA LUCIO COSTA
22.05.1953

Paris, 22 de maio de 1953

Meu caro Lucio Costa

Tive na quinta-feira, 21 de maio, uma entrevista com o senhor Bechmann[6] e envio-lhe com esta uma nota resumindo nossa conversa.

A única questão importante é a referente ao terreno e à orientação do prédio. Gostaria de saber o mais rapidamente possível sua opinião a respeito. Deveremos manter a localização e a orientação definidas por você ou será que poderíamos, caso você esteja de acordo, girar o prédio e orientá-lo para o sudeste? Essa segunda solução implicará o reestudo da planta baixa do térreo.

As outras questões são secundárias e estou certo de que chegarei a um acordo com o senhor Bechmann.

O senhor Carneiro me pediu um projeto de contrato, uma cópia do qual estou enviando também a você.

Aceite minha amizade muito sincera

A. Wogenscky

P.S. Enviarei o projeto de contrato dentro de alguns dias pois prefiro, primeiro, submetê-lo ao administrador do nosso ateliê.

---

6 Lucien Adolphe Bechmann (1880-1968). Arquiteto francês. Participou dos planos iniciais do projeto da Cidade Universitária em Paris e permaneceu por trinta anos como consultor da cidade (1928-1958).

Rio de Janeiro, 2 de junho de 1953

Caro Wogenscky

Obrigado por sua carta de 22/05

Para dizer a verdade nada mudou. Você diz: "A única questão importante é a do terreno e da orientação do prédio." Ora, não se trata aqui de uma questão, trata-se da questão, pois se mudarmos a orientação e a configuração do terreno, será necessário *ipso facto* fazer um outro projeto, o que, do meu ponto de vista pessoal, seria muito agradável pois já estou cansado disso tudo. Entretanto, essa nova situação tornará fatalmente nula a participação do ateliê no negócio, pois nosso governo exige que o prédio seja obra de um arquiteto brasileiro e estou persuadido de que, nem no Brasil nem nos países da abundância, arquiteto algum terá a gentileza de repetir meu gesto para com vocês.

A observação contida no primeiro item do sr. Bechmann não é válida, pois quando a planta do terreno nos foi entregue, já havia sido acertado com o reitor, sr. Péhuet,[7] e com o sr. Bechmann de que se trataria de um edifício para cem estudantes.

A questão é, portanto, muito simples: construir o edifício tal qual foi concedido, com a orientação e as alas previstas, ou então confiar a tarefa a outro arquiteto.

Desculpe-me por não poder tornar as coisas mais fáceis para vocês, mas não é culpa minha.

Atenciosamente a você e a todos os amigos do escritório Le Corbusier,

Lucio Costa

---

7   Louis Péhuet. Reitor da Cidade Universitária de Paris.

DE ANDRÉ WOGENSCKY
PARA LUCIO COSTA
19.03.1954

Paris, 19 de março de 1954

Meu caro Lucio Costa,

Já faz alguns meses que não lhe informo sobre a sua Casa do Brasil na Cidade Universitária.

O fato é que as coisas neste intervalo pouco avançaram. Tivemos discussões intermináveis com os dirigentes da Cidade Universitária para defender o seu projeto, que alguns gostariam de tornar irreconhecível.

O mais difícil foi defender a orientação e a implantação. Vou poupá-lo de todas essas discussões sórdidas. O essencial é termos conseguido, graças ao apoio considerável e muito eficaz do sr. Carneiro. Finalmente, no dia 6 de novembro de 1953, recebi uma carta de aceitação da implantação que propusera, deslocando um pouquinho o prédio para "ocupar menos terreno"!

Desde então começamos as consultas nos diversos serviços cujas barreiras administrativas ainda temos que ultrapassar: serviço de obras da cidade de Paris, de esgoto, de urbanismo, de águas, pois o prédio será construído em cima de um antigo aqueduto, bombeiros, segurança contra incêndio etc. Finalmente o projeto agora entra numa fase ativa. O sr. Madureira de Pinho[8] acaba de chegar a Paris para dirigir o empreendimento. Tive uma excelente conversa com ele e se tudo continuar bem esperamos começar os trabalhos no princípio do verão.

Le Corbusier examinou o projeto há alguns dias e pediu-me para lhe dizer o quanto sentiu a falta da previsão de *brise-soleils*, cujo emprego justifica-se mesmo em Paris, além de servirem como *brise-pluie* para a fachada e janelas. Le Corbusier insiste em obter seu acordo para acrescentá-los.

Agradecendo antecipadamente sua pronta resposta sobre este ponto particular.

Receba, meu caro Costa, meus sentimentos de amizade.

O arquiteto adjunto,

Wogenscky.

8   Péricles Madureira de Pinho. Ver nota 2, p. 324.

Paris, 29 de julho de 1955

Caro Lucio Costa,

Não posso deixar passar este dia 29 de julho, manhã na qual foi lançada a pedra fundamental da Casa do Brasil, sem lhe escrever e sem lhe dirigir uma palavra de amizade.

Le Corbusier me disse que lhe escreveu para mantê-lo a par da evolução do projeto. Você deve ter ficado sabendo, imagino eu, que afinal Le Corbusier desejou que o contrato fosse feito em seu nome. As plantas estão praticamente concluídas. As formalidades de licença de construção foram extremamente longas e difíceis, mas acho que estamos chegando lá.

No mês de setembro, assim que estiver concluído, enviarei o dossiê completo dos planos de execução.

Receba, meu caro Lucio Costa, meus sinceros sentimentos de amizade.

O arquiteto adjunto

A. Wogenscky

Paris, 14 de outubro de 1960

Senhor embaixador,[9]

Acabo de ler uma nota enviada pela administração da Casa do Brasil na Cidade Universitária de Paris a respeito de ampliações necessárias no andar térreo. A nota traz junto uma carta de 8 de outubro de 1960 do sr. Leônidas Sobriño Porto,[10] atual diretor da Casa do Brasil, mencionando "a necessidade urgente de utilizar a superfície livre do andar térreo, ao lado da Biblioteca e da Administração, como locais de recreação etc." Eu já havia conversado com o sr. Porto sobre essa questão no mês de setembro.

Tomo a liberdade de dar-lhe minha opinião precisa e definitiva sobre o assunto. A Casa do Brasil tem numerosos locais de trabalho, lazer, reuniões, perfeitamente organizados. Para chegar a esse resultado fui levado a ocupar totalmente o terreno, mediante proezas de engenhosidade e invenção. É absolutamente impossível acrescentar algo mais ao prédio como se encontra no momento. O subsolo, o térreo, os andares dispõem de espaços suficientes. Recuso-me terminantemente a ocupar os pilotis [palavra já abrasileirada] com novas construções. Tomo a liberdade de apelar à sua conveniente intervenção com a sra. Célia Lazzarotto[11] e ao sr. Porto, pois considero ser impossível do ponto de vista arquitetônico realizar o que me pedem e me recuso absolutamente a isso. Os locais acima mencionados podem ser utilizados durante as horas do dia, os dias da semana, os meses do ano para numerosas e sucessivas reuniões previstas no calendário e horário da administração interna da Casa do Brasil.

9 Carlos Alves de Souza Filho (1901-1990). Diplomata brasileiro. Embaixador do Brasil em Paris de 1956 a 1964.

10 Leônidas Sobriño Porto (1924-1971). Educador brasileiro. Dirigiu a Casa do Brasil na Cidade Universitária de Paris de 1960 a 1962. Em 1964 foi nomeado Diretor Geral do Departamento Nacional de Educação.

11 Célia Lazzarotto. Colecionadora de arte. Constituiu importante acervo ao lado de seu marido, o desenhista e gravurista Poty.

Faço questão de alertar o sr. Lucio Costa, que está na origem do projeto, sobre essa questão, enviando-lhe cópia da presente carta e solicitando-lhe o favor de acrescentar seus argumentos aos meus.

Esteja certo, senhor embaixador, que fico triste de não poder realizar todos os desejos dos estudantes brasileiros em Paris, mas, tendo sido outrora estudante, sinto que os estudantes do Brasil desfrutam de vantagens consideráveis.

Espero que o senhor possa me ajudar nesse caso.

Peço-lhe que aceite, senhor embaixador, a expressão de minha mais elevada consideração.

Le Corbusier

BIBLIOGRAFIA

AFONSO Celso, Conde. *Porque me ufano de meu paiz. Right or Wrong, My Country*. Rio de Janeiro: Garnier, 1900.

AQUINO, Flavio. "Max Bill critica a nossa moderna arquitetura". *Revista Manchete*, nº 60, 13 jun 1953, pp. 38-39.

_____. "Max Bill, o inteligente iconoclasta". *Habitat* – Revista de Artes no Brasil, nº 12, jul/set 1953, pp. 34-35.

BILL, Max. "Beleza provinda da função e beleza como função. *Habitat* – Revista de Artes no Brasil, nº 02, 1951 jan/mar, pp. 61-64.

_____. "O arquiteto, a arquitetura, a sociedade". *Habitat* – Revista de Artes no Brasil, nº 14, jan/mar 1954, encarte entre pp. 26-27.

CAVALCANTI, Lauro. *Dezoito graus, a biografia do Palácio Capanema*. São Paulo: Olhares, 2018.

_____. *Moderno e brasileiro: a história de uma nova linguagem na arquitetura (1930-1960)*. Rio de Janeiro: Jorge Zahar, 2006.

_____. "Naturally Modern: Mario Pedrosa and Architectural Criticism". In: Glória Ferreira, Paulo Herkenhoff (Eds.) *Mario Pedrosa: Primary Documents*. New York: MoMA, 2015.

_____. *Quando o Brasil era moderno: guia de arquitetura 1928-1960*. Rio de Janeiro: Aeroplano, 2001.

COHEN, Jean-Louis (Org.). *Le Corbusier: An Atlas of Modern Landscapes*. New York: MoMA, 2013.

COMAS, Carlos Eduardo. "Le Corbusier e a Embaixada da França em Brasília: bruta (baita) delicadeza". *Arquitextos*, 195.06, ano 17, ago 2016, pp. 1-2.

CORBUSIER, Le. *Por uma arquitetura (1923)*. São Paulo: Perspectiva, 2002.

_____. *Precisões: sobre o estado presente da arquitetura e do urbanismo (1930)*. São Paulo: Cosac Naify, 2004.

COSTA, Lucio. *Registro de uma vivência*. São Paulo: 34, 2018.

COSTA, Maria Elisa (Org.). *Com a palavra, Lucio Costa*. Rio de Janeiro: Aeroplano, 2000.

COSTA, Maria Elisa; JOSÉ, Pessoa (Orgs.). *A arquitetura portuguesa no traço de Lucio Costa. Bloquinhos de Portugal*. Rio de Janeiro: Funarte, 2012.

DA SILVA PAIVA, Rodrigo Otávio. *Max Bill no Brasil*. Joinville: Clube de Autores, 2017.

Ao lado, croquis de Lucio Costa para cadeira projetada por Le Corbusier.

DUDLEY, George A. *A Workshop for Peace: Designing the United Nations Headquarters.* New York: Architectural History Foundation; Cambridge, Mass.: MIT Press, 1994.

FRAMPTON, Kenneth. *Modern Architecture: a Critical History.* London: Thames & Hudson, 1980.

_____. *Le Corbusier.* London: Thames & Hudson, 1980.

GIEDION, Sigfried. *Space, Time and Architecture: The Growth of a New Tradition.* Cambridge: Harvard University Press, 1941.

GROPIUS, Walter. "The Curse of Conformity". In: *Adventures of The Mind from The Saturday Evening Post.* New York: Alfred A Knopf, 1960.

LISSOVSKY, Mauricio; MORAES DE SÁ, Paulo Sérgio. *Colunas da educação: a construção do Ministério de Educação e Saúde.* Rio de Janeiro: CPDOC/Iphan; FGV, 1996.

LOPES, Antônio R. Guarino. "A visão estrangeira sobre a arquitetura brasileira nos anos 1950: as críticas de Walter Gropius, Ernesto Rogers, Hiroshi Ohye e Peter Craymer". In: *Livro de resumos - Anais do 6° Seminário Docomomo Arquitetura e Urbanismo.* Niterói-RJ: ArqUrb/UFF, 2005. v. 1. pp. 160-161. Disponível em <https://docomomobrasil.com/wp-content/uploads/2016/01/Antonio-Renato-Guarino-Lopes.pdf>.

LUCAN, Jacques (Org.). *Le Corbusier, une encyclopédie.* Paris: Centre Georges Pompidou, 1987.

McCARTY, Fiona. *Gropius: The Man Who Built the Bauhaus.* Cambridge: The Belknap of Harvard University Press, 2019.

MINDLIN, Henrique. *Arquitetura moderna no Brasil.* Lauro Cavalcanti (Org.). Rio de Janeiro: Aeroplano, 1999.

MUMFORD, Lewis. *The Culture of Cities.* London: International Survey of Constructive Art, 1937; New York: Routledge, 1998.

PEARSON, Chistopher. *Designing Unesco. Art, Architecture and International Politics at Mid-century.* London: Taylor and Francis; New York: Routledge, 2010.

PEDROSA, Mario. "A arquitetura moderna no Brasil (1953)". In: *Dos murais de Portinari aos espaços de Brasília.* São Paulo: Perspectiva, 1981, pp. 257-258.

_____. *Introdução à arquitetura brasileira I e II (1959).* AMARAL, Aracy (org.). São Paulo: Perspectiva, 1981.

PICCAROLO, Gaia. *Architecture as Civil Commitment: Lucio Costa's Modernist Project for Brazil.* Abingdon: Oxon; New York: Routledge, 2002.

PINHEIRO, Claudia (Org.). *Alberto Monteiro de Carvalho: o engenheiro e o seu tempo.* Rio de Janeiro: Dois Um Produções, 2012.

PRADO, Paulo. *Retrato do Brasil: ensaio sobre a tristeza brasileira (1928)*. São Paulo: Companhia das Letras, 2012.

REED, Peter. *The United Nations in Perspective*. New York: MoMA, 1995.

ROGERS, Ernesto. "Report on Brazil". *Architectural Review*, vol. 116, out 1954, p. 31.

_____. *Pretesti per una critica non formalista*. Casabella, nº 200, fev. 1954, pp. 1-3.

RUSSELL-HITCHCOCK JR., Henry. *Latin American Architecture Since 1945*. New York: MoMA, 1955.

SANCHEZ, Aline Coelho. "Ernesto Nathan Rogers e a polêmica da arquitetura brasileira". *Risco – Revista de Pesquisa em Arquitetura e Urbanismo*, nº 16, 2012. Disponível em: <http://www.revistas.usp.br/risco/article/view/73487>.

SANTOS, Cecília Rodrigues dos; PEREIRA, Margareth da Silva; PEREIRA, Romão da Silva; SILVA, Vasco Caldeira da. *Le Corbusier e o Brasil*. São Paulo: ProEditores, Tessela/Projeto, 1987.

SEGRE, Roberto. "Carmen Portinho (1903-2001): sufragista na arquitetura brasileira". *Arquitextos*, 015.00 ano 02, ago 2001.

VARGAS, Getúlio. *Diário de Getúlio Vargas, vol. II*. São Paulo: Siciliano; Rio de Janeiro: Fundação Getúlio Vargas, 1995.

FILMES

COHEN, Jean-Louis. Depoimento no filme *Le Corbusier Modern, Absolutely Modern*. Direção: Nicolas Valode, Pauline Cathala. 2013.

WEBER, Nicholas Fox. Depoimento no filme *Le Corbusier Modern, Absolutely Modern*. Direção: Nicolas Valode, Pauline Cathala. 2013.

CRÉDITOS DA ICONOGRAFIA

Todos os esforços foram realizados para a obtenção das autorizações relativas ao conteúdo reproduzido neste livro. Caso ocorra alguma omissão, os direitos permanecerão reservados aos seus titulares.

FUNDAÇÃO LE CORBUSIER
Plano urbanístico para o Rio de Janeiro, de Le Corbusier, 1929, pp. 6 e 173
"A mão aberta", desenho de Le Corbusier, 1954, p. 12
Interior da casa de Le Corbusier, foto de Peter Willi, p. 18
Petite Maison, de Le Corbusier, Villa Le Lac, foto de Olivier Martin-Gambier, p. 19
Funeral de Le Corbusier, 1965, p. 31
Desenho da capela Notre Dame du Haut, de Le Corbusier, p. 33
Interior da Capela de La Tourette, p. 172
Montanhas do Rio de Janeiro desenhadas por Le Corbusier, pp. 187-189
Ministério da Educação e Saúde desenhado por Le Corbusier, p. 194
Croquis do projeto do Ministério da Educação e Saúde, p. 195
Pavilhão da Suíça na Cidade Universitária de Paris, foto de Olivier Martin-Gambier, p. 232
Casa do Brasil na Cidade Universitária de Paris, foto por Igor Stephan, p. 233
Retrato de Le Corbusier lendo em sua casa, por Nina Leen, Paris, 1946, p. 246 e capa
Projeto da Cidade Universitária na Quinta da Boa Vista, 1939, p. 248
Estudo preliminar da Embaixada da França em Brasília, Brasil, por Le Corbusier, p. 248
"Ornamentos geométricos", por Le Corbusier, 1904, p. 255
Interior da Catedral de Siena, Itália, desenho de Le Corbusier, 1907, p. 258
Acrópole, Atenas, Grécia, aquarela de Le Corbusier, 1911, p. 259
Maison Dom-Ino, 1914, p. 260
Retrato de Amédée Ozenfant, Albert Jeanneret e Charles-Édouard Jeanneret (Le Corbusier), 1918, p. 263
Capa da revista *L'Esprit Nouveau*, 1920, p. 267
Capa do livro *Vers une architecture*, de Le Corbusier, 1923, p. 267
Retrato de Le Corbusier e Pierre Jeanneret, 1922, p. 268
Interior do ateliê de Le Corbusier, p. 269
Pavillon de l'Esprit Nouveau, 1925, p. 270
Capa da publicação *Atelier de la recherche patiente*, p. 271
Retrato de Yvonne Gallis e Le Corbusier em Piquey, Cap-Ferret, França, s/d, p. 274
Maison La Roche, por Le Corbusier, 1925, foto de Olivier Martin-Gambier, p. 277
Pintura "La danseuse et le petit félin", de Le Corbusier, 1932, p. 280
Pintura "Deux femmes au repôs", de Le Corbusier, 1939, p. 281
Villa Savoye, de Le Corbusier, Poissy, França, 1928, foto de Paul Kozlowski, p. 283

Centrosoyus, de Le Corbusier, Moscou, Rússia, 1928, foto de Peter Blake, p. 285

Retrato de Le Corbusier e Alberto Monteiro de Carvalho com Pão de Açúcar, 1929, p.290

Retrato de Le Corbusier a bordo do navio Lutetia, 1929, p. 307

Retrato de Le Corbusier no Rio de Janeiro, 1929, p. 315

Túmulo no Cemitério de Cap Martin, p. 318

CASA DE LUCIO COSTA

Croqui de Lucio Costa para o projeto do Ministério da Educação e Saúde, p.10

Manuscrito de poema de Le Corbusier copiado por Lucio Costa, p. 14

Retrato de Lucio Costa, diretor da ENBA, com modernos brasileiros no Morro da Urca, 1931, p. 20

Croqui para o Ministério da Educação e Saúde, por Le Corbusier, p. 23

Dedicatória de Le Corbusier no livro *Modulor*, 1950, p. 25

Bloquinhos de anotação de Lucio Costa, p. 26

Retratos na inauguração da Casa do Brasil na Cidade Universitária em Paris, 1959, p. 27

Desenho de Le Corbusier, pp. 28-29

Vista da orla do Rio de Janeiro, desenho de Le Corbusier, pp. 34-35

Projeto em "U" para o edifício do Ministério da Educação e Saúde, p. 177

Casa Fontes, dois projetos de Lucio Costa, p. 180

Apartamentos Econômicos da Gamboa (RJ), projeto de Lucio Costa e Gregori Warchavchik, p. 181

Plano do Ministério à beira-mar, por Le Corbusier, pp. 191-193

Museu de São Miguel das Missões (RS), projeto de Lucio Costa, p. 199

Retrato de Lucio Costa nas escadas do Ministério da Educação e Saúde, p. 200

Pavilhão do Brasil na Feira Mundial de Nova York, projeto de Lucio Costa e Oscar Niemeyer, 1939, p. 207

"Grupo dos Cinco" à mesa com Lucio Costa com Le Corbusier em Veneza, p. 218

Almoço com a presença de Le Corbusier e Lucio Costa no Museu de Arte Moderna do Rio de Janeiro, 1962, p. 238

Croquis de Lucio Costa para cadeira de Le Corbusier, p. 336

ACERVO DA FAMÍLIA COSTA SOBRAL

Pintura de Le Corbusier, pp. 16-17

Retrato de Eduardo Sobral com a filha Julieta Sobral, 1967, p. 32

Retrato de Julieta Guimarães Costa, p. 228

ACERVO DA FAMÍLIA MUNIZ

Retrato de Lucio Costa, por Paulo Muniz, s/d., p. 170 e capa

ACERVO DOIS UM PRODUÇÕES / ARY GARCIA ROZA

Almoço no Sítio Burle Marx (RJ), 1962, p. 239

Retrato de Le Corbusier com amigos em sua última visita ao Brasil, 1962, p. 242

ÍNDICE ONOMÁSTICO

Os números de páginas seguidos pela letra "i" indicam imagens e os números seguidos pela letra "n" indicam ocorrências em notas.

Aalto, Alvar, 207
Abramovitz, Max, 210, 210n
Agache, Donat-Alfred, 22n, 278n, 308-309, 311
Águeda, Beatriz Fernández, 282n
Aleijadinho, 185n, 295
Almeida, Guilherme de, 294
Amaral, Inácio Manuel Azevedo do, 24, 47, 47n, 50, 55, 67
Amaral, Mario, 20i
Amaral, Tarsila do, 290-296, 293n, 296n, 301, 303, 316
Ancona Lopes, Telê Porto, 288n
Andrade, Maria de, 7
Andrade, Mário de, 286-287, 287n, 288n, 292-293, 293n, 294-296, 295n, 296n, 299, 301
Andrade, Oswald de, 286-287, 287n, 290-291, 294-296, 299, 299n, 301, 312, 316
Andrade, Rodrigo Melo Franco de, 38, 38n, 181, 184n, 185n, 238, 324-329
Andreini, R., 117
Apollinaire, 279, 287, 287n
Aragon, Louis, 173
Aranha Júnior, Olavo Egydio de Souza, 304n, 305
Artigas, João Vilanova, 211n
Auburtin, J. Marcel, 278n
Azanã, Manoel, 292n

Baehler, 43
Baker, Josephine, 272, 272i, 301-302, 303, 316
Bandeira, Manuel, 38, 38n, 181, 184-185, 184n
Bardi, Lina Bo, 211n
Bardi, Pietro Maria, 87-88, 87n, 209n
Barros, Regina Teixeira de, 293n
Barros Filho, Theotônio, 241n
Barroso, Gustavo, 203

Batista, Marta Rosseti, 288n
Baudouï, Rémi, 250, 250n, 253, 253n, 262n, 263n, 273n, 276n, 284n, 292n, 300n, 303n, 312n
Baumgart, Emilio, 196
Beaudoin, Eugène, 220-221, 220n, 221n
Bechmann, Lucien Adolphe, 330, 330n, 331
Behrens, Peter, 256, 260, 261
Benton, Tim, 271, 271n, 276n, 279n, 283n
Bergson, Henri, 287, 287n, 289
Bernardes, Artur, 298n
Bernardes, Sergio, 203n, 211n
Bezerra, Rosilda Alves, 316n
Bill, Max, 224-228, 224n
Blanchard, Raoul, 278n
Blum, Léon, 208
Boesiger, Willy, 89, 89n, 215
Bojunga, Claudio, 7, 15
Bonifácio, José, 309
Bonnier, Louis, 277n
Borba de Moraes, Rubens, 286, 286n
Boulard, Paul (pseudônimo) *ver* Ozenfant, Amédée
Boulet-Dunn, Denise, 265n
Bouret, Jean, 265n
Bouxin, André, 89
Brahtke, Oswaldo, 211n
Braque, Georges, 262
Brecheret, Victor, 286, 290, 291
Breton, André, 173, 279, 294
Breuer, Marcel, 93, 93n, 221-222, 228
Brito, Ronaldo, 243n
Brunelleschi, Filippo, 41, 41n, 185
Buarque de Holanda, Sérgio, 294, 295n
Burlamaqui, Maria Cristina, 243n
Burle Marx, Roberto, 199, 211n, 223n, 238, 239i

Cabral, Pedro Álvares, 305
Cabral, Renata Campello, 295n
Calder, Alexander, 220n
Calil, Carlos Augusto, 293n
Campofiorito, Ítalo, 30, 30i, 238, 238n

Campos, Ernesto de Souza, 24, 47, 47n, 50, 55, 67
Campos, Francisco, 184n
Campos, Olavo Redig de, 242i
Candilis, Georges, 31
Capanema, Gustavo, 20, 21i, 38-40, 38n, 39n, 43, 45, 47-48, 50, 50n, 55, 61-62, 65, 67, 68, 88, 99, 147, 176, 178, 183, 184-186, 196-198, 197i, 198n, 201, 202, 203-204, 205, 208, 242i, 320
Cárcano, Ramón José, 61, 61n
Cardozo, Joaquim, 288n
Carneiro, Paulo, 26, 100, 100n, 108, 123, 137, 220, 237, 237n
Carneiro de Mendonça, Anna Amélia de Queiroz, 325, 325n
Carneiro de Mendonça, Marcello Taylor, 306n, 309, 325, 330, 332
Caron, Julien (pseudônimo) ver Ozenfant, Amédée
Carvalho, Flávio de, 311n
Carvalho, Lilian Escorel de, 286n, 293n
Carvalho, Maria Luiza, 216
Carvalho, Pedro Paulo Pires de, 20i
Carvalho, Ronald de, 294
Cassan, Urbain, 220n
Cathala, Pauline, 209n, 234n
Cavalcanti, Alberto, 288n
Cavalcanti, Claudio, 31
Cavalcanti, Di, 290, 293
Cavalcanti, Lauro, 11, 171, 178n, 183n, 185n, 186n, 190n, 208n, 209n, 210n, 212n, 225n, 227n, 238n
Celso, conde de Afonso, 175, 175n
Cendrars, Blaise (pseudônimo) ver Sauser, Frédéric Louis
Cézanne, Paul, 257
Chafir, Ana Luisa, 7, 11
Che Guevara, Ernesto, 240
Cinqualbre, Olivier, 253n, 256n
Claudius-Petit, Eugène, 234, 234n
Cohen, Jean-Louis, 209n, 234n, 262n, 261n, 284n, 310, 310n, 312n, 314, 314n
Coli, François, 243n
Collins, Peter, 298n
Colombo, Cristóvão, 305

Comas, Carlos Eduardo, 238n
Corbusier, Albert ver Jeanneret, Albert
Corbusier, Lotti, 268
Corbusier, Yvonne le ver Gallis, Yvonne
Correia, Severino Lepê, 316n
Costa, Alina Ferreira da, 178n
Costa, Alvaro Ribeiro da, 20i
Costa, Helena, 27i, 48n, 97, 97n, 121, 123, 125, 155, 159, 223, 229n, 230, 235, 242, 243, 244
Costa, Joaquim Ribeiro, 178n
Costa, Maria Elisa, 11, 13, 17, 17i, 48n, 97, 97n, 121, 123, 155, 165, 174, 175n, 206, 206n, 211, 211n, 212n, 213n, 223, 226n, 229, 229n, 230, 238, 238n, 242, 243-244, 244n, 245n, 252
Courrèges, André, 32
Cueco, Jorge Torres, 271n, 279n, 318n
Czajkowski, Jorge, 243n

Dahdah, Farès el, 11
Darwin, Charles, 303n
Dato, Duquesa de, 290
De Gaulle, Charles, 155n
Delacroix, Eugène, 257
Dercelles, Arnaud, 250, 250n, 252n, 253, 253n, 262n, 263n, 273n, 276n, 300n, 303n, 312n
Dermée, Paul, 266
Dethier, Jean, 279n
Dias, Antonio, 20i
Dias, Cícero, 20i, 288n
Dias Lopes, Isidoro, 310
Dodsworth, Henrique, 190
Donga (pseudônimo) ver Santos, Ernesto Joaquim M. dos
Drummond de Andrade, Carlos, 38, 38n, 43, 45n, 176, 178, 183, 184-185, 184n, 197-198, 197i, 198n, 204, 288n, 296
Duarte, Cesário Coelho, 20i
Duarte, Hernani Coelho, 20i
Duchartre, Pierre Louis, 292
Ducros, Françoise, 262n, 266n
Dudley, George A., 211n

Dumas, Alexandre, 221
Dumont, Marie-Jeanne, 250, 250n, 254n, 256n, 260n, 261n, 262n, 266-267
Duvernois, Henri, 302

Efficacia (pseudônimo) *ver* Carvalho, Flávio de
Entwistle, Clive, 73, 73n

Fayet (pseudônimo) *ver* Ozenfant, Amédée
Feres, Nites Therezinha, 286n
Ferrari Hardoy, Jorge, 87, 87n
Ferreira, Glória, 223n
Flexa Ribeiro, Carlos, 203n, 294
Freyre, Gilberto, 181
Fröbel, Friedrich, 253
Fuente, Guillermo Juan de la, 242n

Gallis, Yvonne (Jeanne Victorine), 17, 97, 97n, 243, 262, 262n, 269, 274i, 275, 288n, 304, 316, 318i, 319
Garaño, Alfredo Gonzalez, 284, 290, 299, 313
Garcia Roza, Ary, 239i
Gardien, Fernand, 27i, 31
Garnier, Tony, 266, 311n
Gaspar Dutra, Eurico, 325n
Gaudí, Antoni, 306
Gaudin, Jean-Pierre, 279n
Ghyka, Matila, 271
Giedion, Siegfried, 53, 53n, 55, 69, 207, 212, 217-218, 217n, 252, 252n, 276, 284, 304n, 312n
Giraudoux, Jean, 291
Girsberger, Hans, 89, 89n, 215
Goulart, João, 240, 240n, 241n
Graça Aranha, 294
Gris, Juan, 262, 291
Gropius, Ise, 227
Gropius, Walter, 19, 26, 91, 91n, 93, 180, 211, 217n, 219-223, 221n, 22n, 223n, 224, 227, 227n, 228, 243
Guedes Penteado, Olívia, 286n, 294-295, 295n
Guerra, Abílio, 314n
Guiheux, Alain, 279n

Guillaume, Paul, 292n
Guimarães Costa, Julieta Modesto, 28-29i, 48, 48n, 97, 97n, 180, 228-229, 228i, 252
Guimarães Filho, Augusto, 165, 165n

Hadid, Zaha, 211, 211n
Harrison, Wallace, 210, 210n, 221n
Hellmann, Anouk, 254n, 255n
Hénard, Eugène, 277n
Herkenhoff, Paulo, 223n, 296n
Herriot, Édouard, 266
Hoffmann, Josef, 260
Holford, William, 26, 217n
Holland, Kenneth, 220, 220n
Houston, Mary, 173
Huxley, Julian, 219, 219n

Ippolito, Christophe, 287n

Jacques, Paola Berenstein, 294n, 295n
Jandyra, 71, 71n
Jeanneret, Albert, 253, 256, 263i, 263n, 264n, 266, 268, 273n
Jeanneret, Pierre, 99, 99n, 121n, 163, 171n, 252n, 266, 268, 268i, 270i, 271, 273, 282-284, 284n
Jeanneret-Perret, Marie-Charlotte Amélie, 17, 19i, 97, 234, 234n, 253, 267-268, 273, 300-301, 304, 312, 312n
Jenger, Jean, 250, 250n

King, W. Leland, 221n
Klabin, Mina, 311
Klipstein, Auguste, 257
Krishnamurti, Jiddu, 283
Kubitschek de Oliveira, Juscelino, 240
Kurchan, Juan, 87, 87n

La Fontaine, Henri, 283
La Roche, Raoul, 268, 273
Lalique, René, 305n
Landucci, Lélio, 71, 71n
Lazzarotto, Célia, 334, 334n

Leão, Carlos Azevedo, 20i, 23, 45, 45n, 48n, 55, 62, 62n, 71, 71n, 73, 73n, 99, 176, 176n, 187, 195, 198, 202, 203, 211n, 317, 320

Léger, Fernand, 217, 217n, 271, 275-279, 277n, 283, 285, 287n, 288n, 289-291, 292, 301, 304, 308, 313, 316

Leleta *ver* Guimarães Costa, Julieta Modesto

L'Éplattenier, Charles, 254-256, 254i, 254n, 255n, 257, 260

Levi, Rino, 211n

L'Herbier, Marcel, 288n

L'hote, André, 291, 292

Lima, Attilio Corrêa, 220n

Lima, Hermes, 240

Lima, Yone Soares de, 288n

Lipchitz, Jacques, 262

Lira, José, 312n

Lissovsky, Mauricio, 198n, 314n

Lloyd Wright, Frank, 179, 186, 217

Lourenço, João, 20i

Lucan, Jacques, 250n, 262n, 266n, 284n

Lyon, René, 32

Machado, Aníbal M., 71, 71n

Machado, Denise, 299n

Madureira de Pinho, Péricles, 324n, 332, 332n

Malfatti, Anita, 286

Malraux, André, 32, 125, 125n, 172, 235

Maran, René, 291

Mariano Filho, José, 295

Marien, Louis de Hoÿm de, 220n

Markelius, Sven, 26, 91, 91n, 207, 210, 219, 220, 221n, 222-223

Marques Porto, João Gualberto, 67n

Martins, Carlos A. Ferreira, 262n, 265n, 288n

Matarazzo, Ciccillo, 94, 94n, 176n

Matisse, Henri, 257

McCarty, Fiona, 227n

McLeod, Mary, 292n

Memória, Archimedes, 175-176, 320

Mendès France, Pierre, 97, 97n

Mendes, Murilo, 71, 71n

Menezes, Celso Antônio de, 45, 45n, 62, 68, 71, 177

Mies van der Rohe, Ludwig, 19, 180, 180n, 211-212, 228

Migayrou, Frederic, 253n, 256n

Milhaud, Darius, 291, 293, 293n, 301

Milliet, Sérgio, 290, 291, 292, 296

Mindlin, Henrique, 207n, 211n

Miranda, Alcides da Rocha, 20i, 211n

Miró, Joan, 220n

Montaigne, Michel de, 289

Monteiro Aranha, 298

Monteiro de Carvalho, Alberto, 20, 37, 37n, 38, 38n, 39-40, 50, 71n, 176, 176n, 181-182, 182n, 183, 184, 184n, 196, 242i, 290, 290i, 304, 304n, 308, 320-321, 322-323

Moraes, Dácio A. de, 312, 312n

Moraes de Sá, Paulo Sérgio, 198n, 314n

Moraes Neto, Prudente de, 295n

Moreira, Jorge Machado, 48n, 55n, 62n

Morel-Journel, Guillemette, 274n

Morpurgo, Vittorio Ballio, 55, 55n

Moura, Guilherme Leão de, 20i

Mumford, Lewis, 217, 217n

Mussolini, Benito, 176n

Nabuco, Joaquim, 298

Nabuco, Vivi, 11

Nava, Pedro, 288n

Nervi, Pier Luigi, 93, 93n, 221, 222

Neves, Tancredo, 240

Neves da Fontoura, João, 325, 325n

Niemeyer Soares, Oscar, 22, 23, 25, 25n, 30, 45, 45n, 48, 48n, 50, 53, 55, 62, 62n, 67, 68, 73, 75, 78, 78n, 87, 89, 93, 94, 99, 123, 125, 127, 129, 131, 134, 137, 141, 143, 147, 151, 155, 157, 159, 167, 176, 185n, 191, 195, 196, 197, 198, 203, 205-208, 207i, 208n, 210-212, 210n, 219, 219n, 223-224, 223n, 225, 226-227, 227n, 229, 234-237, 238-239, 239n, 241, 252n, 320

Nietzsche, Friedrich, 209, 257, 260

Nunes, Luís, 211n

Nungesser, Charles, 243n

Nye, David, 265n

Ochoa, Jesus Cañete, 292n

Ofaire, Charles, 50n, 51, 51n, 56, 57, 59, 62, 71, 208

Ortiz dos Santos, Daniela, 249n, 276n, 288, 288n, 293n, 297, 297n, 306n, 313n

Otlet, Paul, 283

Oubrerie, José, 165n

Ozenfant, Amédée, 254n, 262-263, 262n, 263i, 264-267, 265n, 266n, 268-271, 274, 276, 278, 279, 288n, 293, 293n, 295, 316

Paiva, Rodrigo Otávio da Silva, 227n

Paulsson, Gregor, 217n

Pearson, Christopher, 220n, 221n, 222n

Pedrosa, Mario, 20i, 173, 173n, 203n, 223, 224-225, 225n, 242i

Péhuet, Louis, 331, 331n

Pereira, José Ramón Alonso, 273n

Pereira, Margareth da Silva, 11, 247-249, 289n, 299n, 301n, 306n, 314n

Perez, Marzá Fernando, 289n

Perret, Auguste, 250, 254, 254n, 256, 260, 260n, 261, 262, 262n, 266, 270-271, 276, 277n, 282, 311n, 316

Perret, Gustave, 256, 260, 260n

Perriand, Charlotte, 26, 27i, 32, 121, 121n, 160, 160n, 163, 165n, 167, 171, 171n, 230, 242, 244, 244n, 283

Pessoa, José, 212n, 213n

Pétain, marechal, 208

Piacentini, Marcello, 39, 39n, 55, 61, 67, 176, 176n, 185, 320-321

Picabia, Francis, 301

Picasso, Pablo, 220n, 224n, 262

Piccarolo, Gaia, 220n, 221n, 222n

Picchia, Menotti del, 286

Pilon, Jacques, 131, 131n, 235-236

Pinheiro, Claudia, 7, 13

Poëte, Marcel, 277n

Portinari, Candido, 20i, 62, 62n, 68, 71, 71n, 199, 203, 223n, 224, 328

Portinho, Carmen, 209, 238

Porto, Leônidas Sobriño, 334, 334n

Poty Lazzarotto, 334n

Prado, Eduardo, 298

Prado, Paulo, 175, 175n, 183n, 286n, 290, 293-294, 295, 297-301, 303, 304, 305, 308-309, 312

Prado Júnior, Antônio, 300, 304, 308-309, 311

Prestes, Júlio, 183n, 300, 311

Prouvé, Jean, 104n

Quadros, Jânio da Silva, 240, 240n

Quetlas, Josep, 289n

Quincerot, Richard, 284n

Radeljkovic, Ivan, 287n

Reddat, abade Bolle, 32

Reed, Peter, 211n

Rego Monteiro, Joaquim do, 288n

Rego Monteiro, Vicente do, 288n, 290, 291, 292

Reidy, Affonso Eduardo, 23, 30, 48, 48n, 55, 62, 62n, 67, 67n, 73, 99, 151, 159, 176, 198, 203, 203n, 205, 209, 210, 210n, 211n, 225, 226, 238, 239i, 240, 242i, 320

Reis, José de Souza, 48, 48n, 50, 50n, 53, 55, 62, 62n, 203

Renan, Ernest, 257

Reverdy, Pierre, 287, 287n

Riaudel, Michel, 296, 296n

Ribeiro, Darcy, 139, 139n, 147, 155, 159, 241, 241n

Riegl, Alois, 298n

Rio Branco, Barão do (Paranhos Júnior, José Maria da Silva), 298

Risler, Georges, 266, 278n

Ritter, William, 254-257, 256n, 260, 261, 263, 274, 289, 313, 316

Roberto, Irmãos, 205, 211, 211n

Robertson, Howard, 221n

Rocha, Brochado da, 240

Rogers, Ernesto, 91, 91n, 220, 226

Romains, Jules, 291

Rosenberg, Léonce, 288n

Roth, Alfred, 217n

Rousseau, Jean-Jacques, 289

Roy, Michael, 108n

Russell-Hitchcock Jr., Henry, 211, 212, 212n, 217n

Saarinen, Eero, 221, 221n
Saarinen, Eliel, 221n
Saint-Quentin, Julien (pseudônimo) *ver* Ozenfant, Amédée
Salgado, Plínio, 176, 199
Sambaquy, Júlio Furquim, 241n
Sanchez, Aline Coelho, 226n, 227n
Sanders, Walter, 69, 69n
Santa Rosa, 71, 71n
Santiago, Silviano, 288n
Santos, Cecília Rodrigues dos, 182n, 183n, 184n, 208n, 209n, 210n, 276n, 289n, 304n, 313n
Saubot, Jean, 220n
Sauser, Frédéric Louis, 275-276, 278, 284-285, 287, 287n, 289-292, 292n, 293n, 294-297, 295n, 295i, 296n, 298, 299, 301, 303-304, 304n, 305-306, 306n, 308, 309, 310, 312, 313, 316
Schnoor, Christoph, 256n, 263n
Segre, Roberto, 209n, 314n
Sert, Jose Luis, 217, 217n, 220, 220n, 234, 252n
Siegfried, André, 311
Signac, Paul, 257
Silva, Maria Angélica da, 295n
Silva, Mario Camarinha da, 295n
Silva Telles, Francisco Teixeira da, 286, 305
Silva Telles, Goffredo da, 286n, 305
Silva Telles, Jayme da, 286
Simonsen, Roberto, 286, 305
Singer, Winnaretta, 273, 273n
Sobral, Eduardo, 31, 153, 153n, 155, 242
Sobral, Julieta, 7, 11, 13, 32, 32i
Sobral, Maria, 32
Souza, Carlos Alves de, 123, 123n, 292, 334-335, 334n
Souza Dantas, Luís Martins de, 61n, 291, 292
Stevens, Mallet, 311n
Supervielle, Jules, 291

Tarso, Paulo de, 241n
Taylor, Elizabeth, 273

Taylor, Margareth, 273
Tcherv, Josef, 274
Thiollier, René, 286, 286n, 295
Trótski, Leon, 283
Tugendhold, Yakov, 310

Uchôa Cavalcanti, Hélio Lage, 67, 67n
Ungaretti, Giuseppe, 292n

Valéry, Paul, 257
Valode, Nicolas, 209n, 234n
Vargas, Getúlio, 20, 22, 38n, 175, 191, 199, 199n, 292, 324n, 325n
Vasconcelos, Ernani Mendes de, 23, 48, 48n, 99, 176, 242i, 320
Vaucrecy (pseudônimo) *ver* Ozenfant, Amédée
Vitrúvio, 205n
Vonvon *ver* Gallis, Yvonne
von Stülpnagel, general, 219

Waldman, Thaís Chang, 287n
Warchavchik, Gregori Ilych, 20i, 53, 53n, 54-55, 181, 181i, 311-312, 312n
Warchavchik, Paulo, 20i
Washington Luís, 304, 308, 310-311
Weber, Nicholas Fox, 234n
Werneck, Paulo, 223n
Wiener, Paul Lester, 220n
Wogenscky, André, 26, 108, 108n, 115, 230, 324, 330, 331, 332, 333
Wölfflin, Heinrich, 298n

Xavier, Alberto, 250n

Yamamoto, Yuki, 277n

Zehrfuss, Bernard, 31-32, 93, 93n, 221, 222, 222n
Zeppelin, Graf, 22, 183
Zilio, Carlos, 288n

AS ORGANIZADORAS

Julieta Sobral é artista-pesquisadora, doutora em Artes e Design e professora da Pontifícia Universidade Católica do Rio de Janeiro. É autora do livro *O desenhista invisível*, sobre o caricaturista e designer J. Carlos. Está a frente da Oficina Analógika, onde trabalha com experimentação gráfica através da fusão de tecnologias analógicas e digitais, oferecendo cursos, monitorias e produtos diversos. Criou e dirige o Instituto Memória Gráfica Brasileira, voltado para preservação e difusão de acervos gráficos brasileiros por meio de produtos culturais como exposições, sites, livros, mesas-redondas, palestras e oficinas. É sócia do Estúdio Malabares, que atua nas áreas de design gráfico, fotografia e pesquisa, e é neta do arquiteto Lucio Costa.

Claudia Pinheiro é arquiteta formada pela Universidade Santa Úrsula e pós-graduada em Economia Política da Urbanização e Engenharia do Meio Ambiente pela Universidade Federal do Rio de Janeiro (UFRJ). Foi Secretária Municipal de Educação e Cultura do município de Jaraguá – Goiás (1982 – 1985). Como urbanista, a partir de 1985, participou de planos diretores e projetos de desenvolvimento socioeconômico e urbano para diversos municípios brasileiros por meio do Instituto Brasileiro de Administração Municipal e da Secretaria de Planejamento do Governo do Estado do Rio de Janeiro. É produtora executiva da Dois Um Produções, realizando exposições, projetos especiais e edições de livros de arte, destacando-se a coordenação geral e cocuradoria da exposição *Lucio Costa arquiteto*, em 2010, no quadro das comemorações dos 50 anos de Brasília, bem como a produção, em parceria com o Estúdio Malabares, da exposição *Arquitetura portuguesa no traço de Lucio Costa*, montada no Rio de Janeiro e remontada em Lisboa no Ano do Brasil em Portugal, em 2013, com os registros feitos em bloquinhos por Lucio Costa durante uma viagem a Portugal em 1952.

OS AUTORES

Maria Elisa Costa é arquiteta, formada pela Faculdade Nacional de Arquitetura da Universidade do Brasil, no Rio de Janeiro. Fundou e coordenou o acervo da Casa de Lucio Costa e foi presidente do Instituto do Patrimônio Histórico e Artístico Nacional (2003-2004). Foi responsável por desenvolver projetos urbanísticos para Brasília e colaborou como arquiteta com a Universidade Regional do Cariri, onde projetou o teatro Violeta Arraes, o museu de paleontologia e conduziu a reforma das instalações da universidade. É autora do capítulo "Brasília" no livro *Arquitetura Brasil 500 Anos, uma invenção recíproca* (2002) e supervisora das publicações *Lucio Costa – registro de uma vivência* (1995) e *Com a palavra, Lucio Costa* (2001). Preside a Casa de Lucio Costa desde a sua fundação.

Lauro Cavalcanti é arquiteto, antropólogo e escritor, graduado em Arquitetura pela Universidade Federal do Rio de Janeiro, com mestrado em Antropologia Social pela Universidade Federal do Rio de Janeiro e doutorado em Antropologia Social pela Universidade Federal do Rio de Janeiro. Diretor do Paço Imperial (1992-2014) e Professor da Escola Superior de Desenho Industrial da Universidade Estadual do Rio de Janeiro (2000-2019). Conselheiro da Casa de Lucio Costa e da Fundação Oscar Niemeyer, dirige o Instituto Casa Roberto Marinho, no Rio de Janeiro. Escreveu, entre outros, *Quando o Brasil era moderno* (2001), *Dezoito Graus: uma história do Palácio Capanema* (2014). É curador, autor e organizador de diversos livros e exposições sobre arquitetura, estética e sociedade.

Margareth da Silva Pereira é arquiteta e professora, graduada em Arquitetura e Urbanismo pela FAU-UFRJ e em Urbanismo pela Université de Paris VIII. Tem doutorado pela École des Hautes-Etudes en Sciences Sociales e pós-doutorado pelo Institut d'Urbanisme de Paris, pela École des Hautes-Etudes en Sciences Sociales e pelo Centre for Urban History da University of Leicester, Inglaterra. É professora titular da Faculdade de Arquitetura e Urbanismo (FAU-UFRJ), foi coordenadora do Curso de Especialização em História da Arte e da arquitetura no Brasil da PUC-Rio e vice-decana do Centro de Letras e Artes da UFRJ. Como professora convidada lecionou em importantes universidades do exterior. É autora de diversos livros e artigos, e realizou exposições nas áreas dos estudos culturais.

Todos os direitos desta edição são reservados à editora Bem-Te-Vi Produções Literárias Ltda. Proibida a reprodução por qualquer meio ou forma, seja mecânica, eletrônica, gravada, fotocopiada, sem a expressa autorização da editora.

Nesta edição a grafia foi atualizada segundo o Acordo Ortográfico da Língua Portuguesa, em vigor no Brasil desde 2009.

© Casa de Lucio Costa, 2024
© FLC-ADAGP, 2024
© Bem-Te-Vi, para esta edição

EDITORA RESPONSÁVEL
Vivi Nabuco

EDITORA EXECUTIVA
Ana Luisa Chafir

EDIÇÃO
Maria de Andrade

ORGANIZAÇÃO
Julieta Sobral
Claudia Pinheiro

TRADUÇÃO
Claudio Bojunga (cartas)
Jérôme Souty
Julia Sobral [cartas de Alberto Monteiro de Carvalho]

PESQUISA ICONOGRÁFICA
Claudia Pinheiro

APOIO À PESQUISA
Arnaud Dercelles, chefe do Centro de recursos e pesquisa da Fundação Le Corbusier.

PROJETO GRÁFICO
Julieta Sobral - Estúdio Malabares

DIAGRAMAÇÃO
Julieta Sobral, Ana Dias e Anna Janot

TRATAMENTO DE IMAGENS E FINALIZAÇÃO
GFK COMUNICAÇÃO

PREPARAÇÃO DE ORIGINAIS
Rosalina Gouveia
Vanessa Gouveia

REVISÃO DE TEXTO
Elisabeth Lissovsky

TRANSCRIÇÃO
Felipe Bitar
Maria Victoria Gonçalves Martins

ÍNDICE ONOMÁSTICO
Gabriella Russano

ASSISTÊNCIA DE EDIÇÃO
Maria Eduarda de Oliveira Castro

ASSESSORIA JURÍDICA
Manoel Nabuco

ASSISTÊNCIA DE PRODUÇÃO
Pêtty Azeredo

DEPARTAMENTO COMERCIAL
Evandro José Salvino

IMAGENS DE CAPA
Retrato de Lucio Costa por Paulo Muniz, s/d. Acervo da família Muniz. Retrato de Le Corbusier, por Nina Leen, Paris, 1946. Fundação Le Corbusier.

©Bem-Te-Vi Produções Literárias Ltda.
Estrada da Gávea 712, sala 510 - São Conrado
Rio de Janeiro - RJ
CEP 22610-002
e-mail: contato@editorabemtevi.com.br
www.editorabemtevi.com.br
@editorabemtevi

Dados Internacionais de Catalogação na Publicação (CIP)
(eDOC BRASIL, Belo Horizonte/MG)

L432   Lucio Costa Le Corbusier: Correspondência / Organizadoras: Julieta Sobral, Claudia Pinheiro; [autores dos ensaios] Lauro Cavalcanti, Margareth da Silva Pereira, Maria Elisa Costa. – Rio de Janeiro, RJ: Bem-Te-Vi, 2024.

    352 p. : il. ; 21,6 x 27,9 cm

    Inclui bibliografia
ISBN 978-85-88747-59-3

    1. Arquitetura moderna – Séc. xx. 2. Le Corbusier, 1887-1965 – Correspondência. 3. Costa, Lucio, 1902-1998 – Correspondência. I. Sobral, Julieta, 1966-. II. Pinheiro, Claudia, 1959-. III. Cavalcanti, Lauro, 1954-. IV. Pereira, Margareth da Silva, 1955-. Costa, Maria Elisa, 1934-.   CDD 720

Elaborado por Maurício Amormino Júnior – CRB6/2422

Este livro foi impresso em fevereiro de 2024,
na cidade de São Paulo.
Utilizamos as fontes Garamond para texto corrido e
Avenir para títulos. Impresso em papel offset
Alta Alvura 120g/m², na gráfica Ipsis.

APOIO

TÉLÉGRAMME POSTES - TÉLÉGRAPHES - TÉLÉPHONE

LE PORT EST GRATUIT dans l'agglomération du bureau d'arrivée
Le facteur doit délivrer un récépissé à souche lorsqu'il est chargé de recouvrer une taxe

RÉPUBLIQUE FRANÇAISE

CORBUSIER 35- SEVRES PARIS-